英語授業への人間形成的アプローチ

結び育てるコミュニケーションを教室に

三浦 孝 著

研究社

序　文

　この本を、道を見失いかけている日本の英語教育に贈ります。

　本来、外国語教育は人間解放のための教育のはずです。「ドアが1つしかない部屋にもう1つのドアを開ける教育」、「日本の中だけに縛られず、世界で生きてゆける」自由への教育です。

　外国語教育は、人との結びつきの教育のはずです。言語コミュニケーションによって、生徒一人一人が、かけがえのない自分と他者に気づき、見知らぬ同士の壁を友好へと変える教育です。人と対立した時でも、こちらの都合を言葉にして相手に伝え、相手に冷静に耳を傾け、話し合ってお互いが納得できる解決を導き出す教育。冷え切った人間関係にあっても、自分のイニシアティブでそれを暖かい関係に変え、世界の暴力の連鎖を断ち切り、協働と連帯を草の根から築いてゆく教育です。外国語教育はそういう豊かな社会性の育成につながるものでなければなりません。

　「外国語を習う」という、素晴らしい贈り物を、一人一人が自分のものとしてゆけるように援助する、本書はそういう英語教育のバックボーンを確認し築くための理論と方法を追究したものです。

2014年8月

　　　　　　　　　　　　　　　　　　　　　　　　　三　浦　　孝

目　次

序　文　iii

第 1 章　私の英語教育 12 の体験から　1

体験 1　予期せず指導困難高校へ転勤(1979 年)　1
体験 2　英語資格取得に没入　2
体験 3　授業を全面的に方針転換(1983 年)　3
体験 4　三省堂英語教育研究論文コンテストへの応募(1985 年)　7
体験 5　英語教育の人間形成的役割を論じた文献との出会い　9
体験 6　学び、トライし、実践に没頭した日々(1986 年)　11
体験 7　普通科高校への転勤(1993 年)　14
体験 8　短大・大学への転出(1995 年)　16
体験 9　3 冊の本の出版　17
体験 10　「生き方が見えてくる高校英語授業改革プロジェクト」の立ち上げ(2009 年)　20
体験 11　私を支えた逸話「ガザへ行け」　23
体験 12　枯死しそうな魂に届く授業を　24

第 2 章　今、英語教師はどのような時代に直面しているのか　27

2.1　実用的英語教育政策と国家主義的・中央集権的教育政策の強化　27
2.2　「戦略構想」への批判　29
2.3　高校英語教育の現在の情勢　35
2.4　日本の英語教育の主人公は誰か？　36
2.5　「学習指導要領」と、疎外される生徒・教師　42
　2.5.1　学習者の成長欲求に応えることが学校教育の本筋　42
　2.5.2　「学習指導要領」という告示の問題点　43

2.5.3 「学習指導要領」は言語教育カリキュラムたりえているか？　44
2.5.4 言語教育カリキュラムと「学習指導要領」の相違点　45
2.5.5 新学習指導要領の Objectives のあいまいさ　46
2.5.6 新学習指導要領に Learning Experience の展望はあるか？　49
2.5.7 英語コミュニケーション授業の成否の鍵は Learning Experience　50
2.5.8 高校の「隠れ文法」をいつまで放置するのか？　51
2.5.9 新学習指導要領をどう補うか　53
2.6 英語教育行政、ここはぜひ改めたい　53
Questions and Answers　55

第3章　何を目指して教えるのか、バックボーンを確立するために　57

3.1 教育基本法　58
3.2 どのような人格形成・能力養成を目指すべきか：生徒の成長欲求に応える授業　58
　3.2.1 Carl Rogers に学ぶ　58
　3.2.2 Abraham Maslow に学ぶ　59
3.3 人間形成的言語教育の伝統　62
3.4 学問による人間解放　63
3.5 現代日本のコミュニケーション不全状況を救う英語教育　64
　3.5.1 悪化の一途をたどる日本語コミュニケーション　64
　3.5.2 村落共同体崩壊後の雑踏型社会に適応できない日本語コミュニケーション　66
　3.5.3 ピアノ殺人事件、電車内暴力事件、佐賀バスジャック事件から秋葉原無差別殺傷事件へ　66
　3.5.4 No と言えない子どもたち、告白できない男性たち　69
　3.5.5 新しいコミュニケーション教育の提案　69
Questions and Answers　71

第4章　人と人とを結ぶ英語コミュニケーション力をどうやって育てるか　73

4.1　英語コミュニケーション能力はどのように育てられるか：理論を振り返る　73

4.1.1　インプット仮説——意味ある英語のインプットをふんだんに与える　73
（1）単語は文の中で教えよう　74
（2）文はストーリー性のある文脈や段落の中で教えよう　75
（3）「意味ある」インプットとは、生徒の人生にとって意味あるインプット　76

4.1.2　アウトプット仮説——安心してアウトプットできるようにしよう　76
（1）安全で手頃なアウトプット活動とは　77
（2）アウトプットするには、共感的な聞き手・読み手が必要　79

4.1.3　インタラクション仮説から言えること　79

4.2　生徒向けガイダンス——英語はこうやって学習しよう　80

4.2.1　英語力＝英語にさらされる量×学習要因（総合的知力＋動機＋学習の質）　81
4.2.2　本物の英語力を日本にいながら身に付けるには　81
4.2.3　押さえておきたい学習のポイント　82
（1）入門期（中学1年前期まで）のポイント　82
（2）基礎期（中学1年中期〜中学3年）のポイント　87
（3）発展期（高校1年〜）のポイント　92

4.2.4　外国語学習をやる気にさせるもの：「達成感」「夢」「できると信じる」「引き受ける」　94
4.2.5　試験対策型の授業だけでは、土壌がやせてゆく　95
4.2.6　「海外語学留学すれば自然に英語が身に付く」は本当か？　97
4.2.7　将来を切り開くのは「英語力オンリー」でなく「強み＋英語力」　99
4.2.8　良い学校・塾の見分け方　99

Questions and Answers　101

目　次

第5章　これからの授業の造り方　　103

5.1　授業の核(core)その1：Oral Interaction 的導入でテキストがわかり易く・面白くなる　103
　5.1.1　Oral Interation とは何か　103
　5.1.2　MERRIER チェックリストの活用　104
　5.1.3　中学校テキストの Oral Interaction の実例　106
　5.1.4　高校テキストの Oral Interaction の実例　113

5.2　授業の核(core)その2：新出文法事項のOral Interactionによる導入　121
　5.2.1　帰納的導入から入る　121
　5.2.2　演繹的にまとめる　125
　5.2.3　新出の文法事項がわかるとどんなに便利かを理解させる　125
　5.2.4　'be going to' の導入　126
　5.2.5　to 不定詞（名詞的用法）の導入　127
　5.2.6　受動態の導入　128
　5.2.7　帰納的導入の6原則　129

5.3　授業の核(core)その3：教科書本文の内容理解活動　130
　5.3.1　内容理解とは何か　130
　5.3.2　フォーマット変換タスクの各種　130
　　（1）他の言語への変換　130
　　（2）別のスタイルのテキストへの変換　131
　　（3）サマリー作成　131
　　（4）図表化（Graphic Organizers）の活用　132
　　（5）グラフィック・オーガナイザー利用の内容理解タスクの実例　135

5.4　授業の核(core)その4：生徒の力を伸ばす基礎的トレーニング部分　146
　　（1）音読軽視は英語上達の命取り　146
　　（2）教科書の200% 消化　150

5.5　授業の核(core)その5：実践力と社会性を養うコミュニケーション活動　151
　　（1）「伝達目的」があるから話す必然性が生まれる　151
　　（2）生徒が参加したくなるコミュニケーション活動の条件とは──

「安心」「意味深さ」「使い易さ」　153
　　（3）　個別 ⇔ ペア ⇔ 小グループ ⇔ グループ同士 ⇔ 全体、の上手な組み合わせを　154
　　（4）　教室にラポートを育てる活動　157
　Question and Answers　165

第6章　英語表現に内在する英語文化をどうやって教えるか　167

　6.1　英語学習に英語文化の学習を含めるべきかについての各論　167
　6.2　調査：中学校英語検定教科書は対人的文化をどう扱っているか　168
　　6.2.1　教科書調査　168
　　6.2.2　調査の結果　170
　6.3　考察　171
　Questions and Answers　172

第7章　論理的・知的なコミュニケーション能力をどう養うか　175

　7.1　根拠・論拠と結論　175
　7.2　論理が図式的に掌握できること　177
　7.3　「論理的・知的に聞く／読む」ためのチェックリスト　178
　7.4　「論理的・知的に聞く／読む」第一歩　180
　　7.4.1　'Why is the one hundred yen shop so successful?' に質問する　180
　　7.4.2　'For a Healthier Life' に質問する　182
　　7.4.3　'Is life with modern technology better than the simple life we had in the past?'　183
　　7.4.4　'Don't work too hard' に質問する　184
　7.5　聞いた／読んだ内容について、生徒が感想や意見を出し合う活動の第二歩　185
　　7.5.1　'Three Days to See'　185
　　7.5.2　'Take it easy.' という表現に意見を述べる　186
　7.6　聞いた／読んだ内容について、生徒が感想や意見を出し合う活動の第三歩——頂上タスク　187

7.6.1　授業の目的を明確にする頂上タスクを設ける　187
　　7.6.2　頂上タスクの例　188
　7.7　軽い task で意見を刺激し、重い task でフルに論述を　189
　Questions and Answers　191

第8章　英語行動力開発モデル――生徒が英語で授業に参加する力をどう養うか　193

　8.1　「日本人は英語で何ができるようになればよいのか」のビジョンを明確に　194
　　8.1.1　英語行動力の第1の柱：英語授業参加力　195
　　8.1.2　英語行動力の第2の柱：英語プレゼンテーション力　196
　　8.1.3　英語行動力の第3の柱：英語交渉力　196
　　8.1.4　英語行動力の第4の柱：英語ディベート力　196
　8.2　4つの行動力の小学校～大学の一貫育成デザイン　197
　Questions and Answers　205

第9章　指導困難クラスでどう教えるか　207

　9.1　英語のつまずきの要因をさぐる　207
　9.2　学習の困難点　208
　　9.2.1　「意味」「音声」「文字」の連関の形成ができていない　208
　　9.2.2　すべての語尾に母音を入れる　209
　　9.2.3　英語の文の骨格が見分けられない　210
　9.3　英語嫌い・英語無用感をどう改善するか　213
　　9.3.1　まずは授業が「わかり」、テストで点が取れるようにする　213
　　9.3.2　本当は語り合いたがっている生徒たち　214
　　9.3.3　指導困難クラスの教師はこの境地で前向きになれる　214
　　9.3.4　教師がまず自分を正す　215
　　9.3.5　生徒に率直に耳を傾けることが改善の突破口　216
　　9.3.6　名医は患者を選ばない、名教師は生徒を選ばない　216
　　9.3.7　英語教師は教室という船の船長　217

9.3.8　苦手な授業を受けていた頃の自分を思い出そう　217
9.4　「うちの生徒に勉強はかわいそうだ、しつけさえしてやればいい」は
　　　正しいか？　218
9.5　授業規律をどう作るか　220
　　9.5.1　4月の授業開きが大切　220
　　9.5.2　コミュニケーション・ゼロからどう出発するか　221
　　9.5.3　集団の力学を読む　221
　　9.5.4　無用な押し問答に陥らず、わかる授業作りに集中する　222
　　Questions and Answers　224

第10章　英語教師として自分をどう伸ばしていったらよいか　227

10.1　天職と位置づける　227
10.2　生徒にとって、魅力ある英語の先生とは？　229
10.3　生徒に学ぼうとする教師はいつまでも若々しい　230
10.4　授業ジャーナルを活用して生徒の受け止め方を知る　231
10.5　経営者の視点を持とう　233
10.6　魚釣りの心　234
10.7　「あれはうちの学校では通用しない」はやめよう　234
10.8　「青の洞門」の禅海和尚のように　235
　　Questions and Answers　237

資料：会話方略一覧　239
引用文献リスト　243
あとがき　250
索　引　251

第1章
私の英語教育 12 の体験から

　私は、理論よりも体験や逸話で語ることが好きである。理論はあまり記憶に残らないが、体験や逸話は読者の心の中に残り、様々な局面で教訓を引き出せるからである。定年退職にあたり、人間形成的英語教育をテーマに、これまで私が出会った幾つかのシンボリックな体験や逸話を取り上げて、そこから何を学んだかを物語ってみたい。

体験 1　予期せず指導困難高校へ転勤（1979 年）

　私は大学時代に自分が何のために生きているのかわからず、虚無感の中をさ迷って4年間を過ごした。4年生になっても就きたい職業がわからず、時間かせぎに1年留年したがそれでもわからず、アルバイト生活に疲れて一休みするような動機で、教員になったという不届き者であった。

　大学を卒業し高校英語教員になって9年が過ぎようとした3月のことだった。普通科のG高校に赴任して3年目で、2年生を担任し、学級経営も教科指導も非常にうまくいっており、翌年は3年に持ちあがろうと意欲を燃やしていた矢先に、愛知県東部地域で有名な指導困難高校への転勤を命ぜられた。まさに青天の霹靂の辞令であった。

　高校教員が、3年以内で転勤することはあまり無い。私はその学校の管理的指導方針に反対し、職員会議で盛んに異論を唱えていたので、おそらくそれへの反発がこの転勤を招いたのだろう。担任していた生徒たちと泣く泣く別れて、私は転勤先のT校へと向かった。

　転勤先のT校の荒れ様は、聞きしに勝るものであった。詳しく述べることは本題でないので避けるが、

- 素行の悪さ（盗み、器物破損、無断借用）
- 怠惰（清掃さぼり、無断の欠席・遅刻・早退等）
- 生徒同士の関係の悪さ（喧嘩・いじめ・不信）

- 学校と教師への不信と反発
- 授業モラルの欠如（私語・居眠り・暴言・カンニング・授業妨害）

といったありさまで、ジャングル状態であった。

授業はといえば、始業のチャイムが鳴っても教室に入らず、前時の板書は消してなく、定められた席を無視して好きな者同士で集まり大声で私語を交わし、教科書を出さずにマンガを読み、机に伏して眠り、小テストでは集団カンニングをし、注意すれば「なんで俺だけ注意するんだよ。あいつだってそいつだってやってるじゃねぇか」と撥ねつけられる。

担任としても英語教師としても、自分が機能していないことは明白だった。生徒には「テメエウルセー！」とののしられ、同僚には「三浦さん何やってんだよ」と責められ、自尊心ボロボロの暗澹たる不安の日々。「自分はそのうち、内臓をやられるか、精神をやられるか、どちらかだろう」とさえ思っていた。

体験２　英語資格取得に没入

前任校で授業と学級経営に燃えていた矢先に、まるでしっぺ返しのように、わずか３年で転勤を命じられた悔しさは、私の闘争心に火を点けた。私は、やり場のない憤りを、英語関係の資格を取りまくることに振り向けた。それまで、検定など馬鹿にして、４級すら受けていなかった自分が、いきなり１級合格を目指して猛勉強を開始した。毎日夕食後、８時から午前０時くらいまで４時間、英検受験対策本で必死に勉強した。３か月ほど後に一次試験を受け、まだ合否もわからぬその翌日から二次試験の勉強をした。当時の二次試験は、スピーチ試験で、教壇に並ぶ試験官３名を前に20人ほどの受験者がコの字型に着席し、各自の机の上には問題が入った封筒が置かれていた。受験者は自分の番が来るとその封筒を開け、書かれている２つのスピーチテーマのうちどちらかを選び、１分間の猶予の後、英語で３分間スピーチを行い、その直後に試験官からの関連質問に答える形式であった。

対策本には、過去の出題テーマが150ほど載っていたが、それを見て私は巨大な絶壁の下にいるような絶望的な気持がした。Bilingual Education / The Harm of Smoking / Industrial Robots and Employment / Traffic and Air Pollution など、硬い話題が並んでいる。しかし、１日に３テーマの原稿を書けば、

第1章　私の英語教育12の体験から

1か月で90テーマ準備できる。2か月あれば180テーマになる。いくら英検の出題者でも、そう毎回ちがうテーマを考えることはできないだろうから、類似した問題が出るにちがいないと考えた。そう考えたら、不可能が可能に見えてきた。それから毎晩、対策本に載っている過去の出題テーマ3つについて、1.5分の草稿を書き始めた。規定時間3分のうちの半分までスラスラ話せれば、残りの時間はなんとか続けられるにちがいない。

　一次試験準備から二次試験準備まで通算して5か月、当時の私にとってこの勉強が無上の救いとなった。昼間の人生は、相手（生徒や上司や同僚など）がいる世界であり、相手がこちらの言うことを聞いてくれないのでカラ回りし自尊心がズタズタになる世界であった。それに反して、試験勉強の世界は、自分さえ頑張れば確実に前に進むことのできる世界である。おまけに、資格試験は情実によらず、実力で勝ち取れる世界である。私は昼間の屈辱感・無力感・怒りの黒いマグマを、夜の受験勉強にすべて注ぎ込み、馬車馬のようにものすごい進度で前進を続けた。

　準備の甲斐あって、二次試験では余裕をもって堂々とスピーチをすることができ、英検1級に合格し、さらに成績優秀者として表彰された。こうして私は秘かなリベンジを果たすことができた。それでも飽き足らずに、同じ年に通訳技能検定にチャレンジして合格し、翌年にTOEFLペーパーベストで670点を取り、1987年に通産省ガイド試験に合格、その他科学技術翻訳士試験に試補合格、日本語教師養成通信講座修了などを達成した。数年間にわたって、英語を聞きまくり、読みまくり、書きまくり、話しまくった。私を転勤させた前任校校長への怒り、そんなことを許している教育行政への怒りのエネルギーすべてを勉強に注ぎ込んで、難関と言われる資格を取りまくったのだ。もし自分が、怒りをそうした建設的方向に向けずに、別の方に向けていたら、自暴自棄な行動すら取っていたかもしれない。目標を達成した時は、恨んでいた人たちにさえ感謝したい気持ちになった。「学ぶことは自分を支え、自分を変える」ということを初めて体験した。そしてこの時の英語猛特訓が、後になって自作教材開発や海外大学院講座受講の素地となって生きてくるのだった。

体験3　授業を全面的に方針転換（1983年）

　T高校の生徒アンケートによれば、最も嫌いな科目は英語であった。入学

時の英語の成績は、高いクラスで約3.5、低いクラスでは2.0くらいである。生徒の進路希望は、大学進学が40人中約5人、他は就職か専門学校進学であった。

　赴任後3年間、無理やりにでも授業を聞かせよう、ひたすら英語を叩き込もうとして、強圧的な指導を行った。授業の最後の10分間を小テストにあて、その日の授業を聞いていないと点が取れないようにした。定期試験の問題を難しくし、勉強しないと赤点を取るようにした。赤点者には補習を行い、反復練習的なドリルで合格点を取ることを要求した。教科書を持参しているか点検し、ノートを提出させて平常点に加味した。どれもこれも、生徒の力を伸ばすためというよりも、自分の授業を成立させるためであった。

　工業高校の生徒にとって、英語授業が学業に占める割合は非常に小さい。しかも英語は苦手で嫌いな科目である。そんな生徒を相手にして、私は自分が受けてきた旧来通りの授業を行い、赤点で追いまくるのだから、生徒の顔は苦痛でゆがんでいた。この時の私の授業は、学ぶ喜びをもたらすどころか、奴隷の強制労働であった。

　そんなふうにして3年目の卒業生を見送ったあと、「もうこの授業スタイルを続けることはできない」と踏ん切りをつけた。自分は言葉の教師であり、言葉は人と人とをつなぐものであるはずなのに、授業を重ねるたびに、生徒と距離が離れてゆく。その孤独に耐えがたくなったのだ。こうして、私は自分が受けてきた英語授業のスタイルと決別せざるをえなくなった。さりとて、代わりにどういう授業方式を採ったらよいかの見当は全くなかった。

　「本当に生徒に語りたいことを英語で語ろう」「生徒が何を考え、何を求めているかを英語で聞こう」とその時思った。日頃から、生徒に語りかけ、聞きたい事柄が心に貯まっていた。それを英語の教材とし、授業をやろうとしたのである。もちろんこれは、英語の文法や語法・語彙を教える上では、偏りが生じるという問題がある。しかし、どうせ検定教科書で満遍なく教えたとしても、大半の生徒は聞いていないのだから、結果的には同じだと考えて、3年生の選択英語(週2回)の授業で翌4月に実行に移した。

　最初に行った、'Bullying' での真新しい感激は今も忘れない。最初に、イソップ物語の *The Boys and the Frogs* を平易に retold した物語で、内容理解・音読・文法解説を行い、物語最後のカエルの長老の叫び、"What is play to you is death to us all." の意味(「あなたがたにとって遊びであることが、私た

ちにとって死を意味するのだ」)を強調した。次いで、前年に東京で起こった集団いじめによる自殺事件の被害者、ふみと君が父親に書き残した遺書の内容を平易にまとめた150語程度の英文を作り、先のイソップ物語と同様の手順で教えた。それから下記のような選択肢を示して、もし同様の集団いじめを受けた場合、自分ならどうするかについて、生徒の考えを問うた：

(1) I will fight back even if I am lynched.
(2) I will join the bully's group.
(3) I will put up with the bullying.
(4) I will get better grades. Then they will stop bullying me.
(5) I will ask the police for help.
(6) I will ask my parents for help.
(7) I will change school.
(8) I will kill myself.

この選択肢の本当の目的は、自殺以外に取りうる方法があることを生徒に示すことであった。

それから、下記の選択肢を与えて、「次のようないじめ行為を目撃したことがありますか？」と問うた：

1. They tell someone to die.
2. They always neglect someone.
3. They say that someone has a bad smell.
4. They call someone 'the god of death'.
5. They always laugh at someone's looks.
6. They break someone's clothes.
7. They hide someone's textbooks.
8. They beat someone for fun.

この選択肢の本当の目的は、こうした行為が、ある個人に集中的に加えられると集団いじめとなることをわからせることであった。どちらも、選択肢から選ぶことによって英語が苦手な生徒でも自己を表現できるように工夫した。

選択肢を教師が順次読み上げて、生徒が小さく挙手して答える方式で、生

徒たちの考えを聞いた。具体的にどの答が多かったかは記憶していないが、生徒はそれまでとは打って変わった真剣さで授業に参加していた。寝ている者など一人もいない。「目が据わってる」と表現しようか、まさに彼らの人間性が授業に脈打っていた。

　実はこのクラスにも、素行の悪い生徒や横暴な生徒が何人かいた。始める前、私は彼らの中の何人かがこの教材に反応して「なんだテメー、何が言いたいんだ。はっきり言ったらどうだ！」というふうに食ってかかってくるかもしれないと思っていた。それを覚悟で、薄氷を踏む思いで、しかし断固としてこのテーマを取り上げた。自分の人間性の根幹から、真剣に全力で生徒に語りかけた最初の授業であった。そして生徒の表情から、この授業が深く受け入れられたことを私は感じた。

　この成功に発奮して、この方式で「ガールフレンド」「好きな歌手」「なりたい職業」「好きなマンガ」「好きなスポーツ」「好きな観光地」「友情」「義憤を感じた事件」などのテーマで授業を作った。パソコンもプリンターも無い時代で、毎夜3時間以上をかけて教材をタイプライターと手書きで書いた。生徒が喜んで参加する姿を想像しながら作るのは、楽しくてたまらなかった。授業へ行くのも楽しみだった。

　この授業では、成功も失敗も全部自分の責任であった。それが、今までの授業との決定的な違いである。自分の信念に基づいて、自分の作戦で準備し、実施し、その成果が歴然とわかるのだ。それまでの私は、授業がうまくゆかないのを、「学習指導要領が悪い」「検定教科書が悪い」「校長が悪い」「生徒が悪い」と外的要因のせいにし、「自分が悪い」と思ったことはなかった。あのままゆけば、私は他人を批判するだけで自分からは何も創造できない愚痴り屋で終わっていただろう。ところがあの日から私は、愚痴り屋ではなく、創造者になった。たった一人で、現状を越えてゆくパイオニアになった。

　この授業のもう1つの収穫は、私が生徒から学ぶ姿勢ができたことである。「"Who is your favorite singer?" に答えよ」という課題を出したら、生徒はBilly Joel, Barry Manilow, Whitney Houston, Men at Workなど、聞いたこともない名前を書いてきた。そこで私はレコードレンタル屋に行ってそうした歌手のレコードを借りて聞いてみた。大部分は騒々しい曲で、とても授業で使えるものではなかったが、中に1〜2曲はゆったりとした、心に響く曲があった。それを「今月の歌」に選んで1か月かけて歌えるようにした。この

ようにして私の授業のレパートリーが増えただけではなく、自身の心のなぐさめになるような名曲と出会うことができた。「生徒はどんな歌手が好きか」「どんなコミックを読んでいるか」「夏休みは何をしただろうか」、それを知ろうとして授業に行くと、生徒は彼らの世代の情報を私に教えてくれた。普通に生活していたら、聞くことのできないような、別の文化のみずみずしい情報である。それをかじってみることにより、私の硬直化した感性が柔軟になり、おかげで私はバーンアウト症候群を免れてきた。そして、このように彼らに耳を傾けようとしてゆくと、彼らも私に対して心を開いて打ち解けてくるのであった。「今日は生徒(学生)からどんなことが学べるかな」、そんな楽しい期待をして、授業に行くようになった。

　また 'My Favorite Comics' では、『タッチ』というマンガを教えられ、本屋で買って私も好きになった。'My Summer Plan' では、一人の生徒が夏休みに豊橋から九州まで往復の単独自転車旅行を計画していることを知った。「義憤を感じた事件」では、私の教材に触発されて、就職試験で東京に行った時、老婦人が駅構内で転倒して誰も助け起こさないのを見て、思い切って介抱した生徒がいた。このようにして、授業を行うごとに生徒が理解できるようになり、私が聞く耳を持っていると知った生徒たちは心を開いてくるのだった。特に難しい理屈があるわけではない、「生徒たちは何を知っているだろうか？」「このことをどう考えるだろうか？」「何が好きだろうか？」と知ろうする姿勢を持っただけである。

　このようにして授業改革1年目を終え、作成した自主教材約30本のうち、成功したもの三分の二を残して、あとは廃棄して新しく教材を書き直した。3年目には、人数分印刷した全教材を印刷所に持ち込んで冊子に製本してもらい、『アクティブ英語コミュニケーション』という自主教材とし、それを使って授業を行った。

　授業改革前、大嫌いだった授業は、今や楽しくわくわくする発見の喜びに変わった。生徒にとって奴隷的苦役だった授業は、英語による交流の場へと変わった。教えるごとに生徒と私の距離が縮まって、私は日々精神的に若くなっていった。

体験4　三省堂英語教育研究論文コンテストへの応募（1985年）

　授業改革を始めて3年目の5月、ふと目にした三省堂の教師用冊子に、英

語教育論文コンテストの案内が載っていた。400字詰原稿用紙100枚、応募期限は7月26日消印有効、賞金は一席が10万円とある。賞金にそそられた面もあったが、英語教育界で辺境扱いされている指導困難校で奮闘する先生たちに、自分の授業改革の実践を知ってほしいと思い、応募することにした。

　1学期の終業式までを忙しく過ごし、7月20日終業式が終わると同時に執筆を開始した。自分が熟知している事柄だが、文章に直すとなるとなかなか手間がかかる。提出までに7日しかない。朝から深夜まで、机に向かってひたすら書き続けた。完成させる自信はあった。

　しかし、執筆開始から3日目の22日に、妻が過労で寝込んでしまった。6歳・3歳・0歳の子供をかかえて体力の限界ギリギリで家事育児をこなし、夏休みに入ったら夫が加勢してくれるだろうと期待していたのに、夫は一日中部屋にこもったまま出てこない。そんな負担と不満が重なってのことらしかった。それからは、子育てと家事が全部降りかかってきた。0歳をおんぶし、6歳と3歳を机の横で遊ばせ、0歳のおしめを取り換え、ミルクを飲ませ、3度の食事を作り・片づけ、洗濯や掃除をしながら執筆を続けた。それから更に3日たち、25日になっても妻は起きられない。私も疲労と心労が重なり、嫌になって投げ出したくなった。「ええい、もうヤメだ！　こんな状況で書けるか！」「べつに論文なんか応募しなくったっていいじゃないか」そう心が傾いた時、頭の中でこんな声がした：「女房のせいにして投げ出せば、楽だよな」。「なにを！」その声を聞いて私は思い直した。今、ここで投げ出したら、自分は心の中で失敗の原因を他人に帰するだろう。そうした逃げ方が、将来癖になるかもしれない。だから、絶対にここでやめることはできない。そう覚悟を決めると、心が明るくなった。笑顔でこまねずみのように家事・育児・看病をこなしながら、しゃにむに原稿を書き続けた。ワープロの普及していない時代で、鉛筆で原稿を書いていたため、右手の人差し指が圧迫で痛みだし、代わりに中指で書き、それも痛くなり、指に包帯を巻いて書き続けた。右手首が腱鞘炎になり、左手で右手を動かして書き続けた。こうして締切日の26日の午後4時に脱稿し、郵便局に駆けつけて消印に間に合わせた。

　「どんな逆境にあっても、自分はくじけずに書き上げる」、この論文執筆を通して私は、それまでの自分よりも1つ上の次元へと抜け出すことができた。それだけで満足で、その後論文がどうなったかについては、すっかり忘れていた。

10月のある日、三省堂から論文が奨励賞(つまり佳作)に入ったとの連絡があった。東京の如水会館で開かれた表彰式に出席してみて、その物々しさと華々しさに驚いた。小川芳男先生、若林俊輔先生をはじめとして、日本の英語教育界の第一人者の先生方8名が審査員として出席しておられ、講評をいただいた。祝賀会の席で、当時静岡大学教育学部教授であられた佐々木昭先生が、「三浦君、あなたの実践には温かいハートがある。これからもがんばって実践を高めてほしい」と声をかけ、「広く学会で多くの人に学ぶことが大切だよ」と、中部地区英語教育学会への入会を勧めてくださった。愛知県の片田舎の指導困難校で、たった一人で授業改善を試みていた私に、広い世界への道が開かれた。

次回の三省堂英語教育論文コンテストが2年後に行われることを知り、私は今度こそ一席を取ろうと心に決めた。それまでの実践を更に改良し、理論的考察も付け加えて、1987年の第4回コンテストに応募し、念願の一席に選ばれた。これら2回の応募論文は、三省堂出版の『これからの英語教育』に収録されている。入賞を機に、研究社の英語教育月刊誌『現代英語教育』や『中部地区英語教育学会紀要』などに執筆する機会が増えていった。そして1292年に、それまで改良を重ねてきた自主教材を『英語コミュニケーション授業の実際』というタイトルで第一学習社から出版した。

体験5　英語教育の人間形成的役割を論じた文献との出会い

私は高校時代から高校教員時代までずっと、英語を功利的道具としか考えない風潮に反発を抱いてきていた。高校時代、教師は事あるごとに「ここは入試に出るからよく覚えておけ」を強調した。中学校時代の友人は、高校のホームルームの時間まで英語の受験指導に使ってしまう担任のクラスにいて、自殺した。教員になってからは、英語は「主要受験科目」だとしてハッパをかけられ、模擬試験で他校との競争に駆り立てられた。私は英語は大好きだったが、その英語とは、広い世界へのあこがれの扉、偏狭さからの解放の言葉であった。もし英語が単に受験や出世の道具にすぎないのなら、そんな道具を教えることに一生を費やすことなどまっぴら御免だと思っていた。だから心の底で、いつか英語教師を辞めようとすら思っていた。

中部地区英語学会に加え、JALT(全国語学教育学会)やBritish Council 英語教育セミナー、研究社英語セミナー、小田原LIOJの英語教員セミナー、上

智大学の Sofia Seminar などに参加するにつれて、英語教育の理論を学ぶことが増えていった。中でも、英語教育がどのように人間形成に役立つのかを論じた文献に出会えたことは、大きな進歩だった。特に感銘を受けた文献は下記のものである。

(1) 　田中春男『To Live Beyond My Power』(三友社)
(2) 　土屋伊佐夫『明日の英語教育』(明治図書)
(3) 　カール・ロジャーズ(H. D. Brown, *Principles of Language Learning and Teaching* より)
(4) 　アブラハム・マズロー(H. D. Brown, *Principles of Language Learning and Teaching* より)

　上記の(1)は、ふとしたはずみで殺人を犯して少年刑務所に入った不良少年が、独房で英語を勉強することを救いの糸として、立派な通訳者にまで成長してゆく軌跡を描いた自叙伝である。(2)は、英語の熟達までに至らずに学習を修了する大多数の生徒にとっての、英語学習の意味を問うたもの、(3)は人間を、もって生まれた可能性をフルに開花しようとして生きる存在ととらえ、教育の目標はそうした開花を支援することだと説いたもの、(4)はすべての人間が「生理的欲求」「安全の欲求」「所属と愛の欲求」「承認の欲求」「自己表現の欲求」という基本的欲求を持ち、これらの欲求を充足しようとすることが人間の行動原理であると説いている(これらについては、私の著書『ヒューマンな英語授業がしたい！』に詳しく紹介している)。こうして私は、英語教育に大きな意味を見出した。

　ここで「人間形成的英語教育」とはどのような教育を意味するのかを定義しておきたい。「人間形成的英語教育」とは、英語力の養成を第一目標としながら、その授業内容として、人間形成に資する要素を重視する教育である。扱う人間形成的要素としては、次のような領域が提案されている:

(a) 　異文化理解: 異文化を学び、自文化に気づき、異文化への寛容と適応性を養う。
(b) 　平和・人権・民主々義: (例: 新英語教育研究会)「この会(新英語教育研究会)は、平和と独立をもとめ、民主主義をかちとり、真実をつらぬく科学的な外国語教育の確立を目指して活動をおこなう」と規約に掲げ

ている。
(c) Global Education：世界平和、地球環境問題、人権保護、南北格差是正等への関心を養い、地球市民としての意思疎通の道具として英語を教える。1974年のUNESCO勧告に呼応したアプローチ。
(d) Humanistic Language Teaching：言語教育を通じての自己理解、自己受容、他者共感性、情意的側面の涵養を重視したアプローチ。Carl Rogers, Charles Curran, Gertrude Moscowitzらに代表される。
(e) 授業プロセスを通じてのコミュニケーション教育：生徒が教室で参加する英語コミュニケーション活動そのものの中に、母語を含めたコミュニケーション教育(特に社会性育成)の目標を具現化しようとするアプローチ。あくまでも第一義的目標は、英語コミュニケーション能力の育成に置く。授業アクティビティーを通じて、自己受容・自己向上・共感的理解・他者理解・人間関係作り・initiative taking・risk taking等、肯定的なコミュニケーション実現に役立つ資質の涵養を図る。このアプローチは、メッセージではなくプロセスに依拠しているため、より中立性が保ちやすい。詳しくは『ヒューマンな英語授業がしたい！』を参照されたい。

なお、上記(a)～(e)の領域は互いに排他的なものではなく、1つの実践が複数の領域を含むのが通例である。

体験6　学び、トライし、実践に没頭した日々(1986年)

　学会や研究会に参加して授業改革の方向性が見えてくるにつれて、もっと本格的に英語教育学を勉強したいという願望が湧いてきた。しかし、当時私は既に40歳で、妻と子供3人の家族をかかえており、現職を離れて国内外に留学することは不可能であった。県にはごく少数の教員海外派遣留学制度はあったが、公募されておらず、私のように県の教育行政を批判している者に白羽の矢が立つことはありえなかった。
　唯一考えられる道は、アメリカのフルブライト奨学金かハワイのイースト・ウエスト・センター奨学金、イギリスのブリティッシュ・カウンシル奨学金を獲得してから、県教委に無給での留学を願い出ることであった。そこで私は1986年と1988年、2回にわたってイースト・ウエスト・センター奨学金に応募した。どちらも、一次選考はパスしたものの、二次選考で不採用であっ

た。1989年には、名古屋のN大学が現職英語教員対象の修士課程を発足させたので応募したが、ここも不合格であった。度重なる不採用に、おそらく私の大学でのGPA（成績の平均）の低さが影響していると考えた。大学時代、英文科での勉学にあまり意義を見出せなかった私は、大半の授業を成績「可」で通っていたのだ。留学して、自分の授業だけでなく多くの英語の先生方の授業改善を支援できる立場に立ちたいと思っていたが、その道は開かれなかった。

　1990年の春、英語教育雑誌を読んでいたらジョージタウン大学院講座の広告が目に留まった。アメリカの名門大学・ジョージタウン大学言語学部が、東京の河合塾校舎を借りて、8月に3週間の大学院集中講義を行うというのだ。そこで授業を受け、試験に通れば2科目・計6単位が授与される。それを3年間積み重ねれば、Graduate Certificateという資格がもらえる。その後4か月間、Washington D.C.のメインキャンパスで学べば、修士号が取得できるとなっていた。これを受講すれば、私のGPAを塗り替えることができる。このかすかな可能性に賭けることにした。

　その年の8月、受講料278,000円を払って私はジョージタウン大学院講座を受講した。月・火・木・金の朝9時15分から午後3時45分まで、授業はLanguage TestingとLanguage Acquisitionを取った。ジョージタウン大の本校で行うのと同じ内容を、3週間の集中講義で行うとあって、毎日膨大な課題が出た。1つの授業で、翌日までのreading assignmentが約20ページ、それを約400語に要約して提出し、さらに先生が出したquizへの解答を書く。こうした課題をこなすために、放課後8時間はかかった。新宿駅裏の安ビジネスホテルに宿を取り、しゃにむに読み、レポートを書いた。ホテルは午前10時〜午後3時は部屋を空けなければならないため、授業が無い土・日・水曜日の昼間は羽田空港の中華航空のロビーのベンチに座って勉強した。

　私は、課題を完璧にこなすだけでなく、授業での先生の質問に積極的に答え、先生の"Any questions?"に対して的確な質問を尋ねることを心掛けた。おそらく、受講生の中で最も多く発言した者の一人だったろう。狭い安宿で午前0時にエアコン電源を切られてからも、翌日の準備をし続けた。ベッドに入っても、頭が高速回転していて眠りは浅く、レポートの答が突然ひらめくと飛び起きてはそれを書きつけたりした。こんなふうにしてreading assignmentを読みふけっていたある時、突然に自分の読書スピードが倍速、いや

それ以上にはね上がったのには驚いた（そのスピードは今でも維持されている）。

　人生で、この時ほど勉強したことはない。岡村孝子の「心の草原」という歌が、当時の私の心境にぴったりだった。何度も何度もそれをかけながら、頭の中で英語教育の指導者となって世界を駆け巡る自分の姿を夢に描いて勉強した。いつ思い返しても、私はこの時の自分が一番好きである。

　翌年 8 月には同講座で English Morphology and Syntax と Methods of TEFL を、その翌年に English Phonology と General Linguistics を受講し、日本で受講できる部分は完了し、1993 年 8 月に Graduate Certificate を取得した。成績は 6 科目全部が A であった。あと 6 単位をアメリカの本校で受講すれば、修士号が取れる。私は県教委にその旨を説明して 4 か月の休業を申請したが、返ってきた答はあっさりと「退職して行ったらどうですか」であった。再び、道は絶たれた。

　その翌年、イギリスのバーミンガム大学院が日本で Distance Learning（通信教育）を開始したことを知った。まさに渡りに船とそれに出願し、今度は認められた。ジョージタウン大学院講座で GPA を塗り替えたことが功を奏したのだろう。こちらは、バーミンガム大学から送られてくるテキストを使い、指定された reading assignment を読み、2 科目を 4 か月間で勉強して 4,000 語のレポートを 2 本提出する。レポートを書くにあたっては、日本にいる tutor（指導教員）に草稿を送り、tutor から返されたアドバイスに従って書き直してイギリス本校に提出する。提出されたレポートには後日、evaluator の付けた評価点とコメントが添えられて返ってくる。こうした勉強を 12 科目（順調に行って 2 年間）完了し、次に dissertation（修士論文）を 6 か月かけて完成させて審査を受け、合格すれば修士号が与えられる。電子メールが無い時代で、レポートの草稿はファックスで広島の指導教員と送受信した。Dissertation supervisor（修士論文の指導教員）とは、国際電話のファックスでやりとりを行った。こうして私はついに、念願の修士号を取得することができた。最短コースの 2 年 6 か月、講座開始時には英語ネイティブ 32 名と日本人 1 名の受講者がいたが、終了時にはわずか 20 名になっていた。以前にジョージタウン大学院講座を受講して大学院の授業に慣れていたことが大いに役立った。

　バーミンガムでは tutor と supervisor の丁寧な添削と、evaluator の見識に

満ちた評価コメントのおかげで、英語教育学全般はもちろん、作文法、論理性、論文執筆法をフルに学ぶことができた。ジョージタウン大学院でもバーミンガム大学院でも、学生が出したレポートへの教授の添削・コメントは非常に丁寧で encouraging であり、日本の大学の比ではないと感じた。現在、私の大学授業で課したコメントへの添削は、この時の教授連の添削に倣おうとしたものである。

　ただし、ジョージタウンにせよバーミンガムにせよ、開講講座の中に人間形成的外国語教育を扱うものが無いことは、残念な特徴として挙げておかねばならない。これは、英米豪の英語教育系大学院に共通することである。それもそのはずで、こうした国々での英語教育は、英語圏に外から流入してきた移民や労働者・留学生を対象としており、彼らはそこで生き残るためのツールとして英語を習得する絶対的必要に迫られている。一方、日本のように、教室以外で英語がほとんど使われていない環境(EFL 環境)で、しかも本人の希望ではなく卒業要件として英語が課せられている環境では、サバイバル・ツールとして英語を勉強するニーズはほとんど存在しない。だからこそ、英語力を高めつつ人間性をも豊かにするような人間形成的アプローチが必要になるわけである。残念ながら、英米豪の大学院は、ごく少数の例外(たとえばアメリカの School for International Training)を除いて、人間形成的アプローチの研究では日本より遅れている。逆に言えば、日本こそ、この分野の実践と研究のメッカであり、日本の英語教育関係者はこの強みを大切にして世界に発信してゆくべきである。

体験 7　普通科高校への転勤(1993 年)

　1993 年 3 月、私は希望して T 高校を転出した。T 高校は 13 年間在職して、授業破たんに直面し、思いきって授業改革に取り組んだおかげで、思いもよらない方向で新天地が切り開け、私の英語教育学の研究の原点となった場所である。ここでの実践を一通りやり尽くした感があったので、今度は普通科高校で授業実践を切り開きたいと思った。赴任したのは、普通科の中堅どころの A 高校で、生徒指導の厳しいことで有名だった。

　着任してみて、学校あげての進学体制のものすごさに驚いた。学年最上位 20 名程度を国公立大学に合格させるために、学年の全生徒 240 人をつきあわせている。放課後補習毎日 2 コマに加えて早朝補習毎日 1 コマを実施し、冬

休みは1月1〜3日を除いて学校を開けている。

　英語については、授業時間の多さに驚いた。文系3年生では、英語Ⅱが4時間、Readingが2時間、選択英語が2時間、更に朝補習が1時間、放課後補習が2時間で、合計週11時間も英語を教えていた。その代わりに世界史、日本史、地理、倫理社会、物理、化学、地学などの授業は最低限に削減されていた。これでは一般常識が十分身に付かないため、いくら英語を勉強しても理解力や表現力が伸び悩んでしまう。たとえば産業革命についての英文を読む場合に、世界史を学んでいれば産業革命そのものについて知っているため、その知識に補佐されて英文を理解できるが、そうした教養無くして英語力だけで理解するのは困難である。また、選択英語(2時間)、朝補習(1時間)、放課後補習(2時間)は担当教師がちがい、それぞれが別個の受験問題集をテキストとして使っていたため、生徒は類似した内容の受験問題集を解いて答え合わせをしているにすぎず、内容的・構成的にしっかりとした英文に触れる機会が乏しい。更に、管理職や学年主任は常にライバル校に勝つことを至上命令としており、そのために業者模試でライバル校より高得点を取らせることを教員・生徒に要求してくる。そこでどういう指導をするかというと、模試の過去問を生徒に宿題として課し、家で答えさせて自己採点させ、赤ペンを入れたものを提出させていた。大学入試問題を模した模擬試験の、そのまた模擬試験を大量に解かせることと、英語教育とを取り違えていたのだ。生徒は英語を楽しいと思う機会もなく、こうした問題演習の物量作戦にへとへとであった。このように、英語を好きにさせる指導を欠いて、思考を伴わない形式的詰め込みを長期間強制されると、英語学習は単なる苦役でしかなくなり、結果として学力も受験成績も伸びなくなる。しかし、この学校の教師集団の大半はこうした受験指導を自分たちの崇高な使命として信奉しており、異論を唱えた1〜2名の教師は異端視されていた。生徒たちも、受験対策問題集を使って点取りテクニックを教え、厳しいノルマで生徒を叱咤する教師を信頼しており、英文物語の深い内容を味わわせようとするような内実重視の授業は不人気であった。

　着任2年後に、私立短大の教員に来ないかと誘われた。自分でもいずれは大学で教えたいと思っていたので、在職2年でA高校を退職し、高校教師生活に幕を閉じた。この学校の指導方針の問題点に気づきながら、何の改善もできずにA校を去ったことは生徒に申し訳ないと思っている。しかしA高

校で見た、受験対策一辺倒（しかも実際には大半の生徒の受験に役立っていない）の英語教育の無味乾燥さは、重大な検討課題として私の脳裏に残り、その後展開するプロジェクトへのきっかけとなった。

体験8　短大・大学への転出（1995年）

　1995年4月、私はある短期大学英語科の助教授となった。英語科の学生定員は160人、英語科の専任教員は14名。採用当時、私はまだバーミンガム大学院を履修途中であり、論文本数は十分あったが、学位としてはジョージタウンのcertificate しか持っていなかった。私を採用することについては、教授陣にかなりの反対があったようだが、学科長さんの推薦と、面接で気に入ってくれた理事長さんの、鶴の一声で採用となった。

　短大生を教えるのは初めてだったが、既に愛知大学オープンカレッジで、社会人対象に自作の『アクティブ英語コミュニケーション』を使って授業を行ってきていたので、基本的にはそれを踏襲して人間形成的アプローチで教えた。また、英語科教育法を授業担当し、いよいよ念願の英語教員養成に携わることとなった。幸いにも、学生による授業評価ではかなり高い評価を得たようで、私を採用してくれた方々の期待に応えることができた。

　1999年4月、公募に応募して静岡大学教育学部英語教育講座に助教授として採用となり、本格的に英語教員養成に携わることとなった。授業では大きく2つの点を心掛けた。1つは、専門の授業で、最新の理論に裏打ちされた英語教授法の理論と実践を学生に紹介・解説することを心掛けた。もう1つは、英語表現法や英語コミュニケーションといったスキル系の授業で、自分の考えを英語で表現し伝え合う喜びを学生に体験させ、英語でも日本語でも社会性豊かな人格を育てることを心掛けた。そのために学生作品に対してはできるだけ温かい言葉で支援しつつ丁寧に添削・コメントを心掛けた。

　一方では、自分の第一研究分野である「人間形成的英語教育」については、時間的制約から英語科教育法の授業であまり言及することができなかった。英語教師を目指す学生にまず求められるのは、正しい英語を生徒が理解できる形で教える力であり、それを徹底しようとすると、人間形成的英語教育について言及する時間が足りなくなってしまうのだ。

　英語科教育法ⅡとⅢの授業では、「言語はそれを意味ある場面で実際に用いることによって最も効果的に習得される」というCommunicative Language

Teaching の原理に基づいて、英語によるインプット[1]・アウトプット[2]・インタラクション[3]を中心とした指導法を学生が体得することを重視し、その中核となる新教材の Oral interaction[4] を模擬授業で課した。これは、ほとんどの学生が体験したことのない教え方であり、最初は学生は見当がわからずに戸惑っていた。しかし指導案を添削し、模擬授業を繰り返すうちに学びあいが進行し、やがては現職教師かと見まがうほどに上手な Oral Interaction が展開できるようになった。教育学部の学生は授業の反応がよく、教師役や生徒役など楽しんで担当し、コミュニケーション活動には喜んで参加してくれたので、授業は大変充実して楽しかった。

体験 9　3 冊の本の出版
▶『だから英語は教育なんだ』

　2001 年、私はある全国規模の英語教育研究会に参加していて、そこで行われる講演や発表の傾向に大きな違和感を感じていた。その 2 年前、1999 年の学習指導要領改訂で、文部科学省が「実践的英語コミュニケーション能力」強化の方針を打ち出したため、日本中の英語教育関係者が「実践的コミュニケーション能力」というスローガンを大合唱していた時代である。新指導要領の趣旨は、中高授業で英語を道具として実用に用いる力を育てよということなのだが、中高生が「実用性」という理由でどれだけ英語を学習する気になるのだろうか？　大多数の中高生は英語を「自分の人生とかけ離れた、受験のための道具」として教えられているのだ。新指導要領も受験英語も、英語を人生とかけ離れた道具として見ていることに変わりはない。直すべきは、英語を生徒の人生と関連づけ、英語を学ぶことに人間的意味を持たせることではないか。ところがこの研究会では、新指導要領を作成した本人が講演者として招かれて「実践的」を詳細に解説し（それでは官制研修の指導要領伝達講習会と同じだ）、中高の英語教師数名がその路線に乗っかって「実践的英語コミュニケーション能力育成のため」の授業実践報告をしているのだ。私はこのままでは日本から人間形成的英語教育が無くなってしまうのではないか

1　第 4 章 1.1 で解説
2　第 4 章 1.2 で解説
3　第 4 章 1.3 で解説
4　第 5 章 1.1 で解説

と心配になった。
　昼食時、顔を合わせた中嶋洋一先生(当時富山県の中学英語教師)にそんな心配を話してみた。すると中嶋先生も同様の違和感を感じていることがわかった。話し込むうちに、人間形成的英語教育を守るために何か行動を起こそう、本を出そうという話になった。そこで、中学校について中嶋先生、高校について私の知人の弘山貞夫先生(当時愛知県立高校教諭)、理論について三浦という分担で本を書くことにし、研究社の津田編集長に企画書を届けてみた。なんと、津田さんからは採用の返事が来て、更に次回のミーティングにはわざわざ名古屋まで来て打ち合わせに参加してくださった。もともと考えていた書名は「心を豊かにする英語教育」だったが、津田さんの発案で「だから英語は教育なんだ」とした。しかし、なにしろ「使える英語教育」の全国的大合唱が鳴り響く状況の中で、ポツリとそれに逆行する本を出すわけである。「たぶんこの本は売れなくて、ご迷惑をかけると思いますが、よろしくお願いします」とお詫びをしながら私たちは別れた。
　こうして2002年4月、『だから英語は教育なんだ』が出版された。驚いたことに、この本はアマゾン書店の英語教育書の売れ行きランキングで数か月にわたって一位を記録したのである。一般書店での売れ行きも順調で、この本は既に10刷を重ねている。「空しくて英語教員を辞めようと思っていたけれど、この本を読んで、教員を続けようと思い直した」と、何人かの先生から手紙をもらった。教員になる気はなかったが、この本を読んで、「ぜひ英語教員になりたい」と思った大学生が、わざわざ私を訪ねて来てくれた。英語科教育法を教えておられる他大学の多くの先生方が、この本を授業の参考文献として推薦してくれた。人間形成的英語教育を、こんなにも大勢の先生方が支持していることがわかり、大いに元気づけられた。
　ところで「実践的英語コミュニケーション能力の育成」を目玉とした当時の学習指導要領は、読み・書く能力軽視のため生徒の英語力低下を招き、その後修正を余儀なくされた。学会が行政に無節操に追随することの危険を再認識させる顛末となった。

▶『ヒューマンな英語授業がしたい！』
　前著『だから英語は教育なんだ』の読者評の中に、「英語教育が人間形成にも貢献すべきだとの主張はわかった。しかし、英語授業の具体的にどの部分

が、生徒の人間形成につながるのかが、よくわからない」という指摘があった。もっともな指摘である。そこで今度は、中学校を中嶋先生、高校を池岡慎先生（広島大学附属高校）、大学と理論を三浦が担当して、その続編を書こうということになった。

「英語教育のどの部分が人間形成につながるのか」への答の骨子は、先述の「体験5」で述べた「(e) 授業プロセスを通じてのコミュニケーション教育」をメインとした。つまり、授業中の英語コミュニケーション活動が、英語力を伸ばすと同時に自己理解・他者理解・共感性・対人交渉力といった社会性を伸長するというプロセスである。プロセスという、目で見えるものに依拠することで客観性を保ち、イデオロギーからの中立性も保てるという長所もある。

3人の著者が3泊4日旅館に合宿してこの本の構想を練った。そして理論編を下記のように配列した：

A. コミュニケーション活動がなぜコミュニケーション能力を伸ばすと言えるのか
B. 英語コミュニケーション活動はなぜ楽しいか
C. 英語コミュニケーション活動はなぜSELFを形成するのか
D. 英語コミュニケーション活動はなぜ社会性を育てるのか
E. 生徒は英語コミュニケーション活動にどのようなニーズを持っているか
F. 英語コミュニケーション活動にはなぜ幹が必要か
G. 日本語コミュニケーションと英語コミュニケーション活動の関係

次に活動編で、コミュニケーション活動を1つ1つ取り上げ、それが具体的にどのように人間形成に役立つのかを解説した。ここでは、3人がこれまで実際に教室で用いて成功したアクティビティーをリストアップし、日本の教室環境で実用に耐える活動を提案したのが特徴である。

この本は、一見するとアクティビティー集に見えるためか、前作ほど広くは読まれていないようだが、よく読んでいただければ、アクティビティーの根底にある精神性がおわかりになると思う。

▶『英語コミュニケーション活動と人間形成』（犬塚章夫・三浦孝編集）

この本は、2002年から2005年まで、中部地区英語教育学会の課題別研究

プロジェクトとして、10名の中学・高校・大学英語教師が英語コミュニケーション活動の在り方について行った共同研究の成果をまとめたものである。中でも、永倉由里（常葉学園短大）らが「英語授業の目的は何か」と題して、2,377人に対して行ったアンケート調査の分析結果は注目に値する。従来、普通科高校では「生徒を志望大学に合格させるのが英語授業の至上命令だ」と言われてきていた。しかしこの調査の結果、生徒が求める英語授業は、「英語を使って外国人と話が通じる力を養う」が「入試や就職試験に受かる英語力を養う」と並び立って第一位となっている。つまり、生徒は受験に通りさえすれば、どんな授業でもかまわないと思っているわけではなく、ちゃんとコミュニケーションできる力を育てる授業を求めているのだ。

　またこの本で斬新なのは、その販売方法である。私たちは最初、この本の企画をある出版社に打診したところ、「もっと高名な執筆者を加えたら、検討してもよい」という返事が来た。それを聞いたメンバーは、「現メンバーで共同研究した成果をまとめた本なのに、売れるために別人を加えよとは本末転倒だ」と憤慨し、それくらいなら自費出版しようということになった。幸い、日本学術振興会の科学研究費学術図書出版補助金を130万円受けることができたので、残る50万円を10名で拠出し、成美堂から500冊を自費出版した。そのうち20冊ずつをメンバーに配分し、残る300冊は成美堂とアマゾンe託販売で販売することとした。日本図書コード管理センターからISBNを取得し（15,000円）、ダウンロードしたフリーソフトでバーコードをシールに印刷して貼り付け、アマゾン書店で1,500円で販売した。1週間に1〜2冊というペースであったが、全部売り切ることができた。これからは、出版社に頼らずとも、本を自費出版して販売することが可能になったわけである。

体験10　「生き方が見えてくる高校英語授業改革プロジェクト」の立ち上げ（2009年）

　先に体験7で述べたように、普通科進学高校での英語授業が、英語力養成という本来の目標を外れて、受験対策に傾いているのが日本の英語教育の大きな問題である。この問題をなんとかしようという同志が立ち上がって、1つの改革プロジェクトを立ち上げた。このプロジェクトの趣旨を下記に紹介する。

第1章 私の英語教育12の体験から

（以下はプロジェクトHPに掲載の趣旨説明文）

日本の学校英語教育で英語運用力を高める努力の必要が叫ばれて久しい。この要請に応えることは、何よりもまず生徒の切実なニーズに応えることであり、またひいては日本の産業・経済・外国・学術の国際化に必須です。

それにもかかわらず、今日なお大半の進学高校では、依然として文法訳読式の授業とドリル的補習授業が行われています。具体的には、教師が日本語で授業を行い、教科書を逐一和訳して、そこに含まれる文法事項を解説し、受験対策用の4択ドリルの答え合わせをすることに終始しています。

こうした授業がなぜ問題なのかは、次の点に要約できます。

① 生徒が実際に英語を使う機会がほとんど無い。
② 依存する検定教科書が、改訂のたびに真新しさを出そうとするために、いわゆる名教材の蓄積が難しく、内容の価値に限界がある。
③ 補習授業等で多用している受験対策問題集には、英文の内容が空疎なものが多く、知的・人間的に学ぶものが少ない。要するに、生きてゆく指針や将来の展望を与える教材が少ない。
④ 本来、読解や聴解の先には、知的創造的活動（情報の批判的吟味、情報への意見の形成と発表・交流）があるべきなのに、そうした知的部分が軽視されている。
⑤ 学びの共同体としての英語授業づくりの方向性が欠如している。情報化社会で、生徒が自ら有用な情報を調べて教室に貢献できる時代が到来しているにもかかわらず、調べ学習やプレゼンテーション、意見表明を活用した授業づくりの視点が、指導法にも教科書にも欠けている。
⑥ 以上を総合して、大学進学を志向する高校の生徒たちは、本来自分が自宅でもできることを授業で教えられ、逆に感激・啓発・構想・創造・アピールするという、学校が本来与えるべきものを与えられていない。これでは、将来のリーダーとなる教育になっていない。成績優秀な生徒の知力の無駄使いになっている。

上記のような問題点がありながら、なぜ大半の高校は従来の授業スタイルから脱却できないのでしょうか。これには、次のような原因が考えられます。
（1） 実行可能な改革モデルの欠如

文法訳読式を乗り越えて、過重な負担増を伴わずに改革的授業を実際に実施し、見事に生徒の受験志望をも達成した改革モデルが欠如している。そのため、教師自身も、管理職も、生徒も、保護者も、結果への不安のために踏み切れない。

(2) 生徒の「受験に役立つ英語授業」への固定観念

生徒自身が、4択式の試験で手っ取り早く点数が取れる短絡的手段の方を役に立つと「信仰」している。古い形の詰め込み式受験勉強スタイルが最も効果的だと信じている。ドリル形式は、何をやったらよいかがはっきりしているため、学習方法で迷うことがなく、不安を持たずにやれる。

(3) 教材の不備

改革的な授業をサポートできる教材(検定教科書・教師用指導書・受験参考書を含む)が提案されていない。つまりそれは、豊かな内容と格調高い英語から成る名作を集大成した教科書で、更に新しい外国語教授法の成果を生かして、文法訳読式以上に効果的に英語力を増強できる教材の必要です。市販教材は教師の中の保守層をターゲットに、無難な編集をする傾向が強いので、出版社のイニシアティブで新タイプの教科書を作ることは容易ではない。

私たちは上記の状態を改めるには、改革的授業を可能にする新タイプの教材を開発し、それを用いて実際に高校で改革的授業を実践し、その成果を有形のものとして、英語教育界に提示することが必要だと考えます。

(http://www.ecrproject.com より)

当初、16名で立ち上げたこのプロジェクトは、今では北海道から香川県まで43名の会員を擁することとなった。2011年には、全国有名33大学の文系学部と理系学部の2年分の入試問題を分析し、現代の大学入試問題がもはや文法訳読中心ではないことを数量的に証明した。具体的には、約80分で大分量(多いもので約3,500語)の英文の内容理解を英語で試す形式が主流となり、推論や自分の判断を英語で表現させるコミュニケーション重視の問題が増えていることを指摘した(関ほか, 2011)。従来、高校では「大学入試英語問題を解くためには、文法訳読式授業が最も効果的で、コミュニケーション型授業は役に立たない」という通説が強かったが、もはやそれが誤りであることを証明した。

2012年度からは、知性を高める英語授業の指導法を研究して、そのための

指針として下記の7点を挙げ、［教材＋指導案］モデルの開発を行った。

a. 繰り返し味わうに足る、内容英文豊かな、確立した評価の教材を用いて（内容による啓発）
b. 授業の目標を明確にする頂上タスクを設けて(task-reading)
c. 教材について生徒の考えを問い（思考）
d. 生徒が疑問・意見・対案等を出し合い(critical thinking)（社会性育成）（批判的読者）
e. 教材を調べ学習のプレゼンテーションで integrate し（学びの共同体）（社会性育成）（自律的学習者）
f. 意味ある課題を通して重要文法事項を spiral 的に学び（ルール発見力）
g. 訳読以外の、よりテキスト構造に適した内容理解活動を、具体的文脈を例に取って提案する。

　2013年9月には、この7原則に則って開発した［教材＋ワークブック＋指導プラン］を、*Trinity English, Book 1〜3* として公表して一般の試用に供している。*Trinity English Book 1* は高校初級者用として、浜島書店より無償の試供版として出版された。中〜上級者用の *Book 2, 3* はプロジェクトのホームページ上で公開されている。

体験11　私を支えた逸話「ガザへ行け」

　体験1で書いたように、31年前私は指導困難校に転勤し、その後3年間は授業でも学級経営でも手も足も出ず、生徒に罵倒され同僚に役立たずと思われ、「ここにいたらやがて内臓をやられるか精神をやられるか、どちらかだろう」と絶望のどん底にいた。公立学校に勤める教師にとって、教えにくい生徒集団を前にした時の手っ取り早い解決策は、転勤することである。事実、T高校の普通科教員の多くは、6年のうちには他校へ転勤していった。

　なぜ私はそうしなかったのか。荒れるクラスと授業で格闘する中でも、私には1つの期待があった。それは学生時代に聞いた「ガザへ行け」という言葉だった。尊敬していた牧師さんが田舎の教会へ転属になった時に、最後の説教で使徒言行録をもとに語ってくれた逸話だった。

　「キリストの処刑後、まだ原始キリスト教団が迫害を恐れて地下に潜伏していた頃、ピリポという信徒がエルサレムに向かって旅していた。ピリポは、

首都エルサレムで、名だたる使徒たちに加わって伝道活動する意欲に燃えていた。ところが道中、神の使いがピリポに現れて、「ガザへ行け」と命じたのだ。当時のガザは原野の真ん中の辺鄙な寒村にすぎなかった。「首都ではなく、なんでそんな辺境に？」ピリポは内心不服だっただろうが、それでも言いつけに従ってガザへ向かった。すると途中で、ある旅行団と一緒になった。請われるままにピリポは彼らに、イエスの十字架と復活のことを話して聞かせた。実はその一行は、エチオピア女王に仕える高官の一行だったのだ。高官はピリポの言葉に深く感動し、その場でピリポから洗礼を受けた。さらに聞いた話を帰国してエチオピア女王に報告し、その結果女王はキリスト教に改宗し、原始キリスト教団に莫大な資金援助を提供した。それまで細々と活動していた原始キリスト教団は、それによって財政基盤を確立し、宣教を拡大することができた。」

「人間にとって意に染まぬ展開の中に、実は素晴らしい神の計画が秘められているものです」、牧師さんはそう言って話をしめくくった。「ガザへ行け」はそれ以来、私を支える杖となっていた。

T高校は私にとってまさにガザであったと思う。当初は、神はなぜ私をこの学校に遣わしたのか、と不服であったが、実はそこに既存の授業スタイルを抜け出して新しい授業を構築する神の計画があったのだ。もしあの時T校から転勤という道を選んでいたら、今の私は存在しなかっただろう。そう考えて振り返ってみると、生徒が喜んで授業を受ける姿を喜び、私の実験的授業を応援してくださった同僚の先生方と、型破りな授業に不平を言わず喜んでつきあってくれた生徒達が、今ではとてもありがたく思える。

体験12　枯死しそうな魂に届く授業を

私は高校3年生の時、友人Bを自殺で失った。遺体を前にして私は何の相談にも乗ってやれなかった自分を責めた。しかし、悲しいという感情や涙は、何日たっても浮かんでこなかった。受験勉強に疲れて窓の外の暗闇を見ながら、「彼にとって勉強とは何だったのか」と問い続けた。小学校から積み重ねてきた国・算・社・理・英などのおびただしい知識、そのどれにも、死のうとする彼を引き留める力はなかったのか。彼の姿は、明日の自分自身に思えた。

『だから英語は教育なんだ』が出版された時、私はBの墓を訪れ、花束を

供えてこう語りかけた。「君のためのリベンジのつもりだよ」

　昔も今も、思春期の生徒たちは心の飢え・渇きをかかえて生きている。自分が愛せない、自分の存在意義がわからない、他人とコミュニケーションが取れない、もめ事を言葉で解決できない、好きな異性にアプローチするのが怖い、人生なんて嫌なことばかりだ、こんな自分が生きてゆける自信が無い等々、心の闇をかかえている。学校の授業はそれに無関係でよいのか？　英語の授業は、心の飢えなど放っておいて、受験力や実用力を鍛えればいいのか？　生きる術ばかり教えているうちに、生きる主体が枯死しそうになっていることに気がつかないのか？　気がついていても、「それは私の仕事ではない」と言うのか？

　現代の日本の凶悪な殺人事件の多くも、対人交渉が苦手で、他人と良好な関係が築けず、問題に対処する力が未熟な人が、自暴自棄になって無関係な他人を巻き添えにして起こしている。2008年の秋葉原無差別殺傷事件の犯人がその典型である。実行まではゆかずとも、彼と同様の衝動を抱える若者は大勢いる。彼らのためにも、人間性を豊かにし社会性を高める授業を広めてゆかねばならない。

　本書の体験5(a)〜(e)で紹介したように、英語という教科は人間性と関わらせることが容易な教科である。むしろそうした方が意欲が湧き、楽しく、記憶に定着しやすい教科である。私たちが人間形成的英語教育を提唱しているのは、この理由からである。

　いつも私の心の中には、英語が苦手で苦しむ生徒の姿がある。受験対策一辺倒で、学ぶ喜びが感じられない生徒がいる。授業がうまくゆかなくて苦しむ教師の姿がある。点を取らせる指導でへとへとで、教師生活に意味を見いだせない教師がいる。そして、おびただしい知識や技能を与えられながら、生きることに枯渇している人々がいる。生きようとしてもがく魂に水を届けるような授業を、これからも研究し、広めてゆきたい。

　大した信念もなく教師になった自分だが、今振り返ると、教師になって本当によかったと思う。生徒たちが私を育ててくれたのである。人間形成的英語教育は、生徒の人生を豊かにするだけでなく、教師の人生をも豊かにするのである。

まとめ

　以上、私の人間形成的英語教育探求の旅を物語ってきた。教育基本法第1章第1条に「教育は人格の完成を目指し」とあるように、教育の第一目標は児童・生徒が持って生まれた可能性(potential)を全人的(whole person)にフルに開花させることを支援することである。まかり間違っても、国や産業や学校が自己の都合のいいように児童・生徒の偏った能力を訓育教化することを目的としてはならない。人間形成的英語教育は、まさに本来の教育の王道を行くものなのだ。

　ことに日本では、約150年にわたって、人間性と関係づけることによって英語学習を動機づけながら人間性を養う教育実践が、草の根的に全国の教師によって取り組まれ・蓄積されてきている。これは、英語圏のESL環境での研究を凌ぐものである。この肥沃な伝統を受け継ぎ発展させると共に、世界に向けて人間形成的英語教育を発信してゆきたいと思う。英語教師の皆さんが、この精神を受け継いで、各自の持ち場で全人的教育の種を播き育ててゆかれることを期待する。

第2章

今、英語教師はどのような時代に直面しているのか

　今日の学校英語教育では、(1) 実用的目的の追及とその成果の数値的証明、(2) 国家主義的・中央集権的教育政策の強化、が連動して矢継ぎ早に推進されてきている。

2.1　実用的英語教育政策と国家主義的・中央集権的教育政策の強化
　実用的目的追及の政策は、2000年頃から、財界や政府から矢継ぎ早に上意下達式に打ち出され、英語科の教科内容は、他の教科には無いほどの激震にさらされ続けている。以下は、過去15年に打ち出された政策の主なものである(詳しくは江利川(2009)『英語教育のポリティクス』参照)。

2000　経団連「グローバル化時代の人材育成について」で「実用的な英語力」を学校教育に要求。
2002　文部科学省「『英語が使える日本人』の育成のための戦略構想」で国策中心の教育方針を前面に押し出す。
2003　文部科学省「『英語が使える日本人』の育成のための行動計画」で「戦略構想」の具体的施策を決定(SELHi・英語教育特区・英語教員集中研修・小学校英会話活動)。
2008　文部科学省「小学校学習指導要領」改訂を告示。小学校5〜6年生に科目「外国語活動」を新設。
2008　教育再生懇談会が「第一次報告」答申。「小学校から大学までの各段階における到達目標を、TOEIC、TOEFL、英検を活用するなどして明確に設定」「小学校について、少なくとも3年生からの早期必修化を目指し」と提言
2009　文部科学省「高等学校学習指導要領」改訂を告示。中心科目だった「英語I・II」を廃し、「コミュニケーション英語I・II」を新設。「英語の授業は英語で行うことを基本とする」と規定。
2013　文部科学省「国際的に活躍できる人材を育成するため英語教育に関

[27]

する実施計画」を発表。中学校の英語授業は原則として英語で行い、高校の授業では発表や討論などに重点を置き卒業時に英検2級から準1級程度の英語力を身に付ける目標を設定した。2018年度から段階的に導入し、20年度の全面実施を目指す。

2013 文部科学省「グローバル化に対応した英語教育改革実施計画」を発表。東京オリンピック・パラリンピックを見据え、新たな英語教育が本格展開できるように小・中・高等学校を通じた英語教育全体の抜本的充実を図る。
小学校中学年では週1〜2コマ程度の英語活動。
小学校高学年では週3コマ程度の教科型。
中学校では授業を英語で行うことを基本とする。
高等学校では、授業を英語で行うとともに、言語活動を高度化する（発表、討論、交渉等）。
〈http://www.mext.go.jp/b_menu/houdou/25/12/__icsFiles/afieldfile/2013/12/17/1342458_01_1.pdf〉

2013 文部科学省「平成26年度スーパーグローバルハイスクールの概要」を発表。社会課題に対する関心と深い教養に加え、コミュニケーション能力、問題解決力等の国際的素養を身に付け、将来、国際的に活躍できるグローバル・リーダーを高等学校段階から育成するために、平成26年度より5年間、50校を指定して実施。
〈http://www.mext.go.jp/a_menu/kokusai/sgh/1342988.htm〉

　こうした英語教育政策は、以下のように政府が着々と進める中央集権化と「戦争できる国」づくりのコンテクストの中にあることを忘れてはならない。

1991年　国旗国歌法強行採決。
2006年　政府は教育基本法を改訂、愛国心と道徳教育を明文化。
2007年　文部科学省「全国学力・学習状況調査」を全国の小中学校の最終学年全員を対象に開始。
2013年7月　安倍首相、憲法96条を改訂して改憲を容易にし、更に憲法9条を改訂する意図を発表。
2013年12月　政府は「特定秘密保護法」を制定し国民の知る権利を制限。
2014年1月　安倍首相、道徳を「教科」化する意向を明言。
2014年2月　政府は、教育の政治的中立制を守っていた教育委員会制度を改め、首長が教育長を任命する案を策定。
2014年2月　安倍首相、憲法を改正せずとも日本の集団的自衛権を容認する「解釈改憲」推進の意図を表明。

第2章　今、英語教師はどのような時代に直面しているのか

　話を英語教育政策に戻して、筆者は2002年に文部科学省が「『英語が使える日本人』の育成のための戦略構想」を出した時、大修館の雑誌『英語教育』誌上でそれに対する批判を行っている。その時の情勢と問題点は、現在でも変わることなく、むしろ深刻化していると考えるので、その批判論文（三浦(2004)「『戦略構想』と英語教育が取るべき道」）の一部を次のセクション2.2に掲載する。

2.2 「戦略構想」への批判
　英語運用力をしっかりと身に付けさせるという「戦略構想」の方針は一見魅力的だが、それが「誰のための英語教育か」で大いに危ない。「学習者の願いに適切に応える」のではなく、「国に必要な人材を作る」となっていることが問題だ。教育基本法をはじめとする現代の世界的な教育中立政策に逆向しており、順番が違う。
　文部科学省は2002年7月に「『英語が使える日本人』の育成のための戦略構想」（以後「戦略構想」と略す）を、そして2003年3月に「『英語が使える日本人』の育成のための行動計画」（以後「行動計画」と略す）を発表した。周知のとおり、前者は「英語授業」「英語教員」「モティベーション」「入学者選抜等」「小学校の英会話活動」「国語力の増進」について6つの戦略を掲げ、後者はこれを受けて、平成20年度までの到達目標を提示したものである。「戦略構想」が発表されて以来、対応をめぐって英語教育関係者の動きは急激に活発化してきており、英語教育界に激震とも呼べる影響を与えはじめている。
　筆者も英語教育関係者の一人として、「戦略構想」の打ち出した英語運用力増強方針に一定の意義を認めるものである。しかし、それが幾つかの重要な面において教育的バランスを欠いていると考える。これを真に日本の英語教育の改善につなげるには、実施面、特に英語教師の側でのバランスの見直しが必要である。本書は、そのバランスの見直しを提言するものである。「戦略構想」に対しては、既に日本外国語教育改善協議会(2003)が8項目の提言を発表しているが、本書はこれと重複しない内容について言及したい。

（1） 動機の偏り：「学習権の保障」か「国家的都合」か
◆ 誰の立場に立った政策か
　戦略構想が掲げる英語運用力増強政策の特徴は、国家的都合の優先である。このことは、「戦略構想」の前文である「1.趣旨」で次のように明確に示されている：

> 　経済・社会等のグローバル化が進展する中、子ども達が21世紀を生き抜くためには、国際的共通語となっている「英語」のコミュニケーション能力を身に付けることが必要であり、このことは、子ども達の将来のためにも、我が国の一層の発展のためにも非常に重要な課題となっている。

「経済」「我が国」の発展が全面に出され、子ども達の「行き抜く」「将来」といった職業的生存が問題とされている。これを財界や経済産業省でなく文部科学省が打ち出したわけである。そもそも、文部科学省は、児童・生徒の「学びたい」欲求に正しく応えてその能力・資質・人格を高めるための援助を行う省であって、国に都合の良いように児童・生徒を養成する省ではないはずである。文部科学省がこのようにダイレクトに国益優先の教科観を打ち出してきたことに、違和感を覚えざるをえない。
◆ 学習権保障が公教育の原点
　生徒が「英語が使える」ようにする英語教育の推進それ自体に異論を唱えるつもりはない。問題は、それを誰の立場に立って推進しようとするかである。

　戦後教育が発足してから59年、「英語が使えるようになりたい」という欲求は生徒の側から強く表明されてきた（斎藤、1984）にもかかわらず、これまでの英語教育はその欲求に満足に応えることができていない。多くの努力が払われてきてはいるのだが、不十分という批判はまぬがれない。

　その意味で、戦略構想の掲げる個々の改善策には、一定評価できるものがあるのは事実である。たとえば教授法の変革、教員の力量向上、コミュニケーション能力を主体とした評価の方向、実証的研究の奨励など、実行されれば英語運用力向上に役立つものと考えられる。

　ただし、それが国民の側に立って、学習権保障・成長欲求充足のために取り組まれるか、それとも国家的都合のために取り組まれるかが、問題である。

第 2 章　今、英語教師はどのような時代に直面しているのか

Maslow(1970)の人間の 5 大欲求説に表されているように、自分を維持し高めたいという学習者本人の欲求に応える形で援助するのが教育の則るべき原則である。このことは教育基本法第一条(教育の目的)にも、次のように示されている。

　　教育は、人格の完成を目指し、平和的な国家及び社会の形成者として、真理と正義を愛し、個人の価値をたっとび、勤労と責任を重んじ、自主的精神に充ちた心身ともに健康な国民の育成を期して行われなければならない。

ここには、教育があくまでも人格の完成を至上目標として行うべきであり、その時々の国益に教育を奉仕させるべきではないことが、明確に示されている。日本が長期不況と産業の低迷、国際競争力の低下に苦しんでいる今日においても、教育は第一義的に「生徒の人格の完成」のために行うべきであって、「国の都合」で行うべきではない。初等・中等教育における各教科は、単にそれが実利に役立つからという理由でなく、生徒の人格の完成に貢献するからこそ、教育課程に組み入れられているはずである。それを尊重することが、一見回り道に見えても、実は本当に国を豊かにする近道なのである。

生徒が「使える英語を学びたい」と言う時、それは自分を高め、世界の人々と交流し、人生を更に豊かにしたいという成長欲求に基づくものであり、国策とは区別して考えるべきなのである。

(2)　語るべき自己の育成を伴った英語コミュニケーション教育の必要

「戦略構想」は、育成すべき英語力の目標を、英検・TOEIC・TOEFL といった検定試験のスコアーで示そうとしている。このために、大学や高校において、検定試験の数値目標達成を自校の英語教育の目標とする傾向がにわかに増えている。しかし、日本人が外国人と対等に議論できないとされる原因は、英語運用力だけでなく、語るべき自己の未発達にもあるのではないか。東南アジア青年の船事業に参加した諸国の青年代表たちが、自国やアジアの将来について白熱した議論を展開する傍らで、語学試験で高得点をあげた日本代表が話題についてゆけず、議論から脱落していると聞く。

日本が国際社会に貢献できるメッセージとは、日本にしかできないオリジナルなメッセージである。たとえば同時多発テロ直後にブッシュ大統領が「こ

れはキリスト教世界に対してイスラムが仕掛けた戦争だ」と発言した時、梅原猛氏がそれを批判して「そういう宗教的偏狭さを、日本は既に克服している」と中日新聞で論評していた。確かに、複数の宗教の共存を許す寛容さを日本は世界に誇ることができる。梅原氏のような発言こそ、日本が世界に向けて発信できるコミュニケーションの例だと考える。あの発言は、日本独自の知恵を含んだものであり、世界の大勢に追随した亜流のメッセージではないからである。

　コミュニケーション能力は、「運用能力＋語るべき自己」という式で捉えたい。そういう語るべき自己の育成は、検定試験の練習問題を反復練習するだけでは育てることはできないのだ。

(3)　トータルな言語コミュニケーション教育としての英語教育

　先述したように、戦後日本の学校英語教育を通して、英語教師たちは、人間形成に貢献する英語教育を草の根的に実践し、その指導法を研究し発表してきている。英語教育を、母語も含めたトータルなコミュニケーション教育の一環としてとらえ、その中で英語という言語の特性がどう貢献するかに着目した研究は、一例を挙げただけでも、中嶋(2000)、JACETオーラル・コミュニケーション研究会(2002)、松畑(2002)、菅ほか(2002)、三浦ほか(2002)など、かなり確立されてきている。これらは第一義的目標をあくまでも英語コミュニケーション能力の育成におきながら、綿密に工夫された授業アクティビティーという学習プロセスを通じて、建設的なコミュニケーションを行うための資質を養う指導法である。

(4)　単一思考は危険

　「行動計画」は、すべての日本人が英語が使えるようになるべき理由を、① 日本がメガコンペティションに勝つため、② メガコンペティションの中で個々人が生き残るため、だと説明している。ここで打ち出されている英語教育観が、実は日本の産業経済政策のあり方についての、ある固定観念に基づいていることに、英語教師は気づかねばならない。

◆ 問題の本質を見失わせる恐れ

　それに含まれた固定観念は、逆に次のように問うことによって明らかになる：

第2章　今、英語教師はどのような時代に直面しているのか

① 国民が英語運用力を高めるだけで、日本がメガコンペティションに生き残れると言えるのか？
② 日本がメガコンペティションに生き残ることが、本当に国民に幸せをもたらすと言えるのか？

　メガコンペティションは、あくなき拡大を続けることによってしか安定の得られない、効率最優先、無人化人減らし型、環境破壊・資源消費・自然搾取型、大量生産・大量消費・大量廃棄型の産業経済競争である。
　ところがメガコンペティションは、約束した繁栄をもたらす代わりに、無人化人減らし、リストラ、労働世代の自殺増加、若年のフリーター化、それによる購買力低迷、無差別殺人、山村荒廃、ホームレス増などに代表される荒廃を生んできた。
　日本の少子化が急速に進行しているのも、これと無関係ではあるまい。このままの政策を進めていった先に、日本を待ち受けるのは繁栄か荒廃か、大きく議論の分かれるところなのである。
　メガコンペティションを、ピークを過ぎて今後滅びゆく文明ととらえ、それを超えた新しい産業経済政策に転換すべきだとする考え方も存在する。また、日本が経済大国になることが本当に国民を幸せにするのかについても、議論の分かれるところである。
　英語教師が生徒に向かって「これからの日本経済が世界で生き残るために、国民の英語運用力が必要だ」と説く時に、あたかも英語運用力を高めるだけでメガコンペティションに勝ち残り、それが国民を幸せにする唯一の道であるかのような固定観念をサブリミナルに与え、それによって生徒の柔軟な発想を狭めてしまう恐れがある。このような、「考えさせない」教育からは、日本の未来を切り開ける新しい人材は育成できないだろう。

(5)　「打算とあせりの英語教育」か「知的冒険と人間関係作りの英語教育」か
　実はメガコンペティション対策としての英語リテラシー論は、船橋洋一氏が「戦略構想」よりももっと包括的に展開しており、これと立場を同じくすると思われる。しかし、船橋氏は英語学習の動機として、そうした功利的動機と同時に、内発的動機である「自由の拡大」と「知的冒険」をもしっかりと説いている：

個人にとって外に開かれた共通語を持つということは、それが何語で
　　あろうが、そうした抑圧に抗して個人の自由—人権—を表現する、その
　　コミュニケーションを可能にする術を持つということでもある。(船橋,
　　2002, p. 112)

　ところが、「戦略構想」はそうした内面性には全く言及していない。この点でもバランスを欠いているのである。日本の産業経済競争力確保を動機とし、その道具として英語運用力増強を推奨し、その成果を TOEIC や英検のスコアで評価・点検しようというのが、現在の「戦略構想」と「行動計画」の骨子である。学校は学校同士のサバイバル競争に勝ち残るために、教師は不適格教師の烙印を押されないために、生徒は将来の進学・就職競争に勝ち残るために、英語力検定試験で高得点を取るという形で、英語運用力の数値化を迫られる、そういう全国的大運動が既に始まっている。「英語ができれば得をする、英語ができなければ置いてゆかれる」という、打算と焦りの英語教育観が全国を席巻しようとしている。
　このようなことになれば、学校間競争や国際競争力増強に直結しない英語教育の要素は、切り捨てられてゆく。改めて問いたい、そういう英語教育で得をする生徒が何パーセントいるというのか、そういう英語教育で生徒は動機づけられるのか、そういう競争のあげくに、果たして「豊かで安全な日本」は本当に約束されているのか。
　筆者はここ 2 年ほど、英語教育関係の学会や研究会に出るたびに、「戦略構想」と「行動計画」の国策中心・メガコンペティション是認・国内コミュニケーション軽視という、バランスを欠いた打算と焦りの英語教育観が、あたかも「錦の御旗」のように打ち振られていくことに、大きな危惧を抱いている。
　一歩目を転じれば、言語コミュニケーション教育によって、生徒一人一人がかけがいのない自分と他者の価値に気づき、人と対立した時でも双方が辛抱強く話し合って解決できるようになり、冷え切った人間関係の中にあっても自分のイニシアティブでそれを温かい協調的集団へと変え、世界の暴力の連鎖を人類の協働へと導いてゆく、そういう豊かな英語教育の伝統が既に日本に存在するのであり、それは決して絵に描いた餅ではないのである。
　実用性を無視した文法訳読一辺倒の過去の英語教育に戻れと言うつもりは

第2章　今、英語教師はどのような時代に直面しているのか

ない。英語運用力育成の施策は必要である。しかし、教育の大切な根本を忘れてはならない。それは、生徒の成長欲求に真摯に応えることから出発した、語るべき自己の育成を伴ったコミュニケーション教育である。「戦略構想」が、こうしたバランスを備えてはじめて、日本の英語教育は世界に通用する英語コミュニケーション力を育成できるものと考える。

2.3　高校英語教育の現在の情勢

新学習指導要領(2009)の①「授業は英語で行うことを基本とする」は、発表されると同時に英語教育界に激しい議論を巻き起こした。その後、この文言に関する理解と実施状況は、下記のように展開しているように思われる。

(1)　この文言の意味については、「完全に日本語を排除せよという意味ではない」、②「生徒がコミュニケーションの手段として英語を使う活動を授業の中心とする」の解釈が定着か。
(2)　しかし2014年度では、大半の検定教科書は旧来と同じ傾向のままのものが多い。「英語表現Ⅰ」では、コミュニケーションとは縁遠い文法中心の教科書が、広く採択される傾向が出ている。このような教科書を使うと、教科書に載っていない「英語を使う活動」の創作・運営の任務が、コミュニカティブな授業の経験の無い教師の肩に掛かることになる。その結果として、機械的置き換え練習や4択答え合わせをコミュニケーション活動と誤解する心配がある。
(3)　文部科学省は各校に③「CAN-DO リスト」の作成を指示し、「学校目標→学年目標→単元目標」の作成と教師集団共用を推進している。
(4)　文部科学省は指導主事研修や研究指定校研究を通して、相当強力に上記①②③の徹底を図っている。
その反面、もう1つの柱「考える力の育成・critical thinking ability・logical thinking ability の育成」への取組は、遅れている。

このように現時点では、文部科学省の方針はコミュニケーション重視に振り子が振り切れた状態だが、これまで英語教育が大切にしてきた

- 「英文内容の深い鑑賞」
- 「英語の文法・語法の解明」

- 「英語の根底を成す社会・文化の理解」
- 「英文の内容への批判的検討」
- 「将来の第2・第3外国語学習の入門としての学習スキルの育成」

は軽視していいのか？　学習指導要領はこうした分析的な学習や文化の学習を切り捨てるのか？　Analytic-Synthetic、右脳−左脳、実用−教養の振り子が、一方に大きく振れている状況だが、様々な学習者特性がある中でアプローチが片方に偏るのは望ましくない。

2.4　日本の英語教育の主人公は誰か？

図1は、日本の英語教育をコントロールしている諸要因を図式化したものである。図にあるように、日本の英語教育をコントロールしている主要な要因には、①国策、②選抜体制、③生徒・保護者、④英語教師、⑤英語教育研究者がある。以下にそれぞれの要因を解説する。

要因①　国策(図の薄いアミの部分)

学習指導要領に代表される、英語教育の国家政策。その背景には、中央教育審議会などの政府諮問機関と、更にその背後の産業界の要請がある。もっぱら、日本の海外経済進出と海外貢献を推進する人材作りを英語教育に要求している。この国策により、学校英語教育はますます、「外国人と対等にわたりあえる」（戦略構想）英語運用力養成を志向し、そうした運用力の高い学生や教師を優遇する政策を取りつつある。

英語教育研究の学会などでは、以前は、教師や研究者が学習指導要領を、専門的見識から批判的に検討したものである。しかし最近では、教師や研究者が「指導要領がこう言っているからこう教えねばならぬ」と、学習指導要領を疑う余地の無い根拠として受け入れてかかる傾向が強く、主体性の喪失が憂慮される。

要因②　企業・学校の安価な選抜体制(図の濃いアミの部分)

企業や官庁が採用試験にどのような英語テストを出題するか、大学や高校が入学試験にどのような英語テストを出題するか、その出題方針。顕著な特徴は、英語運用能力の直接テスト(例えば、英会話能力を試すために、直接

第2章　今、英語教師はどのような時代に直面しているのか

英語で会話させてみる)を実施しているところがほとんど無いことである。その主な理由は、手間とコストがかかるからである。企業や学校が、採用試験や入学試験で直接テスト形式で英語運用力を試したならば、おそらく今の10倍の時間と費用がかかるだろう。本当に英語運用能力の高い受験者を採りたければ、それでも直接テストを用いるのが本筋である。しかしこの明白な事実にもかかわらず現実には、妥当性の劣る間接的・多肢選択式テストを採用しているのである。

この安価な選抜体制の波及効果(backwash effect)として、学校は生徒の「進路希望」を叶えるために、信頼性の劣る間接的・多肢選択式テストで高得

図1　中・高英語教育をコントロールする諸要因
(枠のうち、破線の枠は、研究が遅れている領域を表す)

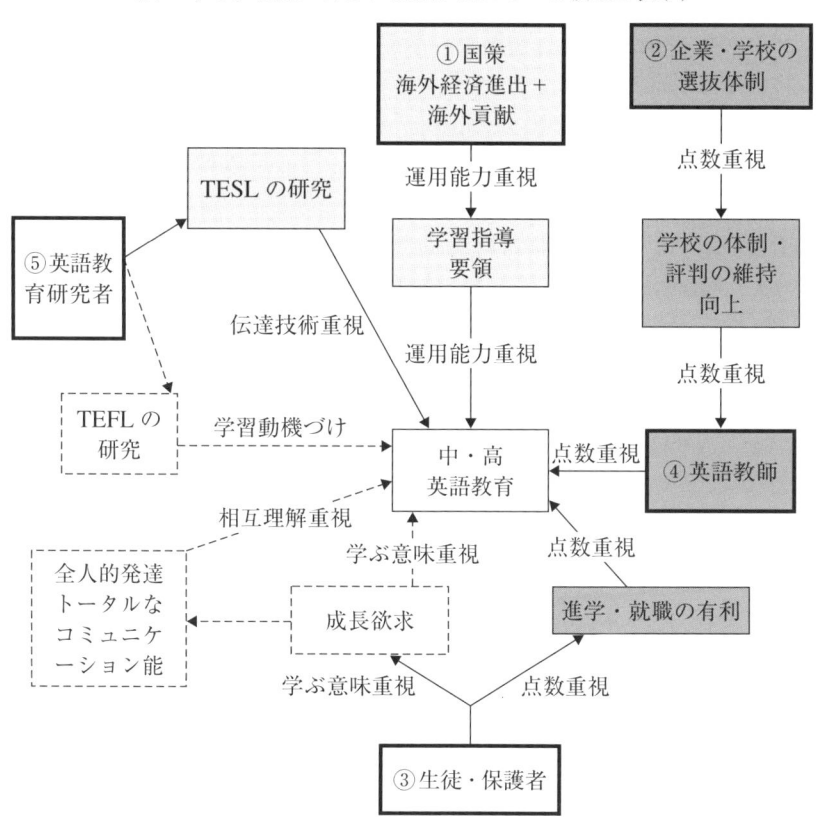

点を取ることを英語教育の目的としてしまう。その結果として、学校英語教育は国が求めてやまない英語運用能力育成にも、生徒の成長欲求にも十分応えられていないのである。

要因③　生徒・保護者

　生徒と保護者は、学校英語教育の消費者的立場にある。本来、最も重視されるべき主体のはずだが、今日の英語教育改革論はむしろ国策主導であり、生徒・保護者は主体ではなくその実現手段として扱われている。しかし、消費者を満足させられない商品が売れないように、生徒・保護者を満足させられない英語教育は支持を失う。満足させるということは、ニーズに応えることである。それでは、生徒・保護者の英語教育へのニーズは何かというと、実は大きく二極分化している。

　ニーズの1つは、英語学習の本来的ニーズ、すなわち英語が使いこなせるようになりたい、英米の文学や文化を知りたい、究めたいという欲求である。これは、学習者が自分をもっと充実した存在へと高めてゆこうとする成長欲求に基づいている。全人的発達、思考と情意にかかわる英語学習の領域である。はたして、日本の中学・高校・大学が、こうした学習者のニーズに応えられているかというと、はなはだ疑問だとされている。「中学から大学まで通算10年英語を習っても、まともに会話ができない」という不満に、英語教育は十分応えられていない。

　もう1つのニーズは、先述の要因②「企業・学校の安価な選抜体制」によって引き起こされた功利的ニーズである。つまり、自分の希望する学校の入試や、会社の採用試験に合格するために、その入試問題で高得点を得る力を身に付けたいというニーズである。こうした試験では、選抜を安価に人手少なく行うために、間接的・多肢選択式テストが主流である。それに向けて受験準備をしようとする時、学習者と教師は大きな選択を迫られる、すなわち、本来の英語力を高めることによってそうした試験をも突破しようとするか、それとも本来の英語力は後回しにして、もともと不正確な安価なテストで点を取る訓練をするかの選択である。今日、多くの保護者・学習者は後者を優先する。その方が、点を取るには効率的だからである。この生徒・保護者の功利的ニーズは、先述の「企業・学校の安価な選抜体制」や、その中で学校の評判を維持しようとする学校体制と見事にマッチし、強固に結合しあっ

ている。事の良し悪しは別として、非常に安定した相互依存の関係がここに出現している。本来の英語力とかけはなれた入試が批判され、高校の受験体制に生徒も教師も不平を漏らすにもかかわらず、大した変化もなくこの体制が持続している理由がここにある。

しかし、こうした受験対策優先の英語授業が、結果として学習者のニーズに応えていないことは、明白である。間接的・多肢選択式テストでは発言する英語力も、発言する内容も、育てられはしないのである。

要因④　英語教師

英語教師は、授業の直接の担当者として、英語教育の主要なコントロール要因のはずである。しかし、現実には、一部の卓越した自覚的教師を除いて、英語教育をコントロールするどころか、コントロールされる立場に置かれている。それはなぜか。筆者はその原因は、英語教師の持つ英語教育目的観の混乱にあると考える。英語教師が、何を目標として授業を行っているかは、ほぼ次のような４つの目標のミックスしたものと考えられる。

表１　教師の観点から見た英語授業の目的

(1) 人間教育的目的（英語教育を通じてより豊かな人間性を育む）	(2) 運用的目的（英語の運用能力を高める）	(3) 文化的目的（英語そのものや英語圏の文化の探求）	(4) 受験対策目的（入試や採用試験の英語問題に合格する技術を養う）

どの目的がどれくらいの重要度を占めるかは、個人差がある。また、それぞれの目的は必ずしも排他的でなく、重複することもある。

ここで重要なことは、小学校・中学校・高等学校における教科教育の役割の大前提である。初等・中等教育の目的は、「個人の尊厳を重んじ、人格の完成を目指し、真理、平和、正義を希求する人間の育成を期し、普遍的で個性豊かな文化の創造を目指す教育の普及徹底」である（教育基本法）。各教科は、この「人格の完成を目指す」ことに貢献するために、学校教育に組み込まれている。学校は、その教科内容がどのようにして、生徒の人格完成に寄与するのかを常に問いながら授業をしなければならない。本研究が、繰り返して「英語授業はどのようにして生徒の人間形成に貢献しうるか」を問う理由がここにある。

一方、上記(4)のような受験対策的目標は教育基本法の教育の目的には掲げられておらず、学習指導要領でも、英語教育の目的として掲げられていない。つまり、受験対策のために英語授業をすることは、本来の学校教育の目的ではない。このことはどちらかといえば中学校教師の間では常識として受け取られているようだが、高校教師の間では十分に理解されているとは言えない。しかし、だからといって(4)の受験対策的目的を、あたかも無いがごとくに無視しては、現実を反映したことにならない。このことを考慮するならば、上記の表は、むしろ次のように書き換える必要がある。

図２　本来と現実の英語授業目標の相関図

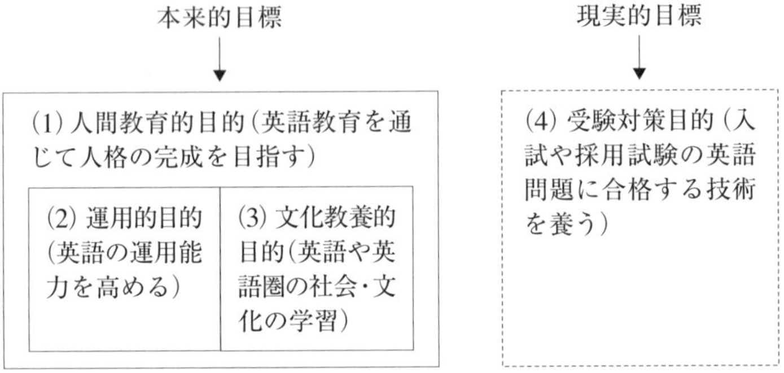

本来的目標	現実的目標
(1) 人間教育的目的（英語教育を通じて人格の完成を目指す） (2) 運用的目的（英語の運用能力を高める） ／ (3) 文化教養的目的（英語や英語圏の社会・文化の学習）	(4) 受験対策目的（入試や採用試験の英語問題に合格する技術を養う）

つまり、本来的目標は人間教育的目的という大項目に集約され、その中に運用的目的と文化教養的目的がある。その中には、受験対策的目的は含まれていない。

人間教育か受験対策か、教師はこの２つの目標の相克とジレンマの中で格闘している。ある教師は、現実的目標（受験対策）を優先して本来的目標を軽視する。ある教師は、本来的目標を基準としながら、現実的目標を併せて追う道を模索する。はっきり言えることは、学校全体としては、浮沈をかけた進学実績競争にさらされており、生徒・保護者の功利的ニーズが「企業・学校の安価な選抜体制」とかみあっている状況では、教師に受験対策目的を追わせようとするプレッシャーは非常に大きいということである。この意味で、英語教師は日本の英語教育をコントロールする大きな要因でありながら、実はひたすらコントロールされる立場に置かれていると言える。

それに加えて、後述(2.5参照)するように、学校英語教育の方針決定は圧

倒的に上意下達的に行われており、教師はまるで末端の作業層のように扱われ、政策決定や総括に参加することは許されていない。このように、英語教師は受験対策と上意下達の教育行政という二重のコントロールの中で、必死に教育的信念を貫こうとしている。

要因 ⑤　英語教育研究者

　日本の英語教育をコントロールする要因として、英語教育研究者の働きを考えてみよう。大学や大学院で、英語科教育法や英語教育行政、第二言語習得論を教え、研究する人たちのことである。彼らが、将来の英語教員を養成し、また現職教育に携わり、英語教育の学会の指導的役割を果たしているのであるから、その役割は重大である。

　日本の英語教育研究者の研究は、TESL（第二言語としての英語教育）に厚く、TEFL（外国語としての英語教育）に薄い。TEFL としての英語教育の直面する問題点は、TESL 状況の国々の理論をお手本にしても役立たない部分が多い。たとえば、EFL としての日本の英語教育の、小学校から大学までの到達目標をどう設定し、その目標到達度をどう測るのか、40人学級週4時間という日本の中学校英語教育の中でどう教えるか、運用能力養成という国策と受験対策志向のジレンマをどう解決するのか、実用性の見えない外国語の学習につきものの motivation の低さをどう補うか、日本語と違った語順や発音に生徒はどのような学習困難点を抱えているか、日本特有の生徒の passive な授業態度を前にしてどのように英語を使わせるか、といった研究項目は、本来英語圏においてよりもむしろ日本のように英語を外国語として教える EFL 状況の中で研究されるべきものである。日本の英語教育はもっと本腰を入れて、日本を舞台にした、外国語としての英語教育の望ましい方法論を構築すべきである。微力ながら本書もそのためのささやかな一歩となりたいと念じている。

　もちろん海外 TESL の研究は、「言語とは何か」「言語学習とは何か」について科学的な考察の筋道を与え、また指導法とその効果の実証的検証の手順を与えた点で大いに貢献しているが、日本の英語教育の実態から出発する研究がもっと必要である。

　最後に、図1に立ち返って言えば、日本の英語教育は、本来の主人公であるべき生徒・保護者がむしろ国策や社会体制にコントロールされる側に置か

れ、また英語教師も日本の英語教育をコントロールすることができず、ひたすら従僕の立場に立たされている。その教育目標はskills（伝達技術）、scores（得点）、performance（運用）の育成に大きく傾き、学ぶ意味と学習者同士の相互理解は軽視されている。このことが、学習内容の単なる道具化を招き、結局は世界に対して貢献する内実に乏しい英語力をもたらすことが心配される。

2.5 「学習指導要領」と、疎外される生徒・教師
2.5.1 学習者の成長欲求に応えることが学校教育の本筋

　教育の主人公は学習者であり、学校はその援助者である。これは戦後日本の学校教育の大前提である。この大前提は、戦前の日本の教育が犯した大きな過ちに対する反省から来ている。その過ちとは、国が時の権力の都合で教育を支配し、学校を国益のための従順な兵隊や後方部隊作りの場におとしめて、無謀な戦争に突き進んだ過ちである。

　公教育は権力主体の国民教化行為であってはならず、学習者主体の学習権保障行為でなければならない。この大前提は教育基本法第一条に明確に規定されている。

　英語授業を受けている生徒・学習者に共通する最大の願いは、「英語で意思疎通ができるようになりたい」ことである。その切なる願いに応えることが、日本の学校英語教育の第一義的使命である。筆者は、国や企業の利益にかなう人材作りという国家主義的動機に基づいた「使える英語力養成」は支持しないが、学習者の「英語で意思疎通ができるようになりたい」願いをかなえるための教育変革は必須だと思う。

- 「英語で海外の人と友達になりたい」
- 「英語で自分の考えを表明できるようになりたい」
- 「英語を駆使して世界で活躍する仕事がしたい」

　これらはまさしく、マズロー（本書3.2参照）の基本的欲求に直結する。習ってきた英語を使って外国人に話しかけ、その英語が通じた時の生徒のうれしそうな姿を、英語教師なら誰でも目撃している。「通じた！」という一度の体験で、生徒の持つ自己イメージが劇的に好転してしまうほど、通じる喜びは大きいのだ。

英語教育関係者は、何よりもまずこの成長欲求に真摯に応えなければならない。ただしそれは、国策的動機に基づいた「使える英語力」政策とは異なるものである（本書 2.2 参照）。

一方、英語運用力を高めることだけが、学習者の成長欲求では決してない。これまで日本の学校英語教育で提唱されてきた教育目標の中で、下記の3つは生徒の成長欲求対応に大きく関わるものである：

ア） 異文化理解的目標——異文化や異なる価値観を理解するための英語教育
イ） Humanistic Language Teaching 的目標——自己と他者を適切に理解し、自己と他者の間に良好な関係を育てる英語教育
ウ） Global Education 的目標——世界が直面する諸課題を理解し、解決の方向をさぐるための英語教育

永倉（2006）が中学・高校・大学生とその保護者・教師に対して行った英語学習目標調査によれば、上記ア）、イ）、ウ）の人間形成的目標は、入試対策などの功利的目標とほぼ同程度に中高生に支持されており、大学生では功利的目標を抜いて一位となっている。また保護者と教師の回答では、人間形成的目標が実利的目標よりさらに高く評価されている。「生徒の進学希望を叶えるためには、英語の運用力養成は犠牲にせざるをえない」と主張する学校があるが、本当にそれが生徒・保護者の希望であるかどうかを実際に調査してみてほしい。

2.5.2 「学習指導要領」という告示の問題点

学習指導要領を論ずる時、それが法的拘束力を持つことをまず認識しておかねばならない。文部科学省は学習指導要領を、初めのうち（1947 年）は教師向けの「手引き」として発表していたが、1958 年以降は「告示」として発表している。つまり、学習指導要領は強制力のある法令なのである。このことが英語教育に与える影響は大きい。教材に関しては、教科書検定が学習指導要領を根拠として行われており、「検定不合格」とされた場合には出版社が莫大な損害をかかえることとなる。それゆえに、教科書編集作業における学習指導要領のコントロール力は絶大である。教員に関しては、学習指導要領に従って教えていなければ、処罰の対象となりうる。実際に 1970 年に福岡県の県立高校（伝習館高校）で 3 名の教師が学習指導要領と教科書使用義務に違

反したとして懲戒免職処分を受けている。このような強制力の強い告示であるからこそ、研究者は学会発表で「指導要領がこう言っているから」などと指導要領を枕詞に使って自説を正当化するような態度をとるのでなく、学会がその専門性に基づいて指導要領のあるべき方向を論議し、批判・提言することが大切なのである。

2.5.3 「学習指導要領」は言語教育カリキュラムたりえているか？

さて本論に入り、言語教育カリキュラム論の立場から新学習指導要領外国語編を考察してみよう。従来、学会における学習指導要領の論議は、「それ以前の指導要領とどう違うか」という新旧対比で論議されることが多かったが、本書では新学習指導要領を外部的基準、すなわち TESL や TEFL のカリキュラム構成と比較する方法をとった。

はじめにカリキュラムを定義しておこう。Richards (1990) は curriculum を、「syllabus を含みながら、更に大きなもの、つまり needs 分析、goal 設定、syllabus 設計、メソッド選択、評価法から成る総合体」と定義している：

> Curriculum development processes in language teaching comprise needs analysis, goal setting, syllabus design, methodology, and testing and evaluation. (Richards, 1990, p. 1)

このカリキュラムの定義は Taba (1962), Tyler (1949/1969), Rodgers (1989), Nunan (1988), White et al (1991), Richards and Schmidt (2003) とも共通している。

更に Richards (1990) や White et al (1991) は、curriculum の 'goal' を「抽象的な目標」と定義し、goal が結実するためには、それを実現するための到達目標 (program objectives) を具体的に設定しなければならないと述べている。こうした program objectives には、行動目標準拠やスキル準拠、内容準拠、熟達度準拠などがある。

> Goals can be used as a basis for developing more specific descriptions of the intended outcomes of the program (the program objectives). . . . In language teaching, a number of different ways of stating program objectives are commonly employed, including behavioral, skills-based, content-based,

and proficiency-based objectives.（Richards, 1990, pp. 3–4）

以上を踏まえて、本書では下記の6項目をカリキュラムの主要構成要因とみなすこととする：

(1) General goals（総合目標）
(2) Needs analysis（ニーズ調査）
(3) Objectives（具体的到達目標）
(4) Syllabus（学習内容の選択と配列）
(5) Learning experience（そのカリキュラムで使用するアクティビティーとタスク）
(6) Evaluation（テストと評価の方法）

2.5.4 言語教育カリキュラムと「学習指導要領」の相違点

筆者は中学校新学習指導要領外国語編（英語）の記述が、上記のカリキュラム構成要因のどれに該当するかを分析してみた。その結果、表2のように分布していることがわかった。

表2 新学習指導要領はどれだけ言語教育カリキュラムの要件を満たしているか

言語教育カリキュラムの備えるべき構成要因	新学習指導要領の記述
(1) general goals	明確に記載あり。
(2) needs analysis	掲載なし。
(3) objectives	記載はわずかで抽象的。
(4) syllabus	扱う skill, function, structure, topic を詳細に記載している。
(5) learning experience	記載はわずかで抽象的。
(6) testing and evaluation	記載なし。

この対比によって、次のことがわかる：

(a) 新学習指導要領は、英語教育の general goals と syllabus については明確に言及している。
(b) 新学習指導要領は、国策的な needs については、別途発行の「高等学校

学習指導要領解説　外国語編」の第1章「総節」の「第1節　改訂の趣旨」で詳細に言及している。一方、学習者や保護者の needs については、全く触れていないし、それを客観的に知るための調査も行っていない。
(c) 新学習指導要領は、英語教育の objectives（具体的到達目標）への言及が希薄で、抽象的である。また learning experience（用いる授業アクティビティーとタスク）と evaluation には言及していない。

　筆者はここで、新学習指導要領が上記の(1)〜(6)すべてを完備すべきだと言うつもりはない。しかし、新学習指導要領のみでは言語教育カリキュラムとしての要件が満たせないということを指摘したい。この不足要因は、日本の英語教育界が総体として補充して、カリキュラムへと高めなければならない。それは教科書編集者や、地方教育委員会や、教師や、学会の責任と言えよう。特に筆者は、

- 上記(c)の objectives と learning experience の記述の希薄さ
- 学習者や保護者の needs analysis の欠如
- ほぼ10年ごとに行われる改訂の際の、旧指導要領の成果と問題点の総括の欠如（後述）

が、学習指導要領の問題点だと考えるので、この点に焦点を絞って考察したい。

2.5.5　新学習指導要領の Objectives のあいまいさ
(1)　新学習指導要領に Objectives はあるか？

　新学習指導要領は、中学校英語教育の目標を、次のように2か所で表記している。

記述(1)

> 外国語を通じて，言語や文化に対する理解を深め，積極的にコミュニケーションを図ろうとする態度の育成を図り，聞くこと，話すこと，読みこと，書くことなどのコミュニケーション能力の基礎を養う。（第9節　外国語　第1　目標）

記述(2)

- 初歩的な英語を聞いて話し手の意向などを理解できるようにする。
- 初歩的な英語を用いて自分の考えなどを話すことができるようにする。
- 英語を読むことに慣れ親しみ，初歩的な英語を読んで書き手の意向などを理解できるようにする。
- 英語で書くことに慣れ親しみ，初歩的な英語を用いて自分の考えなどを書くことができるようにする。(第2 各言語の目標及び内容等 英語 1 目標)

　上記のうち記述(1)はカリキュラムの general goals にあたると考えられる。それでは記述(2)は objectives(具体的達成目標)だろうか？ そう呼ぶにはこれはあまりにも抽象的である。なぜなら「初歩的な」という文言はあいまいだし，どういう目的のために英語を「聞き・話し・読み・書く」かが不明だからである。このことは，Council of Europe の CEFR(the Common European Framework of References for Languages)のカリキュラム objectives と比較すれば明らかになる。

(2) CEFR の Objectives との比較

　CEFR のカリキュラムは，言語能力について6レベルの習熟度段階を設定していて，各段階の運用力を具体的に記述している。たとえば下記は、speech 能力一般に関する下位2つのレベルの記述である(Council of Europe, 2001)：

A1(最下位): Can read a very short, rehearsed statement—e.g. to introduce a speaker, propose a toast.

A2.1(下から2番目レベルの下位): Can give a short, rehearsed, basic presentation on a familiar subject. Can answer straightforward follow up questions if he/she can ask for repetition and if some help with the formulation of his/her reply is possible.

A2.2(下から2番目レベルの上位): Can give a short, rehearsed presentation on a topic pertinent to his/her everyday life, briefly give reasons and explanations for opinions, plans and actions. Can cope with a limited number of straightforward follow up questions.

　このようにCEFRでは、英語を用いてどういう行動ができるようになることがカリキュラムの目標であるかを、具体的に記述している。

(3)　英語行動力養成カリキュラムとの比較

　もう1つ、新学習指導要領外国語編(英語)の目標を、三浦(2008, pp. 185–197)のカリキュラムobjectivesと比較してみよう。三浦案は中学から大学までの一貫カリキュラム案なので、中学校学習指導要領とは完全に合致しない点があるが、育成すべき具体的達成目標として次の4能力を挙げている：

(1)　英語アクティビティー参加能力(英語で行われる授業に参加し、英語を作業言語としてアクティビティーを主体的に運営する力)
(2)　調べ学習の英語プレゼンテーション力(調べ学習したことに関して、英語で視聴覚資料や配布資料を伴って、まとまった情報を口頭で発表し聴衆と質疑応答を行う力)
(3)　葛藤場面での英語交渉力(葛藤を含んだ対人交渉場面で、相手の意向を理解し、こちらの意向を相手に伝え、合意点を模索する力)
(4)　賛否についての英語ディベート行動力(物事の賛否について、自分の意見と根拠を述べ、対立する相手の意見に根拠を尋ね・反論し、相手や聴衆を納得させる力)

　そしてこの4行動力育成を図3のように中学校から大学まで積み上げている。

　この構想では、何のために英語を聞き・話し・読み・書くのかのobjectivesが具体的に提示されており、授業でどのようなlearning experienceを与えたらよいかの方向性が見えている。これに比べると学習指導要領の「目標」の抽象性、あいまいさがわかる。こうしたobjectivesのあいまいさは、今回の学習指導要領のみならず、歴代の学習指導要領すべてに一貫している。

　Brindley(1984)は、カリキュラムがobjectivesを明確に提示できない場合、教師や生徒はシラバス・教材・授業アクティビティーからobjectivesを推測しなければならなくなると指摘している：

第 2 章　今、英語教師はどのような時代に直面しているのか

図 3　英語運用力育成構想（三浦案）

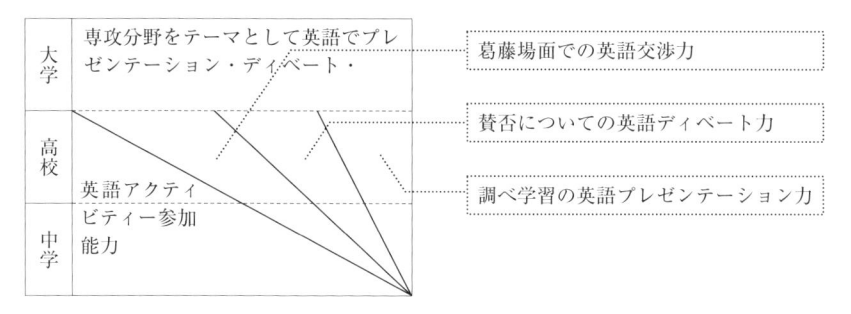

大学	専攻分野をテーマとして英語でプレゼンテーション・ディベート・	— 葛藤場面での英語交渉力
高校		— 賛否についての英語ディベート力
中学	英語アクティビティー参加能力	— 調べ学習の英語プレゼンテーション力

Where the program fails to make objectives explicit, teachers and learners have to infer them from the syllabus, materials, or classroom activities. (Brindley, 1984 (in Richards, 1990, p. 8))

　カリキュラムの到達目標が不明確な場合、教師は欠損しているシラバス項目 (skill, function, structure, topic) を、本来シラバスとはなりえないもの (教科書のシラバス・教材・アクティビティー) から類推せざるをえないという現象は、まさに日本の英語教育に当てはまるものではないか。

2.5.6　新学習指導要領に Learning Experience の展望はあるか？

　上記のような批判に対して、「学習指導要領というものは、syllabus は規定するがメソッドは規定しないものだ」という説を唱える人もある。なるほど学習指導要領が、強制力のある告示として出されている性質上、メソッドに言及しないのはやむをえないことと言えるかもしれない。だが問題は、それでは learning experience (そのカリキュラムで使用する classroom activities and tasks) は誰が考えるのか、という点である。この点が日本の中高英語教育の空白領域となってはいないだろうか。これについて詳しく見てみよう。

（1）　新学習指導要領の Learning Experience 観

　新学習指導要領が learning experience (用いる授業アクティビティーとタスク) に言及していると思われるのは、下記の 3 か所である。

言及箇所	記述
2 内容 (2) 言語活動の取り扱い ア	（ア）実際に言語を使用して互いの考えや気持ちを伝えあうなどの活動を行うとともに, (3)に示す言語材料について理解したり練習したりする活動を行うようにすること。
2 内容 (2) 言語事項の取り扱い イ	（ア）第1学年における言語活動 身近な言語の使用場面や言語の働きに配慮した言語活動を行わせること。その際, 自分の気持ちや身の回りの出来事などの中から簡単な表現を用いてコミュニケーションを図れるような話題を取り上げること。 （イ）第2学年における言語活動 事実関係を伝えたり, 物事について判断したりした内容などの中からコミュニケーションを図れるような話題を取り上げること。 （ウ）第3学年における言語活動 様々な考えや意見などの中からコミュニケーションが図れるような話題を取り上げること。
3 指導計画の作成と内容の取扱い (1) キ	また, ペアワーク, グループワークなどの学習形態を適宜工夫すること。

　よく見ると、これらの個所で新学習指導要領は、用いる learning experience を提案しているのではなく、用いるに際しての配慮事項を述べているにすぎない。

　新指導要領がこの数倍以上のスペースをあてて、教えるべきシラバス内容を skill, function, structure, topic にわたって詳細・克明に規定しているのに比べて、learning experience に言及した部分は非常に少なく、かつ抽象的である。つまりどういうアクティビティーやタスクを運用すれば、新指導要領の objectives（本書 2.5.5 参照）が達成できるかについては、新指導要領は全くと言っていいほど言及していない。

2.5.7　英語コミュニケーション授業の成否の鍵は Learning Experience

　英語コミュニケーション能力育成を目指したカリキュラムで、learning experience すなわち授業アクティビティーやタスクの構想が弱いということは、実は非常に大きな問題である。なぜなら、Communicative Language Teaching の根本的前提は、学習者が意味ある場面で言語を実際に使うことに

よって、その言語を最も効果的に習得できるというものであり、日本のようなEFL環境ではその機会は第一義的に英語授業のコミュニケーション活動の中だからである。

しかし、授業で生徒に実際に英語を使わせることは、口で言うほどたやすいことではない。自信の無さ、誤りへの不安、language ego[5] の抵抗、peer pressure[6] など、様々な要因から日本の学習者は授業でなかなか英語を使おうとしない。慣れない言語で自我を危険にさらしながら自分の考えなどを表現する活動は、生徒にとって負担が大きく、成立が難しいのである。いくらシラバスに skill, function, structure, topic をたっぷりと盛り込んでいも、安心でき・やることに意味を感じ・楽しい活動を用意しなければ、生徒はコミュニケーション活動に参加しない。英語コミュニケーション授業の成否の鍵はまさに learning experience の質にかかっているのだ。

2.5.8　高校の「隠れ文法」をいつまで放置するのか？

高校、特に普通科高校の英語教師の多くは、「系統的文法指導」への根強い執着心を持っている。新科目「英語表現Ⅰ」教科書の2013年度採択数第一位の教科書が、実はコミュニケーションとはほど遠い「短文英訳式・文法ドリル的」な内容であったことが、そういう執着心を物語っている。

1978年の指導要領改訂で、「英文法」という科目が廃止されて以来30余年、高校の文法指導は underground 的に、根強く生き残っている。下記は、1999年改訂の学習指導要領下で起こっていた状況である。

• かなりの高校で、「英語Ⅰ」「英語Ⅱ」が4技能統合科目でなく、和訳訓練＋文法例題 に変質していた。	• かなりの高校で、「Oral Communication」や「ライティング」の授業が、実際には系統的文法指導に使われていた。

5　言語と自我とは密接に関係しており、人が第二言語を学習する際には、連動してその人の中に第二言語自我が形成されると言われている。その際、それによって母語の自我が脅かされるような不安を感じる場合がある (Guiora et al., 1975; Curran, 1976)。
6　「同輩集団圧力」：同年齢や同じ社会的地位の人々の集団が、その構成員の行動に及ぼす圧力 (*Macmillan English Dictionary*)。

文部科学省が「英文法」という科目を抹消し、「隠れ英文法」的授業を黙認することは、適切と言えるだろうか？　実は文法の教え方も着実に進歩してきており、1978年以降にも、Communicative Language Teaching に基づく下記のような新しい文法指導の研究開発が世界的に行われてきているのである。

  Grammatical Consciousness Raising（Rutherford, 1987）
  Lexical Syllabus（Willis, 1990）
  Functional Grammar（Butt et al., 2000）
  Corpus Linguistics（齋藤ほか, 1998）
  Spoken Grammar（Paterson et al., 2012）

それにもかかわらず、臭い物に蓋的に系統的英文法指導を禁止し「隠れ英文法」を黙認することによって、日本の学校教育での英文法指導は、新しい研究成果を反映することもなく、Grammar-Translation Method 時代のままに放置されている。

筆者も、すべての高校生が系統的英文法を学ぶ必要があると考えるわけではない。しかし一方では、英語学習に熱心で将来上級の英語力を必要とし、文法を系統的に学びたいと欲する生徒のニーズには応えるべきだと考える。そういう生徒たちのために、選択科目として「英文法」を日の当たる所に出し、近代的光を当てて改良する道を考慮してはどうか。

また筆者は、英語を重視する高校では（週に5時間以上英語授業がある高校）、コミュニケーション中心の授業をしながら、文法を体系的に教えることが可能かつ必要だと考える。それには、

◇ 生徒の入学時に、英文法の参考書を1冊購入させる。生徒が家庭学習で読んでも理解できそうなわかり易いものを選ぶ。
◇ 授業開き以前に英語科教師が高校1～3年用の教科書に出てくる重要文法事項を調べ上げマークし、どのレッスンが英文法参考書のどこと対応させられるかの、3年間通しの対応表を作成する。
◇ 授業を行っていて、マークした重要文法事項が含まれていたら、生徒に英文法参考書の参照ページを示し、家庭で学習してくるように指示する。

2.5.9　新学習指導要領をどう補うか

　先の 2.5.5〜2.5.7 節で述べたように、新学習指導要領はコミュニケーション能力の育成を前面に掲げながら、それを実現するための具体的 program objectives や learning experience を提案していない。ことに、今回の改訂の目玉の1つとなっている4技能統合の言語活動は、より時間をかけた入念な活動となるはずだが、それを成立させるための方法が提案されていない。

　それでは誰が program objectives や learning experience をデザインするのだろうか？　それは学校や教師が引き受けることとなる。教育現場では、まずは有効で教えやすい learning experience を備えた教科書を選ぶことが必要となるだろう。更に各学校は、教科書シラバスをうのみにするのでなく、自分の学校の生徒・教師集団の特徴を踏まえて、その学校としての program objectives すなわち3か年間のコミュニケーション能力到達目標と頂上タスクを構想し、それを達成するために、1〜3年次と、どのような言語活動をどう積み上げるかのプランを立てるべきだろう。最近になって文部科学省が各都道府県の英語指導主事を通して各学校に指示している CAN-DO リストの作成は、program objectives や learning experience の空白を補充させるための対策と考えられる。本書の第7章は、そのための参考となりうると思う。

2.6　英語教育行政、ここはぜひ改めたい

　以上、言語教育カリキュラムとして見た時に、新学習指導要領はその objectives（具体的到達目標）が抽象的であいまいであり、learning experience についてはほとんど提案していない。これら、コミュニカティブな授業の成否を左右する問題には、新学習指導要領は触れていない。英語コミュニケーション能力を育てるという、日本の学校英語教育の goal を達成するためには、教育界が総体としてこの空白域を補完して、英語教育カリキュラムを構築してゆかなければならない。

　同時に、言語教育カリキュラムの見地から学習指導要領を見て痛感するのは、その上意下達式の閉鎖性である。ほぼ10年ごとに行われる改訂作業に、ユーザーである生徒・保護者の声も、授業の実施者である英語教師の声も、反映される道が欠けている。そればかりか、改訂時に当然行われるべき、それまでの学習指導要領への総括（成果と問題点のまとめ）が公表されておらず、はたして総括が実施されているのかも不明である。その気になりさえすれば、

文部科学省は全国の英語教員対象に、現行指導要領への感想を尋ねるアンケート調査など簡単に実施できるはずである。

　日本の教育行政は、小学校への英語導入、「コミュニケーション」中心の授業への大転換、英語教員への英語運用力証明の要求、SELHi や Super Global High School 等の特別実践の推進などの大変革を英語教師に迫っている。ところがその一方で、そうした大変革を支えるための条件整備（教室設備の整備や海外教員英語指導法研修、少人数学級実現や教員の過労対策など）は遅々として進んでいない。教室設備を例に取って言えば、コミュニケーション中心の授業には、パソコンから出力する天井設置プロジェクターが必須だと思うが、はたしてどれだけの公立高校がそのようなものを備えているだろうか？また、インターネット接続によって、海外のホームページや教室に接続し、日本の教室にいながらまさに生きた英語に触れさせられる時代が来ているのに、はたしてどれだけの公立高校の教室でインターネット接続が可能になっているだろうか？　教員や生徒には、革命に近い大変革を要求しながら、それに必要な条件整備を怠っている教育行政には猛省を促したい。

第 2 章　今、英語教師はどのような時代に直面しているのか

Questions and Answers

Q1：CAN-DO リストやシラバスを「作成すること」は重視されています（上意下達に上から指示はされるので）が、その重要性や具体的な授業での使用方法が多くの教師には理解されていないような気がします。どのように同僚の理解を求めていけばよいでしょうか。

A：同じ学校の英語科教師が、3年間のゴール、そのためのプロセスの共有を目指して、連携協力することは望ましいことです。ただ、
(1) そのための取り掛かり方は複数ありうるわけで、各校の英語科集団が取り組みやすい切り口をから入ればよいわけです。上からの強制のみでは、守るつもりもない CAN-DO リストを「作文」して提出するという、単なる追加の文書業務に堕す恐れがあります。
(2) 大切なのは CAN-DO リスト作成をきっかけとして、英語科教師集団が、心底納得できる自校の英語教育ゴールを志向して連携協議する関係作りです。本書の 8 章は、そのためのヒントとして書きました。参考になればと思います。

Q2：学習指導要領で具体的な learning experience がもし示されると、かえってそれに縛られて自由な活動ができなくなるような気がしますが、それについてはどのようにお考えですか。

A：本書の 2.5.6〜2.5.7 で述べたように、私は文部科学省が指導要領に learning experience を指定すべきだと言っているわけではありません。Learning experience の部分が指導要領に欠落しているから、誰かが補う必要があることを指摘しているのです。

第3章
何を目指して教えるのか、バックボーンを確立するために

　現代は、英語教師が自分の教育理念を育てにくい時代だと思う。ハウツー的英語教育観が支配的となり、授業の上手い下手ばかりが問題にされ、永遠の価値との断絶が起こっている。永遠の価値とは、地球上のすべての生命の幸福実現へとつながる普遍的な価値を意味する。多くの生徒にとっては、英語を学ぶことが、世渡りのツール（私利追及）にすぎなくなっている。教師にとっては、英語を教えることが、世渡りのツールの伝授（私利追及の支援）にすぎなくなりかけている。「明日から使える授業テクニック」という表面的授業観ばかりが、研修で人目を引く。公開授業では「All-in-Englishになっていない」「もっとペア活動をやれ」などと、形式的な事ばかりを指摘される。見てくれのいい授業をするために、教師は根無し草的にノウハウさがしに明け暮れることになる。ところがハウツー物の知識は、環境（生徒・学校種・時代の潮流）が変われば役立たない。

　それに加えて、2章で見たように、実用主義的英語教育政策が矢継ぎ早に上意下達式に打ち出され、英語科の教科内容は、他の教科と比較にならないほどの激変にさらされ続けている。目まぐるしく指導要領や通達が変わり、前の通達を消化できないうちに次の通達が来る。教師は自分の教育理念を構築することが難しくなり、転変する政策に従う振りをしてその日をしのぐことになりかねない。

　このような中で、英語教師としてのバックボーンを構築するには、どうしたらよいだろうか。そのためには、私利私欲のための英語教育を超えて、授業のはるか延長線上に人類の永遠の価値を見定めることである。それがあってこそ、天職として英語教育に全力で打ち込み、達成感を得ることができるのだ。以下に、その永遠の価値を示すものとして、(1) 教育基本法、(2) 生徒の自己実現欲求、(3) 先人が築いてきた人間形成的英語教育の各種潮流、を考察する。

3.1 教育基本法

　初等・中等教育の目的は、教育基本法第一条（教育の目的）に、「教育は、人格の完成を目指し、平和的な国家及び社会の形成者として、真理と正義を愛し、個人の価値をたつとび、勤労と責任を重んじ、自主的精神に充ちた心身ともに健康な国民の育成を期して行われなければならない」と規定されている。

　法令では先に記述されたものほど優先順位が高い。教育はあくまでも人格の完成を至上目標として行うべきであり、その時々の国益に教育を奉仕させるべきではないことが、明確に示されている。明治憲法下において、学校教育を時の権力が恣意的に利用したことへの痛烈な反省がここに込められている。日本が長期不況と産業の低迷、国際競争力の低下に苦しんでいる今日においても、教育は第一義的には「生徒の人格の完成」のために行うべきであって、「国の都合」で行うべきではない。授業のはるか延長線上に、この理念を見据えていることが必要である。さもなくば授業は私利私欲追及の支援にすぎなくなり、空しいものとなる。

3.2 どのような人格形成・能力養成を目指すべきか: 生徒の成長欲求に応える授業

　すべての人間は、自分が持って生まれたポテンシャル（潜在能力）をフルに発揮する存在となることを切に求めて生きている。この、すべての生徒が持つ根源的欲求が、授業とつながった時、強い学習意欲が湧くことになる。

3.2.1 Carl Rogers に学ぶ

　カウンセリングの創始者、Carl Rogers は、教育の最終目標が断片的知識や技術の切り売りではなく、生徒の持てる可能性をフルに発揮した状態での、全人的な人間形成であることを提唱した。そして、授業をそうした全人的発達を図るプロセスと位置づけ、生徒自身の健全な自己理解の形成と、自己を他者へと伝達する活動が授業の中心となるべきことを説いた。

　Rogers の主張を英語教育に適用するならば、英語で自己を理解し、その自己を他者に伝達してゆく力を磨くことが、授業の中心目標だと言える。すなわち、それが英語授業の幹たるものである。

3.2.2 Abraham Maslow に学ぶ

　Maslow(1970)は、人間の基本的欲求を、図4にあるような5つの階層で表した。これら5つの欲求は、誰に強制されずともすべての人間に自然に湧きあがってくる欲求であり、止めようとしても止められない大きなエネルギーを持つ。この欲求を学習へと導くことができれば、学習は大いに促進される。このうちで、上層部4つの欲求は英語授業に大いに関係があるので、詳しく解説したい。

図4　Maslow(1970)の基本欲求階層説

自己実現の欲求
承認の欲求
所属と愛の欲求
安全の欲求
生理的欲求

(1)　安全の欲求

　これは身体的・精神的攻撃や危険からの自由、不安や恐怖からの開放の欲求である。この欲求が学習動機につながった最大の例は、医学や薬学の発達である。病気や怪我や死からの開放欲求は、人類の高度な医学・薬学の発達の原動力であった。英語授業との関連で言えば、生徒が安心して発言できるクラス作りが、この欲求充足のために必要である。何か言ったために、そのことでクラスメートや教師に嘲笑や攻撃されるような状況下では、いくらコミュニケーション活動を設定しても生徒は恐ろしくて参加できない。授業中の安心感と言えば、まず教師みずからが、生徒に恐怖や屈辱を与えていないか、反省しなければならない。よく、「怒る」ことと「叱る」ことを区別せよと言われるように、叱る必要がある場合には、人格を攻撃する叱り方を避け、伝えるべき内容を冷静に明確に生徒に説いて聞かせるべきである。「ここを直してごらん、そしたら君はもっと魅力的になるよ」というような援助的叱り方をされると、人は頑張るものである。

　生徒間の関係が悪いと、安全の欲求がおびやかされ学習は停滞する。筆者も昔高校教師だった頃、ボス的な生徒グループが他の生徒を罵倒するクラスで教えたことがあった。そこで筆者は「この授業では、誰もが安心して発言

する権利がある。他人の迷惑にならないかぎり、この権利を妨害することは許さない」と最初に宣言し、何度も何度もそれを説いて聞かせ、他人の発言を野次るなどの妨害行為が出るたびに、静かにしかし断固としてこれを批判し続けて、半年かかって安心して発言できるクラスにしたことがある。

　安全の欲求で忘れてならないのは、教科の成績の出来・不出来で人間的価値を否定される恐怖である。学習年齢が進めば進むほど、生徒間の学力差は大きくなる。中学3年生ともなると、英語授業がほとんど理解できなくなってしまった生徒が、クラスに少なくとも1割はできてしまう。英語教師は、こうした生徒が毎回の英語授業で、「自分は駄目だ」「自分は無能だ」「こんな成績で将来生きてゆけるだろうか」といった自己卑下、無力感、挫折感、不安を抱えていることを察しなければならない。

　英語の場合も、もともと語学センスのある生徒もいれば、語学が苦手な生徒もいる。努力だけではカバーしきれない素質差というものは確かに存在する。しかし「学力」は英語授業で養うべき力のほんの一部にすぎない。たとえば Show and Tell という活動を考えてみよう。自分にとって意味深い品物を提示しながら、それについて英語でクラスに語る活動である。ある生徒は、内容的アピールで光っている。ある生徒は英文の洗練さが見事である。またある生徒は、内容のユニークさが際立っている。そしてある生徒は、トークの面白さで光っている。このように、一人一人の生徒が、どこかで光るものを発揮している、それに教師が気づくことが大切なのだ。教師がそういう多元的価値観で自分を認めてくれることを感じた時、生徒は英語が「できる」「できない」に過度にこだわらなくなる。「できないけど、がんばる」という姿勢がそこで生まれる。安全の欲求はこうして守られる。

(2)　所属と愛の欲求

　人は誰しも、「どこかのグループに所属したい」「一人ぼっちになりたくない」「人から愛されたい」「人を愛したい」と願うものである。毎年4月の新入学やクラス替えの時期には特に、生徒のこうした切実な欲求をつぶさに見ることができる。新しく入ったクラス、見知らぬクラスメート、見知らぬ先生、そんな淋しさ・心細さの中で、生徒たちはおそるおそる互いに働きかけ、言葉を交わし、一刻も早く友達を作り、クラスに溶け込もうと一生懸命である。

第3章　何を目指して教えるのか、バックボーンを確立するために

この欲求を英語授業へと導くことは、大変に有効な学習動機となりうる。生徒は、クラスメートと理解しあい、友好的関係を築きたいと常に欲している。ただし、自己を危険にさらさないという条件付きであるが。このことを念頭に入れておけば、生徒が乗ってくるコミュニケーション活動はおのずと頭に浮かんでくる。「今日はどうやって、生徒と生徒を出会わせようか」とアイディアを練り、実際に教室で生徒がうれしそうに英語で交流するのを見ることは、英語教師の大きな喜びである。

(3)　承認の欲求

　これは「自分が価値ある存在だと認められたい」「人から賞賛されたい」「自分で賞賛できる自分でありたい」と欲する欲求のことである。人は、欲する承認を勝ち取るためになら、どのような困難にも耐え、どのような危険をも犯すものなのである。

　方向を失っていた承認欲求に正しい方向を与え、学習エネルギーへと転換させた典型的な例が、今から20年ほど前の長野県・篠ノ井旭高校の実践(若林, 1996)に見られる。この学校は、全国から高校中退生の転入を初めて受け入れた高校であったが、受け入れた多くの生徒たちは勉強そっちのけで町の暴走族と化してしまった。教師たちはその原因を必死に探求し、原因が学力不振にあることをつきとめた。生徒たちは、小学校5年生頃から落ちこぼれ、それ以後理解できないまま授業を強要されてきたために、強い劣等感と将来への不安に押し潰されそうになっており、そこからの逃避として暴走行為を繰り返していたのだ。非行を無くすには学力回復が必要だ、と教師たちは考えた。そこで教師たちは、最も落ちこぼれの深刻な数学と英語で、学力回復に取り組んだ。数学は小学校5年レベルから、英語は中学校1年レベルから、段階別の少人数授業を10段階以上設け、教科を問わず全校の教師がどれかのクラスを担当して、生徒を希望するクラスに入れてやり直し授業を展開した。小学校5年で分数に落ちこぼれ、自分には能力が無いと思い込んできた生徒たちだったが、この指導の中で分数の足し算・引き算ができるようになると、「先生、俺って馬鹿じゃないんだ！」と自分を見直していった。こうして、「自分もまんざらではない」という達成感・成功体験を積み重ねるにつれて、生徒たちはおのずと暴走行為から遠ざかっていった。自分に自信を持ち、将来に明るい見通しを持ちはじめた彼らには、もう暴走する必要はなくなっ

たのである。

　英語という教科は、不得意によって劣等意識を生みやすい教科である。これを解消させる道は、決して「目標を下げて低レベルで満足させる」ことではない。生徒の可能性を信じて、多少高くとも価値ある目標を設定し、それに向かって適切な支援と励ましを与えることである。篠ノ井旭高校の実践のように、個々の生徒の学力の現状を把握し、高いけれども頑張れば手が届く到達目標を設けて、それに向かって学習を支援するのである。こうした取り組みによって、「自分には到底無理だと思っていた学習が、自力で達成できた」という達成感が生まれ、「自分もまんざらではない」というプラスの自己評価が生まれ、承認の欲求が満たされてゆく。

(4)　自己実現の欲求

　自己実現とは、「こうありたい」という理想の自分に向かって努力し、理想に近づくことである。人は本来、なりたい自分があるならば、おのずとそれに向けて歩み出したくなるものである。自己実現欲求とは、そうした「なりたい理想の自分」になるために、その実現に向かって努力する欲求である。

　自己実現の欲求は、本人の境遇や素質といったハンディキャップを克服して、ものすごい奇跡を成し遂げてしまうものである。それほど、この欲求は力が強く、学習動機に導けば莫大な力となる。貧農の子に生まれ手に障害を持ちながら伝染病治療の世界的権威となった野口英世、幼少時に父をアルコール中毒で失い母が精神錯乱で入院し、ロンドンで路上生活をしながら役者を志しついに世界の喜劇王となったチャールズ・チャップリンなど、世界の偉人にはこういう自己実現タイプが多い。本書9.4で述べる藤原少年の場合は、英語を身に付けたいという願望が、粗暴な非行少年を更生させ通訳になるまで頑張らせた自己実現の例である。学習者にとって意味深い言語とは、こうした生徒の基本的欲求の泉にパイプをつなぎ、エネルギーを生産的・建設的発露へと導く言語である。

3.3　人間形成的言語教育の伝統

　世界には既に、豊かな人間形成的言語教育のアプローチ(定義・方法論)が幾筋も提唱され実践、蓄積されてきている。下記のアプローチはその主な潮流である。そのどれもが、永遠の価値(地球上のすべての生命の幸福)へとつ

第3章 何を目指して教えるのか、バックボーンを確立するために

ながっている。これについては、本書の第1章「体験5」で既に述べたので、ここでは項目だけを列挙するにとどめる。

- (a) 異文化理解
- (b) 平和・人権・民主々義
- (c) Global Education
- (d) Humanistic Language Teaching
- (e) 授業プロセスを通じてのコミュニケーション教育

3.4 学問による人間解放

学問によって人は無知蒙昧から解放され、自由を獲得することができる。船橋洋一氏の言葉をここでもう一度引用しよう：

> 個人にとって外に開かれた共通語を持つということは、それが何語であろうが、そうした抑圧に抗して個人の自由―人権―を表現する、そのコミュニケーションを可能にする術を持つということでもある。(船橋, 2002, p. 112)。

その自由を筆者は、「もう1つのドアを開ける」と表現したい。日本語しか使えない状態を、ドアが1つしか無い部屋に譬えるならば、もう1つの言語を使えるようになることは、もう1つのドアを開けることになる。ドアが1つしか無い部屋は、そのドアが壊れたら出入りができなくなる。もう1つのドアがあれば、好きな方から / 便利な方から出入りができる。「自分は外国語力を生かして、必要とあらば外国に行って仕事も生活もできる」という自信は、当人に大きな視野の広がりをもたらす。逆に「自分はここでしか生きられない」と思う人は、閉塞の中で卑屈にならざるをえない。国際補助言語となった英語は、そういう自由を人間にもたらしてくれる。

身近な生活でも、私たちは英語を使うことで自由を広げることができる。たとえば本書の5.5で紹介する「英語名刺交換会」で、生徒たちは初めて会話するクラスメートたちと、日本語の時よりもはるかに開放的に交流することができる。外国語を使用することにより、普段より、もう少し積極的に・大胆になれるのだ。そういう自由獲得の手段として、英語学習をとらえよう。

今日、インターネットの普及により、一市民同士が国や組織を越え、地球

市民として連帯することが可能となっている。世界を良くするために、必要な情報を得、様々な国の人々と意見や情報を交換する、そのための補助言語としても、英語は役に立つ。

幅広く人々の支持を得ている地球市民的団体の参考例としては、下記のものが挙げられる：

 The International Campaign to Ban Landmines（ICBL）
  http://www.icbl.org/intro.php　対人地雷の禁止を訴える民間組織の連合体で、世界の100か国以上の団体が参加している。1997年にはノーベル平和賞を受賞している。

 The International Campaign to Abolish Nuclear Weapons（ICAN）
  http://www.icanw.org/　核兵器禁止・廃絶のための国際条約を実現するために活動する民間組織の連合体で、世界80か国の331団体が参加している。

 Amnesty International
  https://www.amnesty.org/　世界人権宣言が保障する人権を、あらゆる人に保障するために活動する世界的組織。150か国以上に、300万人以上の支持会員を擁している。

3.5　現代日本のコミュニケーション不全状況を救う英語教育

英語学習は、ただ単に外国人と意思疎通するための道具にすぎないのか？筆者の答はNoだ。英語学習を通して、我々は日本人のコミュニケーション全体を向上させてゆけると、筆者は考える。以下にその理由を述べる。

3.5.1　悪化の一途をたどる日本語コミュニケーション

英語の運用能力育成が叫ばれる中で、実は母語である日本語のコミュニケーションが危機に瀕している。日本語はもはや日本社会のコミュニケーション手段として十分に機能しえなくなっている。近年、昔ならば日本語で和気あいあいと解決できていた小さな葛藤までもが、殺傷事件や自殺や執拗ないやがらせに発展し、社会の安全を脅かしはじめている。図5は、日本における母語のコミュニケーションがなぜ不全状態に陥ったか、更にその不全状態を

第3章 何を目指して教えるのか、バックボーンを確立するために

図5　日本のコミュニケーション状況と、これから求められるコミュニケーション教育

江戸時代：（村落共同体の**以心伝心**のコミュニケーション、雰囲気的和合のために**自己を集団に埋没**させ、その見返りとして安全と集団参加を保障された。）

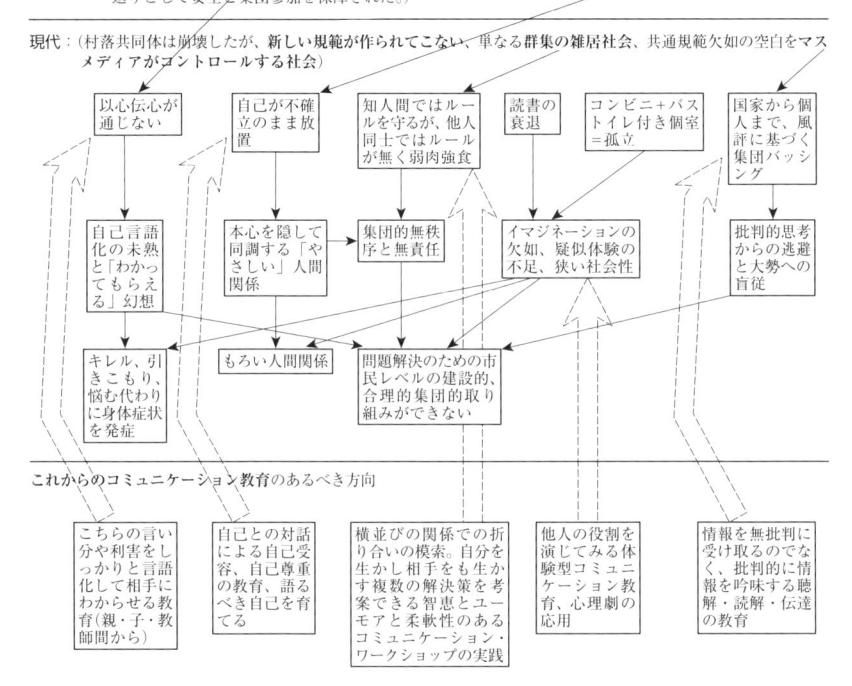

現代：（村落共同体は崩壊したが、新しい規範が作られてこない、単なる群集の雑居社会、共通規範欠如の空白をマスメディアがコントロールする社会）

以心伝心が通じない	自己が不確立のまま放置	知人間ではルールを守るが、他人同士ではルールが無く弱肉強食	読書の衰退	コンビニ+バストイレ付き個室=孤立	国家から個人まで、風評に基づく集団バッシング
自己言語化の未熟と「わかってもらえる」幻想	本心を隠して同調する「やさしい」人間関係	集団的無秩序と無責任	イマジネーションの欠如、疑似体験の不足、狭い社会性		批判的思考からの逃避と大勢への盲従
キレ、引きこもり、悩む代わりに身体症状を発症	もろい人間関係	問題解決のための市民レベルの建設的、合理的集団取り組みができない			

これからのコミュニケーション教育のあるべき方向

こちらの言い分や利害をしっかりと言語化して相手にわからせる教育（親・子・教師間から）	自己との対話による自己受容、自己尊重の教育、語るべき自己を育てる	横並びの関係での折り合いの模索。自分を生かし相手をも生かす複数の解決策を考案できる智恵とユーモアと柔軟性のあるコミュニケーション・ワークショップの実践	他人の役割を演じてみる体験型コミュニケーション教育、心理劇の応用	情報を無批判に受け取るのでなく、批判的に情報を吟味する聴解・読解・伝達の教育

修復するために今後どのような言語教育が必要かを図示したものである。

　江戸時代、日本語コミュニケーションは、門地によって厳しく管理された村落共同体を基盤として形成されていた。先祖代々同じ集落に住む住民同士であるため、情報の共有部分が大きく、言語的コミュニケーションは省略を特徴とした。村落共同体では、雰囲気的和合が最優先され、そのために明白な言語表明は危険視された。個々人は、雰囲気的和合のために自己を集団に埋没させ、その見返りとして集団から安全と社会参加を保障された。

　明治以後、日本語が依拠していた村落共同体は徐々に解体されはじめたが、まだ日本語コミュニケーションはなんとか成立していた。しかし、昭和の高度経済成長期になると、村落共同体は都市や産業コンビナートに労働力を供給するために大規模に解体され、最後の共同体である家庭も単身赴任・出稼

ぎという形で弱体化した。このようにして都市に集められた群衆は、古い日本語コミュニケーションの自己を持ったまま、それの通じない群集雑居社会に投げ込まれたのである。

3.5.2 村落共同体崩壊後の雑踏型社会に適応できない日本語コミュニケーション

村落共同体崩壊後、群集雑居社会での共通規範作りは、組織的取り組みも無く、ただ自然発生を待つ形で放置されてきた。時には市民運動や反戦運動、労働運動が共通規範になりかけたことはあったが、大きな結実に至らずに弱体化していった。人々は、以心伝心の通じなくなってしまった他人を相手に、自己を言語化できない未熟さをかかえたまま「わかってくれてもよさそうなものを」と幻想を抱き続ける。共通規範が通じない群集社会の中で、人々は知人同士の間柄では旧来の村落共同体的コミュニケーションを細々と維持しながら、見知らぬ同士ではあたかも相手が存在しないかのように傍若無人に振る舞うという、使い分けで日々をしのぐ。読書の衰退は「他人の立場に立って考える」というイマジネーションを衰退させ、また読書による疑似体験の不足は、他者の行き方から学ぶことを不可能にした。バス・トイレ付きワンルームマンションに住み、コンビニで対話も無く日用品を買える便利さは、逆に誰からも孤立した形で生活することを可能にし、社会性の衰退を招いた。このようにして、日本語コミュニケーションは急激な社会の変化に適応できず、徐々に不全状態を呈してきている。

また、こうした共通規範欠如の空白を埋める形で、マスメディアがそれに代わるものとして影響力を拡大し、松本サリン事件における犯人でっちあげ事件に見られるように、証拠や理性に基づかぬ風評バッシングで世論を席巻し、大衆を批判的思考から遠ざけ、大勢への盲従を招いている。

3.5.3 ピアノ殺人事件、電車内暴力事件、佐賀バスジャック事件から秋葉原無差別殺傷事件へ

日本語コミュニケーションの不全状態は、孤立した弱者が、本来ならば言語的に解決できるはずの葛藤を、度を外れた暴力として爆発させることを誘発する。あるいは、大勢の群衆が、目前で行われている理不尽に対して何の連帯もせずに傍観するという非力さを生んでいる。

第3章　何を目指して教えるのか、バックボーンを確立するために

〈ピアノ殺人事件〉

　もう30年以上前のことだが、公団住宅の上の階の子供が弾くピアノの音がもとで殺人が起こった。犯人は階下に住む浪人生の母親。「息子の勉強の邪魔になるから静かにしてくれ」と文句を言いに行って、上の階の親と言い争いになり、激昂して刺してしまった。この事件は、人間的交流の無い雑居社会で、いきなり苦情を言うことの難しさを物語っている。

〈電車内暴力事件〉

　今から20年ほど前だが東京で、通勤帰りで混雑する電車内でタバコを吸う男に注意した中年男性が、その男と仲間数人に車内で殴る蹴るの暴行を受け、居合わせた大勢の乗客の誰も、それに対して何もできないという事件があった。結局被害者は4つ目の駅で自力で車外にころがり出て助かったが、それまで3駅で停車していたにもかかわらず、途中の駅で降りて駅員に通報することすら、誰もしようとしなかった。事件後、目撃者を募ったが、名乗り出る者はいなかった。この事件は、群集社会の人々が、専制者や徒党に対していかに孤立し、無力かを物語っている。

〈京都小学校庭殺人事件〉

　1999年12月、京都の小学校校庭で小学2年の男児が若い男に首などを切られて殺された。現場には「学校を攻撃します」と書いた犯行声明が残されていた。その翌年の2月、捜査の手が及んだことを知った男（21歳）は、付近のマンションの高層階から飛び降り死亡した。犯人は中学校まで優等生であったが、高校に入って不登校気味であったという。高校3年で留年してやり直すことを希望していたのに、学校側に無理やり卒業させられたと思い、逆恨みし、学校を困らせるために誰でもいいから殺そうと思ったと告白の遺書を残していた。この事件は、途中まで成績優等生だった生徒が、ふとしたことからエリートコースを外れ、パニックに陥って無差別殺人に走った例である。人生には災難がつきものだが、得意だった勉強は、災難に出会った時に彼を支えてはくれなかったのである。

〈佐賀バスジャック事件〉

　2000年5月、ナイフを持った少年（17歳）が、佐賀でJRバスを乗っ取り、乗客と運転手を人質にして高速道路上を走り回り、途中乗客の一人を刺殺した。中学2年生までは勉強ができるきちょうめんないい子であったという。ところが中学3年の夏から勉強に意欲を失い、ペットをいじめ、妹に暴力を

ふるい、物を破壊し、親に暴言を吐くようになった。いじめられたことがきっかけとなって、怪我をし、入院している間に勉強が遅れ、それまでの「勉強のできる良い子」が維持できなくなり、自尊心をひどく傷つけられたことが原因と言われている。少年は第二志望の進学校に入学したものの、すぐに不登校、ひきこもり状態に陥っていた。少年は社会に対する激しい憎しみ・怨念を抱き、中学校襲撃を計画していた。それを知った親が、心配して精神病院に入院させていたが、病院から外泊で帰宅してこの犯行に及んだ。少年の心理状態は精神病とは診断されていない。入院中の日記に、少年は「このうらみけっしてわすれない！！」「このくつじょくぜったいにわすれない！！」「このよのすべてのせいめいたいがぼくのてきだっ！！」「かならずはらしてくれようぞ！！」「スベテノチツジョヲホウカイサセル」などと書き連ねているように、激しい憎悪と怨恨が犯行の動機だったと思われる。この事件も、途中まで成績優等生だった生徒が、ふとしたことからエリートコースを外れ、パニックに陥って無差別殺人に走った例である。思春期の自尊心、自己像、自己実現をめぐる格闘の中で、少年を援助し導く学問は存在しなかったのである。

〈秋葉原無差別殺傷事件〉

　2008年6月12日(日)昼すぎに、無職の男K(25歳)が東京・秋葉原の信号交差点へ故意に車で突入して5人をはね、続いて両刃の短剣で14人を刺し、合計7人を殺し、10人に重軽傷を負わせるという前代未聞の無差別殺傷事件が発生した。犯人は取り押さえられて訴追され死刑判決を受けたが、その裁判での被告の供述は、この被告に蓄積・噴出した日本語のコミュニケーション不全を如実に物語っている。被告は幼少時から、周囲への不満を言語的に表現する代わりに、殴る・壊す・辞める・自暴自棄になる等の行動で、相手に反省を迫ろうとする癖があったと述懐している。しかし、当然のことだが、そのような行為が相手の反省をもたらすことは無く、被告は更に自分の大切な物を次々と壊す行動へとエスカレートしていった。ついには、自分の不満を伝えるために、17人もを殺傷するという事件を起こしたのであった。(MSN産経ニュース「秋葉原17人殺傷　第16回　被告語る初日(14)」(http://sankei.jp.msn.com/affairs/news/110116/trl11011618570114-n1.htm より)

　不満を言語化して解決する代わりに、腹いせとして自虐的行動を取り続けたKに、もっと早い時期に「それでは解決にならない！　しっかり言葉で伝

第3章　何を目指して教えるのか、バックボーンを確立するために

えなさい！」とさとす人がいたら、あるいはKがアサーション・トレーニング（平木, 2000）と出会っていたら、この事件は起こらなかっただろう。これも学校が、いろいろな教科を一生懸命に教えながら、一人のトータルな人間を救えなかったことの一例である。

　これらの事件を、病的な犯人の特殊な犯行と捉えてはならない。ここに顕れているのは、現代の日本社会の中の人間の孤立、交渉の不成立、自己との不適応、連帯の不成立が、弱い者に噴出した典型例であり、すべての人々の問題を代表する氷山の一角である。

3.5.4　Noと言えない子どもたち、告白できない男性たち

　自己が確立されていない者たちが、孤立を恐れて群れている、それが現代の友人関係だと言われる。その友人関係の中では、物事の是非を真剣に議論したり、互いを批判することを避けて、ひたすら同調しあっている。つまり、本当の自分を見せることは無いのである。本当の自分に自信が無く、本当の自分を見せたら、友人たちが去って行ってしまうと恐れている。こうした関係でのコミュニケーションは、互いの意思伝達というよりも、意思伝達を避けるための粉飾として使われている（参照：つくば言語技術教室、朝日新聞2001年1月10日朝刊）。

　また最近の非婚化、晩婚化の1つの原因は、女性を誘えない男性が増えたからだと言われている。こうした男性は、女性に声をかけて断られた際に、自分が傷つくことを非常に恐れているために、声がかけられないのである。これも、現代日本のコミュニケーション状況をよく表している。前向きな人間関係を切り開く道具として、言葉を使用する力がどんどん衰退しているのだ。

3.5.5　新しいコミュニケーション教育の提案

　以上、本節では現代の日本のコミュニケーション状況を分析してきた。それはまとめるならば、次のような状況である：

- 相手とまともに向かい合うことを恐れ、本当の自分を偽り、意思伝達ができない状況。

- 正しい建設的な自己像を構築できない状況
- 群集社会での葛藤を言語的に処理できない状況
- 前向きな人間関係を切り開く道具として言葉を使用する力の衰退
- 暴力や不正に対して、居合わせた群衆が連帯して対処できない状況

　筆者は、このような状況を克服するための、新しい有効なコミュニケーション教育のありかたを、図5(p.65)の下半分に提案してみた。それは、

(1) こちらの言い分や利害をしっかりと言語化して相手にわからせるコミュニケーション教育：
以心伝心が通じた過去の「言わなくてもわかってくれるはず」という甘えを脱し、しっかりと自分を言語化し、相手にもしっかりと言語化することを要求する教育を行う。これを最も身近な家族間、生徒-教師間から開始すること。

(2) 自己との対話による自己受容、自己尊重の教育、語るべき自己の育成の教育：
自分を言語的に掌握する訓練、自己を客体化して建設的に評価する態度、自己を世界に唯一のユニークな存在として認め、伸ばす姿勢の教育。

(3) 横並びの関係での日本人の新しいコミュニケーションのあり方の創造：
消失してしまった家父長制に戻ろうとするのでなく、横並びの関係で人々が相互の折り合いを模索し、自分を生かし相手をも生かす複数の解決策を考案できる、知恵とユーモアと柔軟性のある新しいコミュニケーションの仕方を開発する教育。

(4) 他人の立場に立って考える力を育てる、体験型コミュニケーション教育：
ロールプレイやサイコドラマなどの擬似体験で、自我の安心を確保しながら、新しいコミュニケーションの仕方を開発する。

(5) 単に情報をうのみにするのでなく、情報を批判的に吟味するコミュニケーション教育：
単にテキストの内容理解活動で終わらせず、聴き・読んだテキストに対する批判的検討作業まで高める。これについては、第7章で詳しく述べる。

第3章　何を目指して教えるのか、バックボーンを確立するために

　実は、英語圏の言語文化は、こうした横並びの市民社会でのコミュニケーションの取り方の工夫に満ちており、その文化は英語表現の中に体現されている。英語の授業で、ただ単に表現を字面だけ教えるのでなく、その表現の根底にある英語の人間関係にも言及すれば、とても良いコミュニケーション教育になるのである。「人と人とを結ぶ英語コミュニケーション」の授業がそこにある。この点については第5章で詳説する。

Questions and Answers

Q: 日本語でもコミュニケーション不全の生徒たちに、英語でのコミュニケーションを教えるのは困難ではないでしょうか。

A: 英語で話すと、生徒は普段の自分よりも、もっとオープンに自分を表現するという傾向があります。本書の5.5(4)「教室にラポートを育てる活動」で挙げた活動も、大人が日本語でやるには気恥ずかしいだけでしょうが、英語でやると非常に盛り上がります。金森(2003, p. 13)は、小学校における英語活動で、日本語で級友たちとうまくコミュニケーションを取れない児童たちが、生き生きと活動している事例を報告しています。また筆者も、学級崩壊した中学校の生徒が、級友と会話できなくなってしまい、たまたま通っていた英会話塾で他の受講生と英語で会話することだけが救いだったという報告を受けています(三浦ほか, 2006, p. 34)。

第4章

人と人とを結ぶ英語コミュニケーション力をどうやって育てるか

　本書の2章、3章で、英語教師が今どのような状況に置かれ、今後どのような方向に向かって理念を築いていったらよいかを述べてきた。この章では、理念を授業へと具体化させる指導法について詳説する。最初に「英語力とは何か」を振り返り、次いで英語力を育てる高校授業の主構成要素である oral interaction, listening-reading comprehension activities, 音読と自己トレーニングの指導、communication activities について述べる。

4.1　英語コミュニケーション能力はどのように育てられるか: 理論を振り返る

　今日の言語教育の主流となっている CLT (Communicative Language Teaching) によれば、言語は意味ある場面で実際に使用することを通じて最もよく習得されるという。つまり、言語授業は知識注入式ではなく、生徒が自分で言語を使う活動を中心とすべきとされている。この CLT の根底をなすのは以下に述べる3つの言語学習仮説である。なお、インプット・アウトプット・インタラクションと言うと、会話ばかりを想定する傾向があるが、読み・書くインプットやアウトプット・インタラクションの重要性を忘れてはならない。

4.1.1　インプット仮説——意味ある英語のインプットをふんだんに与える

　インプット仮説 (Krashen and Terrell, 1983) によれば、人は理想的なインプット (現在の習得レベルをほんのわずか上回るインプット) を読んだり聞いたりして、その意味を理解することにより、言語習得が促進されるという。インプットとは、音声または文字による言語の入力のことである。理想的なインプットが多く与えられれば、それだけ習得も促進されることになる。

ここで肝心なのは、「現在の習得レベル」の解釈である。それは「初見で聞いたり読んだりして内容がほぼ理解できる」レベルであって、生徒が所属する学年レベルではない。たとえ高校3年生であっても、中には中学1年7月の教科書程度のレベルの習得段階の生徒もいるのである。このような習得レベルの生徒が、理解不可能な高レベルの英語授業をどれだけ受けても、習得にはつながらない。こうした生徒は、いったん本人の習得段階に戻って学習しなおした方が効果的である。

(1)　単語は文の中で教えよう

　ここで言う「意味」について、正しく理解しよう。「意味」には、語内部の意味と、文中での意味とがある。たとえば次の練習1には、語内部の意味しか存在しない：

練習1　次の英語を日本語に直しなさい。
　　today _____　　though _____　　face _____
　　dream _____　　difficulty _____　　tomorrow _____

　こういう孤立した単語練習は、語の意味をその前後関係がサポートしてくれないため、答えるのが難しく、記憶されにくい。

　それでは、文中の意味を伴った次の練習を見てみよう。

練習2　次の文の意味を日本語で言いなさい。
You're a member of the family. You have to follow the family's rules.
あなたは家族の_____です。あなたは家族のルールに_____なければなりません。
　　　　　　　　　　　　　(*New Horizon English Course 2*（平成24年度版）, p. 40)

　文脈の中では、語と語同士が、意味とコロケーション[7]のネットワークを形成している。たとえば上の練習2の 'member' は 'family' と、'follow' は

7　語と語のつながり、相性のこと。たとえば He spends a lot of money on books. という文で、動詞の spend と名詞の money の間には、強い collocation がある。

第4章 人と人とを結ぶ英語コミュニケーション力をどうやって育てるか

'rules' とコロケートするし、'a' や 'the' は次に名詞が来ることを示している。こういう文脈を伴った練習の方が、語の意味を答えやすいし、記憶への定着も高い。また、'a member of 〜' といった成句も無意識のうちに習得されていく。

(2) 文はストーリー性のある文脈や段落の中で教えよう

更に、「意味」には文中の「意味」に加えて、他の文と関連した文脈中の「意味」がある。たとえば次の練習3には、文脈がなく、文中の意味しか存在しない：

練習3　次の文の意味を考えなさい。
1. This novel was written by Soseki Natsume.
2. Coffee is produced in South America.
3. America was discovered by Columbus.
4. Smoking is prohibited in this area.

上記の練習文は受動態の例文だが、相互に何の意味的関連も無い、孤立した短文の羅列である。文脈に支えられていないために、これらの文は理解しにくく、また記憶に保持されにくい。

これに対して、次の問題文は、一連のストーリーとなっており、文相互に意味的連関がある。そのため理解しやすく、また記憶に保持されやすい。

練習4　次の文の意味を考えなさい。
1. A letter is written by someone.　2. It is mailed.　3. It is taken to the post office.　4. It is stamped.　5. It is sent to another place.　6. It is delivered.　7. Then it is read by someone else.

(*New Horizon English Course 3*（平成9年度版）, p. 26)

既に習った英語教科書の英文は、生徒にとって最も適切で手頃なインプット源である。これを、授業中と家庭学習を合わせてふんだんにインプットしたい。

この点で参考になるのが、富山の中学校教師だった中嶋洋一氏(現関西外国

語大学教授)の実践である。中嶋氏のクラスでは中学1年生が2年生に進級すると、中1教科書を中2教科書とバインドして授業に持参させた。3年生では、中1・中2・中3教科書をバインドして持参させた。そして授業開始のチャイムが鳴る前から、ペアで音読や逐次通訳の相互チェックを行った。それぞれが、自分の力に合った箇所の音読や逐通を相手に聞かせてチェックしてもらうのである。習得段階の異なる生徒が、自分の習得段階に合った英文をふんだんにインプットできる上手な工夫である。これならば英語の苦手な生徒でも、今の自分のレベルから無理なくチャレンジできる。

(3)「意味ある」インプットとは、生徒の人生にとって意味あるインプット

　英語で話されたり書かれた文章なら、何でも生徒にとって意味があるというわけではない。生徒が聞き・読んで、自分を感激させたり、向上させたり、啓発してくれる文章こそ、学習するに足る「意味ある」文章である。いくらインプット重視といっても、生徒の人生にとって何の意味もない無味感想な文を大量に与えても成果は上がらない。

　インプットに適した「意味ある」英文であるかどうかを判断する試金石は、「仮にこれを日本語で聞き・読んだとして、それでも価値あると思えるか」と問うことである。先述の教科書合本方式を応用する際も、生徒にとって何度でも味わうに足る内容豊かなレッスンを中心に用いるとよい。

4.1.2　アウトプット仮説――安心してアウトプットできるようにしよう

　言語を習得するためには、ただ単にインプットを理解しているだけでは不十分だということを指摘したのがアウトプット仮説(Swain, 1995; Gass, 1997; Pica, 1994)である。アウトプットとは、音声または文字で言葉を発信することを意味する。受信のみでは育てられず、発信してはじめて育てられる領域として、アウトプット仮説は次の領域を指摘している：

(ⅰ)　発信してはじめて、学習者は目標言語の構造と意味についての自分の言語仮説を実際に試すことができる。
(ⅱ)　発信してはじめて、相手からフィードバックが得られ、それによって自分の言語仮説が正しかったかどうかが検証できる。
(ⅲ)　発信の機会が多いほど、学習者は発話に熟達し、自動化できる。

第4章 人と人とを結ぶ英語コミュニケーション力をどうやって育てるか

(iv) 受信の際には学習者の注意力は意味に集中し、語の形態や語順には関心が払われていない。従って受信だけでは形態や語順の能力は育たない。発話してはじめて学習者の注意が形態や語順に向けられ、能力が向上する。(Gass, 1997, pp. 138–140)

(1) 安全で手頃なアウトプット活動とは

日本の生徒にアウトプットをさせることは、容易ではない。生徒は自信がないことに加えて、間違いを犯して叱られたり、級友に笑われることに対する恐怖がある。しかしそれにもかかわらず生徒は「英語が話せるようになりたい」と切望しており、表現欲求を持っているのである。そこで、恐怖場面に立たせずに安心してアウトプットを試せる活動を用意する必要がある。それには、① いきなり話させるよりも、まず書いて表現する活動から入り、② 与えられた文の一部分を作り変えて表現することにより、安心感を持って容易にアウトプットできるようにする、③ それでもアウトプットを怖がる生徒には、無理強いをしないで、時機が熟すまで待つことが望ましい。以下に ① ② の例を挙げる。

① 書いて表現する活動

> 練習5　君の最良の友は、何だろう？　次の英文の下線部に、人間以外のものを入れて書きましょう。
> 　My best friend is ＿＿＿＿＿＿＿＿＿＿＿＿．

このレベルならば My best friend is my soccer ball. / My best friend is my dog John. / My best friend is *Shukan Shonen Jump*. など、中学2年のほぼ全員の生徒が自分のメッセージをアウトプットできるだろう。書くという行為は個人的にできるので、他の生徒に笑われる恐怖なしにできる。しかも、簡単な中にも生徒自身のオリジナルなメッセージが入れられる。安心して自分を表現できるし、やがてそれが生徒同士のインタラクションにもつながる。

② コントロールのある表現活動

練習5のようにコントロールを設けて発話させる活動を、guided composition, guided conversation と呼ぶ。次の練習6は guided conversation の例

である。

> 練習6　次のモデルにならって、二人の会話でオリジナルな会話をしよう。
> (1)　下線部の表現は必ず使いましょう。
> (2)　原稿ができたらペアで対話練習し、原稿を見ずに話せるようになったら先生のところに行って確認を受けましょう。
>
> A: <u>Hi</u>, Takao. <u>Let's talk.</u>
> B: <u>Hi, Mami. Let's talk.</u>
> A: <u>What is your favorite drink?</u>
> B: I like coke. <u>How about you?</u>
> A: I like coke, too. <u>Who is your favorite singer?</u>
> B: I like the Beatles. <u>How about you?</u>
> A: I don't like the Beatles very much. I like Arashi.
> B: I like them, too. <u>Thank you. Nice talking with you.</u>
> A: <u>Nice talking with you, too.</u>

また、学力差の大きいクラスでは、練習問題や宿題でのアウトプットに難度選択制を取り入れるとよい。練習問題などを与える際に、ジャンプ（発展）・ステップ（普通）・ホップ（平易）といった複数レベルの問題を作成し、個々の生徒がその中から選んで答えられるようにする方式である。下記はその例である：

> ジャンプ問題
>
> A: Do you know the history of Kumamoto Castle?
> B: Yes. _____.
>
> ステップ問題
>
> A: Do you know the history of Kumamoto Castle?
> B: Yes. It _____ _____ _____ Kiyomasa Kato in 1606.

第4章 人と人とを結ぶ英語コミュニケーション力をどうやって育てるか

> ステップ問題（やや易しい）
> A: Do you know the history of Kumamoto Castle?
> B: Yes. It _____ _____ _____ Kiyomasa Kato in 1606.
> 　（build）
>
> ホップ問題
> A: Do you know the history of Kumamoto Castle?
> B: Yes. It（is/was）（build/built）by Kiyomasa Kato in 1606.

　このように、アウトプットは、どの程度のコントロールを加えるかによって、難易度を調節できる。

(2) アウトプットするには、共感的な聞き手・読み手が必要
　まずは、生徒が書いたたった1行の英文でも、暖かい読者としてそれを読み、わかりやすい英語のコメントを書き込んで返そう。「間違いだらけの英語だけれど、読んで温かく応えてくれる人がいるから、がんばって書く」そんな経験が誰にもきっとある。まずは教師が、生徒一人一人にとって、そういう読み手・聞き手になることが取り掛かりだ。
　生徒同士に共感的聞き手になれと要求する前に、まず教師が共感的聞き手になることだ。そうすれば生徒は、心を開いて英語で語ろうとする。そういう安心感を徐々に生徒同士にも拡げていって、共感的雰囲気を作り上げることができる。

4.1.3　インタラクション仮説から言えること
　インタラクション仮説（Gass, 1997）によれば、学習者の言語能力を育てるには、インプットとアウトプットだけでは不十分であり、インタラクション（相互交渉）が必要である。
　インタラクションとは、聞き手と話し手の相互の言語的やりとりのことである。相互のインタラクションの中で学習者は最も効果的に相手から理解可能なインプットを引き出し、相手に向かってアウトプットすることによって自分の言語仮説を試し、それに対するフィードバックをもらい、それによって自分の言語仮説の正しさを検証したり修正できるのだ。

英語が嫌いな生徒、英語が不必要と考えている生徒の中には、「英語なんてどうせ受験の道具にすぎない」と考えている子もいる。授業で教師と生徒、生徒と生徒で英語によるインタラクションを取ることは、そういう子に英語が生きた言語であることを実感させる良い機会となる。授業でインタラクション活動を行う効用は、なんといっても「英語を使いこなしている」という緊張感と達成感であろう。

　インタラクションは、原稿や前準備なしに、臨機応変に英語でやりとりする、まさに exciting なチャレンジであり、学習者のあこがれである。生徒同士や生徒―教師間で英語のインタラクションを取ることは、一見困難そうに思われるが、実は突破口がある。それは授業での、① 前時の復習、② 新教材の Oral Interaction 的導入 (p. 103)、③ Picture Differences (p. 163)、④ Values Clarification (p. 185)、⑤ 一斉 Interview (p. 159)、⑥ 筆頭会話 (p. 164)、⑦ 名刺交換会 (p. 160) などの定型的活動を用いることである。これらの具体的方法は本書 5.5 で紹介する。

まとめ
　単語や短文の機械的暗記作業ばかりを生徒に課すのでなく、限られた英語力でも達成できる本物の英語使用を生徒に体験させることが、モティベーションにつながる。授業の中で生徒が英語を使って活動する時間を取ることが、インプット・アウトプット・インタラクションの機会となる。またそこに出現する自己関与とクラス内コミュニケーションが、英語授業内容を meaningful にしてくれる。英語の楽しさがわかった生徒は、さらに英語を使えるようになりたいので、単純な機械的練習にも積極的に取り組むようになる。

4.2　生徒向けガイダンス――英語はこうやって学習しよう

　本節では、新入生に英語の勉強方法をガイダンスすることを想定して、わかりやすい英語勉強法を紹介する。先生方には既知の事柄も多いかと思うが、新入生が自分の学習を自らマネージできるようになるための参考としていただきたい。

第4章　人と人とを結ぶ英語コミュニケーション力をどうやって育てるか

4.2.1　英語力＝英語にさらされる量×学習要因（総合的知力＋動機＋学習の質）

図6　英語力獲得の要因

A列
英語にさらされる量

インプット
（聞き・読んで理解する）
＋
アウトプット
（話し・書いて発信する）
＋
インタラクション
（分かり合うために相手と言葉でやりとりする）

総合的知力　＋　動機（やる気）　＋　学習の質

好きである

自分にとって意味がある

過去の成功体験

統合（あこがれ）的動機

道具（功利）的動機

競争心

・生言語データ
　（p.85参照）の蓄積

・論理的理解
　（文法や語の使い方・発音やリズムのルール化）

・練習
　（音読・筆写・暗唱・暗写・訳し戻し）

・記憶
　（既存知識と関連づけて覚える）

・仮説検証
　（試しに使ってみて正しいかどうか確かめる）

学習の自己管理（自分で自分を教える工夫）（p.84）

B列
学習要因

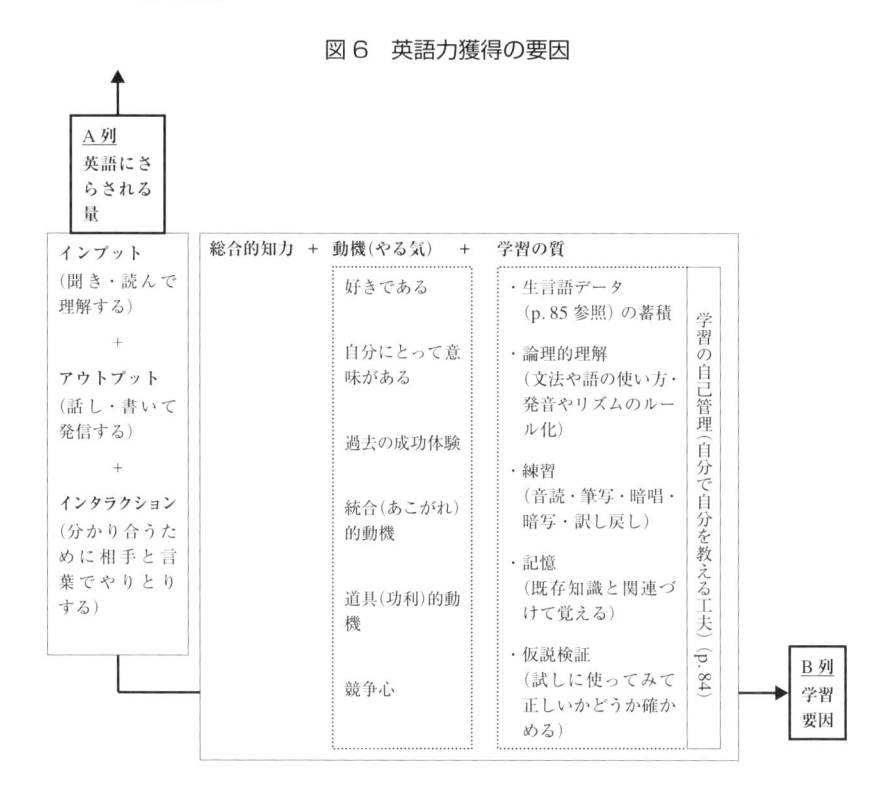

　図6は、英語力獲得の要因を図式化したものである。英語力は、A列（英語にさらされる量）と、B列（学習要因）を掛けたものと考えられる。A列の中身は、インプット・アウトプット・インタラクション（本書4.1参照）である。これが多ければ多いほど、英語力は高まる。B列は学習者の総合的知力（これは英語授業で左右できない）と学習動機と学習の質である。本章では以下で特に、「学習の質」を高める方法を検討する。

4.2.2　本物の英語力を日本にいながら身に付けるには

　英語力を育てる根本は「英語力」と「自分で自分を教える力」を連動して育てることである。最近は、まるで自販機でジュースでも買うように、努力

せずに英語をマスターできると思い込んで授業に出る生徒が増えているから、次のような点を入門期から理解させておきたい。

(1) 誰かが魔法のような名人芸であなたの頭に英語力を注入してくれるようなことはありえない。「欲しい力は自力で身に付けてゆく」という覚悟と自負心が大切。
(2) 英語力獲得にはトレーニングが不可欠である(泳ぎを覚えるのと同じ)。
    ◇ ただ英文を眺めたり、聞き流しているだけで英語を身に付けることはできない
    ◇ 習った英語から意識的にルールを推測したり、習ったルールを使ってみる積極性が必要。
    ◇ 1つの教材を200%消化し尽くすまで自分でトレーニングする。
    ◇ あり余る情報もハイテク学習機器も、「自ら学ぶ」ことができない者には効果なし
    ◇ 「習い性となす」——語学は、短時間でも毎日勉強すると効果が大きい。たとえ1日15分でも、生活の中に規則化して学ぶこと。
(3) 習っている外国語が「完全には理解できない」ことがあっても、パニックに陥らずに、次節(4.2.3)で紹介する勉強法を持続することで、英語力は身についてゆく。
(4) 苦しい時は、将来英語で実現する素晴らしい夢を見て、自分を励まそう。

4.2.3 押さえておきたい学習のポイント

入学時や、学年の冒頭に、生徒に対して正しい英語の学習の仕方をガイダンスすることは、非常に有意義なことである。ここでは、そうしたガイダンス用に、英語学習の入門期(中学1年前期)から基礎期(中学1年中期〜中学3年)、発展期(高校1年〜大人)に、心掛けておきたい勉強のポイントを紹介する。「ここでつまずいたら、その後の学習が難しくなる」、そういうポイントのようなものが、英語学習にもあるように思うからである。

(1) 入門期(中学1年前期まで)のポイント:
入門期には、① 意味と音と文字の関連の形成、② 習った英語を内に取り

第 4 章　人と人とを結ぶ英語コミュニケーション力をどうやって育てるか

込むトレーニング法と、③生言語データの蓄積、この 3 点をしっかりと身に付けたい。

① 「意味」と「音声」と「文字」の連関の形成
　英語を読み書く力の土台は、意味と音声と文字の連関の形成である。たとえば図 7 の左側のように、

- [fiŋɡər]という音を聞いて、指を指差す（図の 1–1）
- 指を指して[fiŋɡər]と発話する（図の 1–2）
- 'finger' という文字を見て[fiŋɡər]と音声化する（図の 2–1）
- [fiŋɡər]という音を聞いて 'finger' と書く（図の 2–2）
- 'finger' という文字を見て指を指差す（図の 3–1）
- 指を指して 'finger' と書く（図の 3–2）

といった連関の形成である。

図 7　「意味」「音声」「文字」の連関の形成

単語レベル

意　味 ≒日本語訳「指」

音　声 [fiŋɡər]　　文　字 'finger'

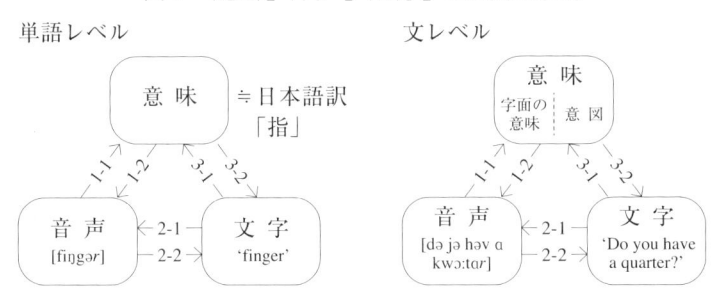

文レベル

意　味（字面の意味／意図）

音　声 [də jə hæv ə kwɔːtɑr]　　文　字 'Do you have a quarter?'

　図 7 の矢印の数字は、下記の連関を意味している。文レベルの意味と音声と文字の連関も、基本的にはこれと同様であるが、その上に、文を理解するには文法構造の分析を必要とし、文を生成するには文法知識の活用が必要である。

	単語レベル		文レベル
1–1	英単語を聞いて意味がわかる	1–1	英文を聞いて意味がわかる
1–2	考えた意味を英単語で言う	1–2	考えたメッセージを英文で言う
2–1	書かれた英単語を音声化する	2–1	書かれた英文を音声化する
2–2	聞いた英単語を文字で書く	2–2	聞いた英文を文字で書く
3–1	英単語を読んで意味がわかる	3–1	書かれた英文を読んで意味がわかる
3–2	考えた意味を英単語で書く	3–2	考えたメッセージを英文に書く

② 学習の自己管理

　学習入門期には、生徒たちの英語力はほぼ横並びだが、中学1年生の6月頃には早くも学力差が生じてくる。

　英語の学力伸長の1つの分かれ目は、授業が終わってから、習ったことを自分でトレーニングできるかどうかにある。中学校以降の英語学習は意識的学習であり、その主要な目標の1つは言語能力の育成である。そのためには未知の言語と格闘する努力や、学習した言語事項に習熟するための自己トレーニングが必須である。つまり中学以降の英語では、小学英語の「楽しむ」を維持した活動を中心としつつも、言語の意識的学習への移行が求められるのだ。その日に学習した範囲を、ただ「意味がわかった」段階で安心してしまうのでなく、スラスラ音読でき、テキストを見ないで暗唱・暗写（暗唱した文を、何も見ずに書き下ろすこと）できるという、「できる」段階まで自己トレーニングする方法を早期に身に付けたい。下記にその自己トレーニング法を紹介する。

（ⅰ）精読から暗唱へ：教科書は200％消化し尽くす。英文内容を理解する→スラスラ音読できる→自分の作った和訳だけを見て英語に訳し戻す→1 Partの英文を暗唱する、暗写する、CDを聞いてシャドーイングする、などのトレーニングを日々積み重ねること（ただし、この練習に向いているのは、教科書の中の、意味がしっかり詰まった論説文や物語文で、会話文はあまり向いていない）。

（ⅱ）応用作文：習った文型を使って、自分のオリジナルな文を書いてみる。

（ⅲ）文法：自分が読み易い英文法参考書を一冊、座右に置き、折にふれて

第4章　人と人とを結ぶ英語コミュニケーション力をどうやって育てるか

参照する。
（iv）辞書：例文の充実した英和辞典を座右に置き、折にふれて参照する。

③　生言語データの蓄積と分析

下の図の中にあるのは、英語の童謡の歌詞の一部である。この歌詞を例にとって、効果的な英語学習方法を考察してみよう。

この短い歌詞の中には、実は次のように豊富な言語事項が含まれている：

図8　生言語データが含む文法事項の例単語

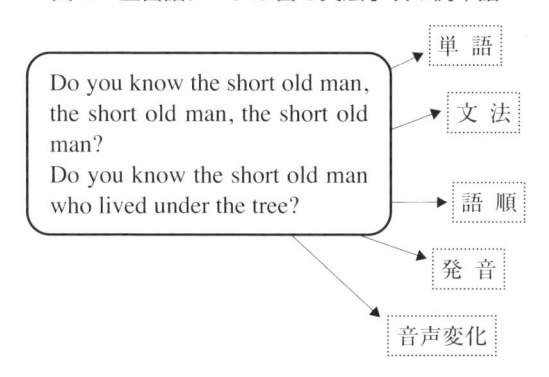

> Do you know the short old man, the short old man, the short old man?
> Do you know the short old man who lived under the tree?

→ 単語
→ 文法
→ 語順
→ 発音
→ 音声変化

単語：11種類の単語
文法：一般動詞の疑問文、一般動詞の規則変化の過去形、関係代名詞 who の主格、'under the tree' という前置詞句（副詞的用法）
語順：形容詞の語順：冠詞(the) + 形状(short) + 年齢(old)の順
発音：/j/, /ð/, /ʃ/, /æ/ など、日本語には無い発音
音声変化：音の連結(short と old の間)(lived と under の間)、音の脱落(old man の /d/)

この童謡を愛唱することによって、こんなに多くの言語事項を内在化させられるのである。このように、文脈のある言語データ（筆者はこれを生言語データと呼ぶ）の蓄積があった上で、それに内在する言語規則をルールとして抽出するのが、文法学習の理想形である。

生言語データの蓄積が乏しい状態で、たとえ「一般動詞の疑問文は、助動詞の do を文頭に置き、動詞は原型に変える」などと文法用語を並べてルー

ルを講釈しても、生徒はついてゆけない。ルールの文言を暗記したとしても、頭の中にそれを定着させるための錨(いかり)(生言語)が無いために、記憶にとどめることができないのだ。

　日本のような、外国語としての英語学習環境では、生活の中で英語を自然習得することはありえないので、生言語データは意識的に蓄積する必要がある。そうしたデータから生徒はルールを発見できるようになり、今度は発見したルールを適用して新しい文を生成して試してみることができる。

④　教科書は最適の生言語データ
　筆者は高校教師の時も大学教師の時も、生徒・学生を個別に呼び出して、テキストの音読をチェックしてきた。音読させてみれば、発音・リズム・イントネーション、文の理解力が一目瞭然にわかるからである。中に、ほれぼれするほどきれいで滑らかな音読ができる者がいると、私は「君は中学か高校で、とても良い先生に教わったみたいだね？」と聞いてみる。すると、多くの者が、「スピーチコンテストに出るために徹底的に指導されました」「授業でよく英文を暗唱しました」と答える。暗唱は一見手間がかかるように見えるが、実は総合的な英語力を身に付けるための近道なのである。

　「いくら暗唱したって、翌日には忘れてしまうんだから、意味がない」という人がいる。実は、いったん暗唱した文章は、その後忘れてしまってもしっかりと脳の中に残り、血肉化しているのである。『NHKサイエンススペシャル　脳と心』(NHK取材班、1993)によれば、意味のわかった言語インプットが入ると、脳神経細胞(ニューロン)同士の間に微量の電気信号が流れる。それは始めのうちは遅くぎこちない流れだが、これを繰り返しているとニューロン同士の間に物理的な連結が形成され、あたかも脳内に電線を張り巡らしたように脳内回路が形成されてゆく。こうなると、言語インプットは飛躍的なスピードで処理され、自動化という状態に至るである。

　英語の授業では早いうちに、暗唱の仕方を指導しておきたい。暗唱の対象とするのは、授業1回分の教科書の英文である。教科書の叙述文の中から、味わい深い単元を抽出して、1パートごとに行うとよい。個々の生徒の英語力に応じて、たとえ前学年の教科書に戻ってでもいいから、英文の意味が理解できていて、容易に音読できるレベルから始めるとよい。「容易に音読できるレベル」の目安は、教師がそのパートの音読に要した秒数に1.2を掛けた

第4章 人と人とを結ぶ英語コミュニケーション力をどうやって育てるか

制限時間内に読めることとする。繰り返すが、必ず ① 生徒が既に意味がわかった英文で、② すらすら音読できる、英文を用いること。

　暗唱は、一文ずつ積み上げ式で行うとよい。

　　　　　　第一文を暗唱
　　　　　　第一文＋第二文を暗唱
　　　　　　第一文＋第二文＋第三文を暗唱
　　　　　　第一文＋第二文＋第三文＋第四文を暗唱

というふうに積み上げてゆく。これをやっていると、「次は論理的に、何が来るはずかな？」と話の流れを考えながら暗唱していることがわかる。この思考が、より深いテキストの理解をもたらす。一定時間内に暗唱できたら、そのパートは合格とする。時間の目安は、教師がすらすら音読するに要した時間に1.5を掛けた秒数でよかろう。

　授業時間内に、個々の生徒の暗唱を指導している暇は無い。1年間使える「暗唱進度表」を印刷して生徒に配り、昼休みや放課後に学級ごとの「暗唱チェック時間帯」を設けておく。生徒は暗唱の用意ができたらその時間に教師を訪ねて、制限時間内に暗唱してみせる。合格したら、「暗唱進度表」にシールをもらえるようにする。

　暗唱した文を、何も見ずに書き下ろすのが暗写である。暗写のメリットは、正しいスペリングの習得である。また、「訳し戻し」すなわち、英文をいったんノートに和訳した後、その和訳のみを見て元の英文に戻す練習は、生言語データの蓄積に有効なだけでなく、文法力や作文力を鍛える。ただし「訳し戻し」は、必ず生徒本人が行った和訳に基づいて行うこと。他人が行った和訳は、生徒の思考回路と異なるため、訳し戻しが困難である。

(2)　基礎期(中学1年中期～中学3年)のポイント

　入門期と同じく、教科書の十分な音読、暗唱、暗写を通して、生言語データの蓄積を積み重ねる。それに加えて：

① 　英文の基本構造(主語＋動詞＋目的語/補語)の認識(英語は語順が命)
② 　語順訳を取り入れて、英文を頭から理解できるようにする。
③ 　英和辞典、和英辞典を引けるようにする

を積み上げる。以下に ①〜③ を順に解説する。

① 英文の基本構造(主語+動詞+目的語/補語)の認識(英語は語順が命)
次の(a)(b) 2つの英文を比べてみていただきたい。同じ意味を表しているだろうか?

(a) The cat ate the mouse.
     ア   イ
(b) The mouse ate the cat.
     イ   ア

もちろん2つの文は意味がちがう。(a)ではネコが、(b)ではネズミが食べたことになっている。
では、次の(a)(b) 2つの日本文はどうだろうか?

(a) ネコがネズミを食べた。
     ア   イ
(b) ネズミをネコが食べた。
     イ   ア

こちらは、2つの文の意味が同じである。
日本語では、語順を入れ替えても意味が変わらないのに、なぜ英語では語順を入れ替えると意味が変わるのだろうか?
理由は、日本語では「〜が」「〜を」という格助詞が、主語や目的語を決定している。それゆえに、どの位置に「ネコが」が置かれても、主語だとわかるのだ。
一方英語では、どの語が主語になるかを、語順が決定している。上の例では、[___ ate ___ .]で、___ の位置に置かれた名詞が自動的に主語と判断されるのだ。そして、___ の位置に置かれた名詞が自動的に目的語か補語と判断される。
このように、英語では「主語」「目的語」「補語」といった文の主要素を、語順を頼りにして発見しなければならない。この識別力は、その後の英語力の伸びに決定的に重要である。
学年が進むと教科書の文章も複雑化してゆくが、それは修飾語が増えるからにすぎず、英文の基本構造は同じである。たとえば次の文章は、すべて同じ基本構造から成っている。以下の例では、主語を ☐ 、述語動詞(主語と結合して文を形成する動詞のこと)を ◯ で囲っている。

第4章　人と人とを結ぶ英語コミュニケーション力をどうやって育てるか

(a) The [man] (drank) wine.
(b) The Japanese [man] on the American ship (drank) wine for the first time.
(c) The Japanese [man] who had been shipwrecked and saved by the American ship (drank) something red that looked like human blood for the first time.

　基本構造の識別が英語力の鍵を握るという見解は、金谷(1994)、金谷ほか(2005)、山田ほか(1988)、らも共有している。金谷らは、文中の修飾語句、特に前置詞句(前置詞＋前置詞の目的語)の識別力が鍵を握るという仮説を提言している。これは筆者の仮説(主語・動詞・目的語・補語の識別が鍵を握る)と表裏一体をなすものである。たとえば上例(b)の、

The Japanese [man] on the American ship (drank) wine for the first time.

で言えば、"on the American ship"、"for the first time" を、ひと塊のまとまった意味を持つ修飾語として認識する力である。
　一方、山田ほか(1988)は筆者と同じく、主語と述語動詞の識別が、習得の鍵を握る重要文法事項と仮定し、次のような口頭作文練習を通じて、主語と述語動詞の識別を教えた。

　　教師：私は持っています →　　生徒：I have
　　教師：コンピューターを →　　生徒：a computer.
　　教師：私は描きます →　　　　生徒：I draw
　　教師：絵を →　　　　　　　　生徒：a picture
　　教師：そのコンピューターで → 生徒：on the computer.

これができるようになったら、次は疑問文の口頭作文練習を通じて主語と述語動詞の識別を教えた。

　　教師：君はしますか？ →　　　生徒：Do you play?
　　教師：バスケットボールを？ → 生徒：basketball?

山田らが、これを1年間実践した学年では、従来は成績下位群に位置していた生徒の大半が、中位群に移動したと報告されている。

② 語順訳を取り入れて、英文を頭から理解できるようにする

　周知のとおり、英語の文構造は日本語のそれとは大きく異なっている。そのため、英文を整った日本文に訳そうとすると(正式訳)、後ろから前へ訳したり、あちこち飛びながら訳すことになり、非常に煩雑である。一方、こうした不自然さを解消するために、英文を頭からフレーズごとに訳してゆく方法もある(語順訳)。両者の長所・短所を比べてみよう。"He thought that perhaps the baby geese didn't know their mother." という文を例にとって見てみよう。

〈正式訳〉

He thought that perhaps the baby geese didn't know their mother.

彼は、たぶん　その赤ちゃんガチョウたちは、自分の母親がわからないのだろうと考えた。

　見てのとおり、整った日本語になりはしたが、交錯した矢印が示すように、語順の変換が大変複雑になっている。つまりこの作業は、単なる英文の内容理解活動にとどまらず、日本語の作文練習をも含んでいる。また、学力の低い生徒がこの訳語を与えられた場合、どの英語語句がどの日本語語句に対応するのかが、理解しにくい。それに対して、語順訳は英語と日本語がすっきりと対応する:

〈語順訳〉

He / thought / that perhaps / the baby geese / didn't know / their mother.

彼は / 思った / たぶん / その赤ちゃんガチョウたちは / 知らなかった / 自分の母親を

　この場合、語順変換の煩雑さは解消され、語句同士の対応関係もはっきりしている。英文を頭から理解するので、読解スピードは向上する。また、頭から理解する習慣はリスニングにおいても非常に有効である。ただし、訳語が日本語として不自然になるという欠点は残る。

　以上、両者の長所・短所を比較したが、授業ではどちらが望ましいだろうか。低学年では、一文が短いので正式訳で問題はなかろう。学年が進行する

第４章　人と人とを結ぶ英語コミュニケーション力をどうやって育てるか

に従って、筆者は語順訳を使用すべきだと考える。なぜなら、我々が担当するのは英語の授業であって、翻訳の授業ではないからである。もちろん生徒に「これはあくまでも内容理解のための変則的訳である」と断った上での話である。

　なお、高校学習指導要領(2009)は、「授業は英語で行うことを基本とする」と規定しており、この方針は今後中学校にも適用(文部科学省, 2013)されそうな形勢である。この方針については、英語教育界に激しい議論を巻き起こしてきたが、「完全に日本語を排除せよという意味ではない」・「生徒がコミュニケーションの手段として英語を使う活動を授業の中心とする」の解釈で落ち着いてきたと筆者は理解しており、それが適切な解釈だと考える。

　繰り返すまでもないが、教科書の隅から隅まで全部日本語で解説していたら、英語のインプット・アウトプット・インタラクションは激減してしまう。テキスト本文の導入や内容理解は、英語によるOral Interactionで実施可能であるし(本書5.1)、文法事項の導入も英語で可能である(本書5.2)。このように、授業を英語で行える部分については最大限英語に変えてゆく努力はもちろん必要だが、日本語訳の限定的な使用は、下記の２つの用途では認められるべきだと考える。

(1)　テキスト本文のうち、生徒にとって非常に難解な１～２文を、生徒の希望に応じて教師が語順訳して解説する。(所要時間約５分)
(2)　All-in-Englishでは不安を感じる生徒のために、その日に学習したテキストの英文を語順訳したプリントを用意しておき、授業終了時に希望者に配布する。(所要時間０分)

③　英和辞典、和英辞典を引けるようにする
　自立した英語学習者になるためには、未知の語を辞書で調べる力が必要となってくる。英和辞典を引けば、

(ア)　同じスペリングでも品詞や意味が異なる語がある。たとえば
　　　bookは「(名詞)本」や「(動詞)予約する」、
　　　shipは「(名詞)船」や「(動詞)発送する」
　　　mindは「(名詞)精神」や「(動詞)気にする」
　　　rightは「(名詞)権利」「右」や「(形容詞)正しい」「右側の」があ

り、
　(イ)　1つの語に何通りもの語義がある、

ので、文脈に合った語義説明や例文に達するまでに問題解決的な思考を行うことになり、これが英語力を更に高める。初級者のうちは、辞書を引いて正しい語義説明にたどり着くのには時間がかかって面倒だが、自転車に乗るのと同様で、いったんマスターしてしまえば非常に便利なので、ぜひこの時期に身に付けておきたい。

　和英辞典は、生徒の自己表現の幅を広げるのに役立つが、和英辞典で見つけた英単語は、念のため英和辞典で引き直す必要がある。たとえばある学生が、"I had to study hard because I was a candidate." と書いてきたことがある。"Candidate" とは何か、と聞いてみると、「受験生です」と答えた。そこで英和辞典で candidate を引いたところ、「受験生」という語義は載っていない。念のため彼が使った和英辞典で「受験生」を引いてみたら、そこにはなんと "candidate" というとんでもない訳が載っていたので驚いた。またある女子学生は、海外ホームステイのホストファミリーに送る自己紹介文に、"I have a lover in Hokkaido." と書いていた。これも、「恋人」→ lover という和英辞典の訳をうのみにし、英和辞典で確認せずに用いたための失敗である（ちなみに英語の lover は「愛人」を意味する）。

(3)　発展期（高校1年～）のポイント

　生言語データ蓄積、語順訳、辞書利用は基礎期から引き続き行う。更に、
④　「辞書無しの初見読み」で読み始める

　テキストによって差はあるが、高校用の「コミュニケーション英語Ⅰ」教科書の1レッスン（ユニット）は、およそ100～200語からなるパートが4～5パート集まって構成されている。「コミュニケーション英語Ⅱ」になれば語数は更に増加する。「辞書無しの初見読み」は、新レッスンに入る時に、辞書なしで全パート（およそ800語）を一気に読み通して概略を捉える読み方である。この読み方によって、（ア）未知の文章でも臆することなく、（イ）辞書なしで語の意味を推測しながら、（ウ）どの部分に何が書かれているか大まかな構成を見渡しながら読む、習慣をつける。

第4章　人と人とを結ぶ英語コミュニケーション力をどうやって育てるか

⑤　英英辞典を使えるようにする
　厳密には、英単語と日本語の単語の間には、完全な対応関係は無い(山田雄一郎, 2006)。したがって、英語を正確に理解しようとするならば、語の意味は英英辞典で調べた方がよい。また、英英辞典の語義説明を読んで理解することは、非常に良い英語インプットとなる。更に、日本人が非日本語話者に何事かを英語で説明しようとする際の英英辞書的説明のモデルとして役に立つ。たとえば *Collins Cobuild Learner's Dictionary* や *MacMillan English Dictionary* は、語義説明も例文もわかり易くて使い易い。

⑥　多聴多読
　教科書に加えて、自分の英語力レベルに合った内容豊かな英文物語や英語論説文を、数多く聞き・読む。更にはそれらを英語で三分の一程度に要約する。Oxford, Cambridge, Longman 社等から、初・中級者向けの読み物シリーズが多数出版されている。また、学習者向け週刊英字新聞 *The Japan Times ST* や、週刊英字マガジン *Catch a Wave*(浜島書店、音声付)も利用できる。多読を活かすためには、読書日誌をつけることを奨励したい。読んだ本や記事の概要と、自分の感想や疑問を簡潔に記しておけばよい。

⑦　英語を実際に使う機会を作る
✧ 相手を英語ネイティブ・スピーカーに限定しないで広く交流する。これからは World Englishes[8] の時代であり、生徒たちが将来英語で交流する相手のおよそ 80% は non-native English speakers になるだろう。また、留学先でよく日本人と交流してくれる人たちも、非英語圏からの留学生が多い。
✧ 英語日記、テーマ英作文、自叙伝を書き貯めておく。自分で練り上げた英文は、最適のインプットとなる。
✧ 英字新聞の投書欄(例: *The Japan Times* の日曜日の Opinion)を読み、投書への意見を投稿する。

8　英語使用が英語圏だけでなく、旧イギリス植民地をはじめとして諸国に広まり、現地で日常の言語として使用されるにつれて、その土地の言語や文化の影響を受けて独自の変化を起こしている。そのような、様々な英語のバラエティーをすべて、正当な英語と認めるべきだという見解を表す表現。

- ◇ 日本人同士でも、英語で電話やメールを交換すれば、十分にインプット・アウトプット・インタラクションが取れる。
- ◇ 自分の英語ホームページやツイッターを作り、情報、意見、作品を発信する。いつか読者が現れ、response がもらえる
- ◇ 英語で行われている研究会(例：JALT(全国語学教師学会))の月例会に出席する。
- ◇ 外国人のホームステイを引き受ける。国際教育交換協議会、大学の国際交流課、市の国際交流課などが斡旋している。

4.2.4　外国語学習をやる気にさせるもの：「達成感」「夢」「できると信じる」「引き受ける」

(1) 受けている授業が「わかる」こと、これこそが生徒がやる気を起こす第一条件である。今までできなかったことができるようになる達成感は、人間の無上の喜びである。授業は何よりもまず、この喜びを与えるものでなければならない。授業を通して、日々達成感が味わえること、それが自信を持った生徒を育てる。(本書 3.2.2 篠ノ井旭高校の記事を参照)

(2) 将来かなえたい夢を持つ生徒は強い。好きで好きでたまらないものを持つ生徒も強い。そういう生徒は人間が活性化するからだ。教材や先生の話、資料や映像や級友との交流を通して、夢や好きなものに出会える授業は、好奇心に満ちた前向きの生徒を育てる(本書 9.4 の藤原少年のケース；三浦ほか (2006)『ヒューマンな英語授業がしたい！』pp. 15–17 参照)。

(3) 「自分ならできる」と信じる生徒は伸びる。スピーチコンテスト出場、役員立候補、新しいことへのチャレンジ、恋の告白等々のハードルを前にして、「自分ならできる」と信じる生徒は、思い切って飛ぶ。思い切って飛んで全力で頑張れば、成功しても失敗しても大きく成長できる。

(4) 自分にはちょっと背伸びかな？　と思う任務も、頼まれたら引き受ける。引き受けてしまった以上、たとえ苦しくとも必死で努力し、練習するようになり、その結果大きく成長できる。進んで引き受ける任務のある授業、出番のある授業が、生徒を伸ばす。

第4章 人と人とを結ぶ英語コミュニケーション力をどうやって育てるか

4.2.5 試験対策型の勉強だけでは、土壌がやせてゆく

　生徒に勉強させる手段として、大学入試問題や模擬試験や外部英語力試験の過去問題を解かせて、それを英語の勉強だと思い込んでいる学校がある。そういう勉強には貧弱で無味乾燥なインプットがあるだけで、アウトプットやインタラクションはほとんど無いから、言語習得は進まない。

　試験問題のこま切れの英文をいくら読んだとて、生きるヒントや啓発、夢や感激に出会うことは少ないから、どれだけやっても人間的に賢くなることがない。面白くない文章を読んで、与えられた質問に答え、模範解答を見てマル付けをする。そういう機械的な勉強に人間が打ち込めるのは、せいぜい6か月が限度だと言われている。高校1年生からこういう学習体制に置かれた生徒は、2年生までに燃え尽き期を迎えてしまう。英語を好きになるチャンスを与えられずに、燃え尽き期を迎えた生徒には、もう立ち上がるエネルギーが残っていない。これが、試験対策漬けの学校の限界である。

　一冊の英語の本を読み通す、テーマについて準備を重ねて英語で発表する、英語の行事の司会者を務める、そういった中身の濃い体験が、人間力と英語力を育ててくれる。

(1)　英語資格は役に立つか？

　最近は高校や大学が、「就職・進学に有利だから」といって、生徒・学生にさかんに英語力試験を奨励する。果たして、英語資格は本当に就職に役立つだろうか？　筆者の狭い知識の範囲内で答えるなら、下記のような状況だと思う。

英検：2級以上なら就職で会社によっては多少就職にメリットあり（ただし英検成績が採用の決定要因になることはめったにない）。

TOEIC：就職でTOEICの高得点は会社によってはメリットあり（ただしTOEIC高得点が採用の決定要因になることはめったにない）。以下は、TOEICスコアを採用や人事で考慮している企業の一例（TOEIC® Test CLUB資料より）。なお、TOEIC® Test CLUBの資料で見る限り、TOEIC 700点以上を求める企業の数は2011年よりも倍以上に増えている。

表3 採用試験や昇格人事で TOEIC 700 点以上を求める企業
(TOEIC® Test CLUB 資料より)

TOEIC®Test 900 点	松下電器(国際広報担当) サムスン(新入社員足切り点数)
860 点	富士通(海外出張が頻繁にある営業・技術者) 三菱商事(社内留学条件)
850 点	NTT コミュニケーションズ(新卒採用)
800 点	日立製作所(経営幹部候補) KDDI(事務職・技術職の配属・異動の基準スコア 800 点以上) 韓国 HYUNDAI(新入社員足きり点数) LG 電子(新入社員足きり点数) 住友不動産(採用条件) 野村不動産(採用条件) 日本マクドナルド(海外赴任条件)
750 点	三菱商事(課長クラス昇格条件) 三井物産(入社 3 年以内に 750 点以上) 丸紅(入社 5 年以内に 750 点以上) 楽天(上級管理職昇格条件)
730 点	日本 IBM(次長昇格条件) 住友商事(管理職昇格条件) ソフトバンク(新卒採用)
700 点	NTT 東日本(新卒採用) ファーストリテイリング(新卒採用) 三菱電機(新卒採用) ヤマト運輸(新卒採用) 旭化成(新卒採用) ブリジストン(新卒採用) 東京電力(新卒採用) 三菱自動車の事務職(新卒採用) 伊藤忠商事(入社 4 年以内に 700 点以上) キリンビール(事務職・技術職の配属・異動の基準スコア 700 点以上) シャープ(課長職昇格条件)

第4章 人と人とを結ぶ英語コミュニケーション力をどうやって育てるか

　ちなみに文部科学省「英語が使える日本人の育成のための行動計画」で中高英語教師に要求しているスコアは［英検準一級、TOEIC 730 点、TOEFL-PBT[9] 550 点］以上である。これからの英語教員採用試験では、こうしたスコアがかなり重視されていくと思われる。

　TOEFL： アメリカ・カナダの大学留学には必要（およその目安は、学部留学で TOEFL-PBT 500〜550 点、大学院留学で 600 点以上）
　通訳案内士試験： 合格して通訳案内士団体に登録すれば、通訳として働く機会があるかもしれない。ただし就職や開業を保証するものではない。

　以上のように、英語資格試験は自分の励み、進歩を測る目安として利用するなら役に立つと言えるが、英語力資格で自分の将来を切り開けると期待するほど甘くはない。高い英語力は、社会人として通用する専門性・教養・学識・社会性・マナーが備わった上であれば、就職には大変有利と言えるだろう。
　試験のための勉強、すなわち他人にコントロールされた他律的学習は、無味乾燥さゆえ、長続きしにくいものである。本来、学習は「面白い」を主体的に追及するものであり、英語も中級以上は、関心分野に英語で入り込んだり、英語を使わねばならぬ立場に自分を追い込んでゆく方が、意気が高まって成果も上がる。

4.2.6 「海外語学留学すれば自然に英語が身に付く」は本当か？

　よく新聞の投書欄に、日本の英語教育の効率の悪さを指摘し、「英語など、1 年ほど海外語学留学すれば自然に上手くなる」と主張する人がいる。はたして、留学すれば自然に英語は身に付くのだろうか？

(1)　確かに、英語圏に留学して 1 年ほど英語漬けの生活をすれば、英語は上達するだろう（ただし、留学したからといって、自動的に英語漬けになるとは限らない）。

---

[9] TOEFL paper-based test の略号。TOEFL 試験には PBT、CBT（computer-based test）、iBT（internet-based test）がある。3 つのテスト間のスコアの換算式は、非公式なものがインターネット上に公開されている。

(2) 「書物を読んで理解する力」「使える語彙を増やしていく力」「正しい文で話し・書く力」「論理的に筋立てて話し・書く力」は、いくら英語漬けにしても自動的に身に付くものではない。こうした力は、所詮は自分で自分を教えることによってしか、育てられない。英語学習に成功するために長期的に見て大切なのは、この「自分で自分を教える」力の獲得である。こういう力があってこそ、留学も役に立つ。またこういう力があれば、たとえ留学しなくても、英語力は確実に伸ばしてゆける。

(3) 「1年ほど留学すれば」というが、その中味が問題である。留学先の学校の授業では質問や発言もせず、授業以外では他の日本人留学生と日本語で交遊し、多くの時間を日本の家族や友人と日本語でメールやSNSに費やすような生活ならば、英語漬けどころか、日本にいるのと変わりがない。

(4) 仮に1年ほど留学し、かなり英語力が伸ばせたとして、帰国後にどうやってその英語力を維持し、伸張するのだろうか？ 日本に帰って来れば、もはや「英語漬け」の生活などありえない。せっかく身に付けた英語力も、放っておけば数年で衰退してしまうだろう。単に「自分を英語漬けにする」という他律的手段に依存するだけでは、生涯にわたって英語力を伸ばしてゆく道にはつながらない。

(5) こうした理由から、学習者が自分で自分に英語を教える方法を確立することが、英語マスターへの近道だと言える。

　もちろん、海外語学留学には、外国語習得以外にも、異文化体験・社会勉強といったメリットがあることは確かであり、留学そのものの価値を否定するわけではない。留学する、しないにかかわらず、「自分で自分を教える」力が英語力増強の鍵を握るということなのだ。

　ちなみに、筆者は何度か日本人学生グループの海外英語研修を引率したが、学生は英語使用の点で大きく2つのグループに分かれる。1つは、先述したように自由時間を日本語をしゃべって群れて過ごすグループ。もう1つは、英語で話すことを貫き、自由時間は機会を見つけて現地の学生や他国からの留学生と交友し、たとえ日本人同士でも英語で話そうとするグループである。

　集団に同調することを好む日本人にとって、後者のように行動するのは勇

第4章　人と人とを結ぶ英語コミュニケーション力をどうやって育てるか

気がいることだ。しかし、その勇気が、実は英語のコミュニケーションの根底に流れる self-reliance（Sakamoto and Sakamoto, 2004, p. 21）に通じる勇気なのだ。

4.2.7　将来を切り開くのは、「英語力オンリー」でなく「強み＋英語力」

　高校時代から英語が好きで、将来英語を使う職業に就く夢を持ち、一生懸命英語を勉強している人が大勢いる。ただ、そういう人たちの中で、単なる「英語かぶれ」になってしまって、語学留学や単純労働的海外アルバイトを繰り返すだけになって年月を過ごしてしまう人も出てくる。「英語が使える」ことは、日本の中では少しは評価されるだろうが、海外に出れば当たり前のことであり、何の強みでもない。

　世界にはばたきたければ、「強み＋英語力」をつける方が、可能性が広がる。それには、大学や専門学校で人並み以上に学び、高い専門的な学識や技術を身に付けるとか、就職して1つの分野でトップクラスの力を身に付けることだ。たとえば日本が本家本元である茶道・書道・武道・伝統芸能・日本造園・日本建築・日本料理・日本酒造・日本史・日本文学・仏教学・服飾デザイン・染色工芸・文化財修復などでしっかりと修行し、国内で力を証明しながら、同時に海外にデビューしてゆくことを勧める。

4.2.8　良い学校・塾の見分け方

　以上述べてきた正しい英語の教え方、学び方を考慮して、筆者が生徒・保護者の皆さんに勧める、英語指導の良い学校と悪い学校の見分け方を下表に紹介する。

表4　英語指導の良い学校と悪い学校の対比

	悪い学校	良い学校
教育方針	テストで点を取るテクニックばかり教える	総合的な学力そのものを伸ばそうとする
	強制と罰で無理やり勉強させる	勉強の楽しさ・面白さを味わわせる
	学校の名声を上げるための学校運営	生徒の人間形成のための学校運営

99

		「生徒は受験教科だけ勉強せよ」と指導	「生徒は広い教養（他教科含めて）を勉強せよ」と指導
		たくさん授業や補習を行うことを強調（「夜〜時まで補習、正月から補習」と量だけを強調）	指導内容の豊かさを強調
		授業・補習は保護者に非公開	授業・補習を保護者に公開
		一部の広告塔的生徒を伸ばすために全校生徒を付き合わせる	一人一人の生徒を伸ばす指導
進路指導		ひたすら偏差値のより高い大学へ受験を勧める	どの大学がどんな研究や進路に適しているかを調べて進路指導する
		自校の進学実績を上げるため、生徒に希望しない大学まで受験させる。	
英語授業		授業を通じて生徒が英語を嫌いになってゆく	授業を通じて生徒が英語を好きになってゆく
		生徒が英語授業を理解できていないのに、先に進んでゆく	生徒が英語授業を理解できていることを確認しながら進む
		授業は先生中心でほとんど日本語で行う	授業で先生も生徒も英語を使う機会が多い
		英語の授業は、問題集の答え合わせが中心	英語の授業では、その日の教科書の内容を理解し、スラスラ音読できるようにする
		生徒が常時、家族に英語授業の苦役を苦々しく話す	生徒が常時家族に、英語授業の感激や喜びを楽しそうに話す。
		テキストの音読を行わない。	テキストの音読を何度も行い、スラスラ音読できるようにする。
		市販ワークブックの膨大なページを宿題に出したり、重要文や単語を1日100回ノートに書かせるなど、創造性のない単純作業の宿題を膨大に出し、それに対してスタンプを押すだけのような指導	味わい深い物語や、生徒の創作や勉強の相談など、人間性に触れる宿題を適量課し、それに対して教師が人間的なコメントを返してくれる指導
		正解を出すことのみを目指し、「どうやって」「なぜ」の疑問には無関心	答を出すためのプロセス、「なぜそういう答になるのか」という問いを大切にする

第４章　人と人とを結ぶ英語コミュニケーション力をどうやって育てるか

	どの生徒にも一律に目標やノルマを押し付ける	個々が、自分の生徒の性格・身体状況・生活に合った勉強計画を立てさせ、実行を支援

Questions and Answers

Q：生徒が英語で発信する機会を増やしたいとは思うのですが、生徒の話す・書く英語を直してあげる自信と時間がありません。中でも、生徒に英文を書かせた場合に、それを自信を持って添削するだけの英語力が私にはありません。そんなわけで、ついつい英語を発信させるような課題を出すのを躊躇してしまいます。

A：英語学習者が犯すエラーというものは、その学習者の英語習得が一定段階に達するまでは、繰り返し出現すると言われています。だから、生徒が書いてきた英文のエラーを教師がすべて訂正し、その理由を説明してやっても、次回に同様のエラーを犯すことが普通です。ですから、必死になってエラー添削をする必要や意義はありません。生徒の書いた英文に対しては、その内容に対して読者として温かい反応を返してあげることが最も大切です。エラーを直すならば、意味の伝達を阻害しているエラー１つに限定して、添削をするとよいでしょう。

第5章
これからの授業の造り方

　中学校では、英語授業の第一の目標が生徒の英語コミュニケーション能力の養成だという認識が、既に定着している。高校でもここ数年でようやく、この認識が教師集団の中に浸透しつつあるようだ。授業の中で英語を使う割合の増加、講義式授業から活動型授業への移行、一斉授業一辺倒からペア・グループ活動の利用へと、新しい授業スタイルが模索されている。

　その反面では、運用力重視一辺倒による思考の軽視、流暢さ優先による正確さの軽視、英語力試験対策偏重による授業内容の浅薄化など、「コミュニケーション重視」が易きに流れる傾向も懸念されている。

　この章では、英語コミュニケーション能力を、知性・感性・社会性育成のコンテクストの中で養成するための、新しい授業構成を提案したい。これからの英語授業を構成する核になる要素として、

- テキスト本文の Oral Interaction 的導入
- 新出文法事項の Oral Interaction 的導入
- テキスト本文の訳読によらない内容理解活動
- 生徒の力を定着する基礎的トレーニング部分
- 実践力と社会性を養うコミュニケーション活動

を取り上げる。

5.1　授業の核(core)その1: Oral Interaction 的導入でテキストがわかり易く・面白くなる

5.1.1　Oral Interaction とは何か

（ⅰ）新教材の導入時に、これから習う英文の内容を、既習文で易しく言い換えて、対話形式で伝えること。Oral Introduction とも呼ばれるが、教師が生徒と対話を取りながら行うという意味をこめて、ここでは Oral Interaction という用語を用いる。

　　　　◇ 未習語・未習文法事項は極力避ける（Oral Interaction の英語が新教材より難しくなるのは絶対にあってはならない）。
　　　　◇ 本時の新出語は入れてもよいが、その意味を生徒が文脈から推測できる工夫を十分にすること。
（ⅱ）50 分授業で、Oral Interaction にかける時間はせいぜい 15 分までが望ましい。
（ⅲ）新教材全部を完全に理解させようとしてはいけない。部分的な理解や、大まかな理解を養うことにとどめる。
（ⅳ）絵や実物・ジェスチャーなどを用いて理解を助ける。絵は、教室の最後部からでもはっきりと見られるよう、A3 サイズ以上の大きな厚紙に描くこと。あるいは、教室に映像投影装置があれば、自分が描いた絵をパワーポイント等に取り込んで使ってもよい。
　　　ここで大切なのは、絵はぜひとも手描きで描くことである。細密でなく、ポイントのみを描いた大まかな絵を、太い輪郭で描くこと。よく、描画が苦手だからといって、写真やダウンロードした画像を使う人がいるが、これでは絵のポイントがわかりにくい。書店で扱っている「略画辞典」等を活用して、ぜひ自分で絵を描くことを勧める。仮に教師の描いた絵が下手であっても、生徒はそれに大きな親近感を持つものである。
（ⅴ）生徒をおいてきぼりにして一方的に話してはいけない。
　　　　◇ 大事なところは板書し、繰り返し、リピートさせる。
　　　　◇ 部分的繰り返し / 全体の繰り返し、を
　　　　◇ 問答形式で対話を多くし、理解を確認しながら進める。

5.1.2　MERRIER チェックリストの活用

　教師が英語で教えるとは、「私の英語はこんなに流暢なんだよ、すごいでしょう！」と生徒を置き去りにして見栄をはることでは断じてない。たとえ流暢でなくとも、生徒が理解できるように、入念に計画され工夫された親切な英語が鉄則である。
　生徒が十分に理解できる Oral Interaction を行うためには、酒井ほか（2003）が提唱する MERRIER のチェックリストが参考になる。MERRIER とは、教師の英語による授業をわかり易くする次の 7 条件の頭文字である。

第 5 章　これからの授業の造り方

表5　MERRIER チェックリスト

1	Model/mime	お手本や実演で示す	(例)対話活動導入は、まず教師が一人二役でやってみせる。 "I have a fever." は、体温計の模型で39度を指しながら。
2	Example	具体例で示す	furniture—desks, chairs, tables, beds, lamps. surname—My surname is Miura. Your surname is Kimura. Her surname is Inoue."
3	Redundancy	わかりやすくするために、1つのことを2〜3通りで言う	I must see a dermatologist. → I must see a skin doctor. Don't yell. → Don't shout, don't cry in a loud voice.
4	Repetition	大事なところを繰り返して聞かせる	You have *an interview test the day after tomorrow*. It's an interview test—you talk with me in English. OK? The test is on the day after tomorrow—two days later.
5	Interaction	生徒と対話しながら進める	I bought a wallet—wallet—do you know a wallet?—This is my wallet—Show me your wallet.—Yes, it's a wallet, beautiful, thank you.—So, I bought a wallet and....
6	Expansion	生徒が出した不完全な答えを、教師の援助でより正確なものにする	教師：What is your hobby? 生徒：Anime. 教師：Oh, really. Animation. That's interesting. Do you like watching animation? Or do you like drawing animation? 生徒：Drawing animation. 教師：Great! So, your hobby is...? 生徒：My hobby is drawing animation. 教師：Wonderful!（このようにして、より良い形に持ってゆく）
7	Reward	良いところを見つけてまず褒める	Good! / Good job! / Excellent! / Wonderful! / Well done! / Almost! / You're close! / Thanks for your idea! / Good try! / Interesting! / Good answer.

（酒井・塩川・浦野, 2003, pp. 3–17 より。説明と表現例は筆者改作）

TETE (Teaching English Through English) で授業を行う際には、① 事前に授業の想定問答を書いてみて、② その英語を MERRIER チェックリストに照らして点検する、作業を行っておくとよい。

5.1.3　中学校テキストの Oral Interaction の実例

(*Sunshine English Course 2*（平成 18 年度版）, Program 4 'With Love and Joy', Part 1 の導入）

〈テキスト本文〉（下線部は新出単語）

　Mother Teresa began her work for children in Kolkata in 1948. In some parts of the city, the people were very poor and they had no schools for their children. Mother Teresa gathered together some children and taught the alphabet to them. It was not easy because they had no pens and notebooks.

〈Oral Interaction 手順〉

　下記のような大きな Picture Cards（以下、PC と略す）を黒板に張り、それを指差しながら、生徒が知っている英語でストーリーを話して聞かせる。

1	2	3	4
[Kolkata in 1948 / Mother Teresa]	[poor / no school]	[children / alphabet]	[no pens and no notebooks]

〈PC 1〉

　Today, we are going to study about this lady.（PC1 の Mother を指差す）

　You also see her pictures on pages 34 and 35 in your textbook.（教科書の写真も見せる）

　So, who is she?（答える生徒がいたら儲けもの。いない場合は次を問う）

　Is she Princess Teresa, Miss Universe Teresa, or Mother Teresa?

　She is Mother Teresa.（用意してきた白いスカーフを頭にかけて、胸の上で

第 5 章　これからの授業の造り方

十字を切って)

Repeat: "She is Mother Teresa."（2 回）

（PC 1 の India を指差して）Look at this country. This country is China?, Australia?, or India?

Yes, it is India. Very good. Look at this city. It is Kolkata. It's a big city in India. Mother Teresa worked in Kolkata. **Repeat: "Mother Teresa worked in Kolkata."**（2 回）

〈PC 2〉

Look at picture 2. Look at these people. They didn't have money. They didn't have food. They were poor.（絵の中の学校を指差して）Look at this. — It's a school — Yes. Did they have schools? No, they had no schools. **Repeat: 'They had no schools.'**（2 回）

〈PC 3〉

Look at picture 3.（絵の中の子供を一人ずつ指差して）Look at them. This is a child — one more child — one more child — one more child. One child, two children, three children, four children. Mother Teresa taught these children. **Repeat: "Mother Teresa taught these children."**（2 回）

What did she teach? Do you know?（地面の文字を指差して）She taught these.（黒板に A, B, C, D . . . と書き）What are these?（と困って見せて）「アルファベット」と答える生徒がいたらうれしい。Yes, the alphabet. Mother Teresa taught the alphabet. **Repeat: "Mother Teresa taught the alphabet."**（2 回）

〈PC 4〉

Look at picture 4. Where did they study, in the classroom or on the ground? — On the ground. — Why on the ground? — Because they had no schools. **Repeat: "Why on the ground? — Because they had no schools."**（2 回）

They studied on the ground because they had no schools. Where did they write the alphabet? — On the ground. — Why on the ground? Because they had no pens and notebooks. **Repeat: "Why on the ground? Because they had no pens and notebooks."**（2 回）

Was it easy? On a rainy day（雨で文字が流れるアクションをして見せる）, on a hot day（日射病で倒れるアクション）, strong wind（風で文字が吹き飛ぶ

アクション). No, it was not easy. Mother Teresa's work was not easy. **Repeat: "Mother Teresa's work was not easy."** (2回)

最後に、PCを指差しながら、これまで提示した英文を連続して話して聞かせる。

She is Mother Teresa. She worked in Kolkata in India. She taught the alphabet to children. The children had no schools. They had no pens and notebooks. So Mother Teresa's work was not easy.
Okay, now let's open the textbook and read the story.

以下は、先述のMother TeresaのOral Interactionを含んだ指導プランである。

英語科学習指導案

教育実習生・三浦　孝

1. 日時：平成24年6月25日(水)第3限(11:50〜12:40)
2. 指導クラス：○○中学校2年1組(男子18名、女子20名)
3. 使用教科書：開隆堂 *Sunshine English Course 2*, Program 4 "With Love and with Joy"
4. 学習環境について
   (1) 生徒の実態：
   　　(生徒のコミュニケーションへの関心・意欲・態度，理解力、目指すコミュニケーション能力についての現在までの実態などを記入する。本書では省略する)
   (2) 題材観：
   　　ア) 内容・題材の観点から：
   　　　　インドで、何万人もの行き倒れの人々を収容して看護し(あるいは看取り)、身寄りの無い子供たちを引き取って育てることに一生を捧げたマザー・テレサの働きを扱ったレッスンである。マザー・テレサについては、ノーベル賞を受賞したこともあり、ほとんどの生徒が既に多少の知識を持っていると思う。このレッスンでは、そうした生徒の持つ既存知識を汲み出す形で授業を進めたい。

第 5 章　これからの授業の造り方

よく知られた人物であるが、細部はあまり知られていない。36歳で彼女が、高等学校の校長として既に確立した地位にいたにもかかわらず、自覚した「天命」に従って、たった一人で救済に取りかかったことは、生徒の将来の使命感を考える上でも、参考にしたい。*"I realized that I had the call to take care of the sick and the dying, the hungry, the naked, the homeless—to be God's Love in action to the poorest of the poor. That was the beginning of the Missionaries of Charity."*

また、貧しい人々を救済することが、一方的に彼らを哀れむことではなく、むしろ彼らから教えられ励まされることなのだという言葉をも紹介したい。*"The poor give us much more than we give them. They're such strong people, living day to day with no food. And they never curse, never complain. We don't have to give them pity or sympathy. We have so much to learn from them."*

イ）　言語材料の観点から：
　ⅰ）　"It was not easy because they had no pens and no notebooks." で、because＋S＋V の文を学習する。
　ⅱ）　"Don't only give your care, but give your heart as well" で、not only ... but 〜 という連語を学習する。
　ⅲ）　この単元は、2年生で初めて本格的な読み物として登場しており、しかも英文の難度がやや高い。このような読み物の扱い方として、次の2点を工夫することにする：
　　① Pre-reading で、読み物の内容を教師が平易な会話体に直して実演して聞かせ、生徒の内容を援助する。
　　② While-reading では、読んだ英文の内容を、別のフォーマットに変換する、というテクニックを使って、訳読に依存しない内容理解をはかる。
　　③ Post-reading では、英文をフレーズごとに区切って、日本語の訳語を聞いてその部分の英語を言う練習を通して、意味を定着する。

ウ） コミュニケーションの観点から：
　　　　① because を用いて、自分の主張に理由を付け加えることができるようにする。
　　　　② Mother Teresa に関する英文の中で、自分が好きな文章や語句を抜き出し、なぜそれが好きなのかを表現しあう。
　　　　③ "Did you do anything to help other people?" "Did you do anything to save the earth?" "What did you do?" を使って、お互いにボランティアの体験を話しあうインタビュー活動を行う。
5. 教材の配列：
　　第1回：4–1（p. 34）（本時）
　　第2回：4–2（p. 35）
　　第3回：4–3（p. 36）
　　第4回：After Reading（p. 37）とコミュニケーション活動
6. 本時の指導（第1回：p. 34）
　（1） 教材（コピーを別紙に添付）
　（2） 本時の目標：
　　ア） 内容事項
　　　　生徒たちが、Mother Teresa について知っていることを、英語の対話によって引き出す形で、話題を導入する。
　　イ） 言語事項
　　　　because を用いて、意見や行為の理由を述べたり、理解できるようにする。
　　ウ） コミュニケーション活動
　　　　ペアで、それぞれ異なるスケジュール表を持ち、お互いに都合を協議して、デートできる時間の合意を取り付ける。都合は、"I am busy because I have my club activity." のように、because で表現する。
　（3） 用意するもの：
　　　　CD プレーヤー、テキスト朗読 CD、英単語フラッシュカード、ストーリーの Picture Cards、コミュニケーション活動用のスケジュール表
　（4） 指導手順：別紙参照

第5章　これからの授業の造り方

(4)　指導手順その1

過程	時間	生徒の学習活動	教師の支援	評価の観点
1 挨拶	1分	英語で笑顔でアイ・コンタクトを持って周囲の数人と挨拶を交わす。	最初に教師が生徒全員と挨拶してお手本を見せる。返事がワンパターンにならないように注意したい。	アイ・コンタクトを持つことができたか、人間らしい対話の表情が出せたか。積極的に応えられたか。
2 ウォームアップ	3分	Body Action Song の "Head and Shoulders" をみんなで歌い、動作する。	この歌を歌うのは今日が最初なので、一節ずつ歌唱指導をする。	
3 前時の復習	3分	前時の復習 英語の天気予報の聞き方を復習する。NHKラジオの英語放送を聞いて各地の天気をメモする。	聞き取るべき地域だけに注意を集中して聞くよう助言する。	表にメモできたかどうか。聞き取りの結果を発表できたか。
4 新教材の導入	10分	**Oral Interaction に参加する** (1) Mother Teresa という人物について、自分たちが知っていることを出し合う。 (2) PC 1〜4 を見ながら、先生の英語の説明を聞き、p.34のストーリーの概略をみんなで推測しあう。 (3) フラッシュカードで新出語の意味を理解し、発音に慣れる (joy, begin, began, children, child, poor, gather, alphabet, because)。	**Oral Interaction を行う** (1) 生徒から出てきた「知っていること」を、板書し、英訳して全員に還元する。 (2) PC 1〜4 を掲示し、それについて既習の英語で説明し、問答形式で内容の推測を引き出す。(Picture Cards と問答文については p.106 参照) (3) フラッシュカードで新出語の意味を確認し、発音のモデルを与える。ただしこの段階では理解にとどめる。	問答で、どのようにクラスとしての理解に貢献したか。

(4) 指導手順その2

過程	時間	学習活動	指導・支援上の配慮事項	評価の観点
5 理解の活動	15分	ここで本時のテキストを開く。 (1) 流される朗読CDに合わせてp.34を黙読し、内容の概略を読み取る。 (2) 内容について Say True or False に答える。False の場合は、どう言い替えたら正しくなるか、教科書本文から探し出す。 (3) 教師-生徒の共同訳で内容を日本語で確認する。 (4) p.34を教師のあとについて音読する。 (5) ストーリー内容について、Wh-question に答える。	(1) CDは2回続けて流し、内容を読み取る時間を与える。 (2) Say True or False は生徒に答えやすいので、理解活動の初めに用いる。 (3) All in English の理解チェックだけでは不安を感じる生徒もいるので、ここで和訳を入れる。共同訳は、時間を取らずにできるので便利。 (4) 本文をフレーズごとに切って、2回リピートする。 (5) Wh-question でやや高度な内容理解を行う。	英問英答で、安心して risk-taking できるか。 生徒は共同訳に貢献できたか。 新出語が正しく発音できているか。 英問英答で、安心して risk-taking できるか。
6 応用の活動	15分	(1) 英文がスラスラ音読できるようにする。 (2) because を用いて、原因と結果を表わす練習問題を解く。 (例)	いろいろな工夫をして、合計6回は音読する。最後に、スラスラ音読できているかどうか、列ごとに当てて確認する。	テキストがスラスラ音読できるようになったか。 because を使って、左右の文を論理的に並べられたか。
		a. Because I love animals, b. Because I went to be late, c. Because I want to be a pro soccer player,	(i) I am sleepy this morning. (ii) I want to be a pet doctor. (iii) I practice soccer every day.	
		(3) コミュニケーション活動 ペアで、それぞれ異なるスケジュール表を持ち、お互いに都合を協議して、デートできる時間の合意を取り付ける。 (別紙参照)	最初に活動の仕方を、教師が十分に実演してみせること。互いに、スケジュールを変更してでも、歩み寄ることを奨励する。	理由や提案や、あいずちなど、言葉を豊かに使いながら交渉できたかどうか。
まとめと挨拶	3分	① 宿題の指示：テキスト本文を、スラスラ暗唱できるよう、練習してくる。		

関連資料:

　Mother Teresa: (1910–97) 修道女。旧ユーゴスラビア(現マケドニア)のスコピエ出身。幼名はアグネス・ゴンジャ・ボヤージュ。1928年アイルランドのロレット修道会に入り、志願してインドに渡る。1929–48年カルカッタ(現コルカタ)のセントメリー高等学校の教師、校長を務める。1946年9月10日、神の召命を受け「貧しい人のなかでもいちばん貧しい人たちのために一生を捧(ささ)げる」ことを決意する。48年インド国籍を取得、ロレット修道会を離れ、一人でカルカッタの貧民街で活動を始める。50年「神の愛の宣教者会」女子修道会を創立、以来「マザー・テレサ」と呼ばれる。「死を待つ人の家」「孤児の家」「救癩(らい)活動」の施設をインド各地に展開、79年ノーベル平和賞を受賞する。インドのみならず世界各地に施設を広げ活躍する。81(昭和56)年初来日。97年9月5日心臓発作のため死去。13日カルカッタ市内で国葬、遺体は修道会本部に埋葬された。87歳。

5.1.4　高校テキストの Oral Interaction の実例

(*PRO-VISION English Course 1*, (平成23年度版), Lesson 8 'Legendary Speech in Rio', Part 1 の導入)

〈テキスト本文〉(下線部は新出単語)

Legendary Speech in Rio

　Hello, I'm Severn Suzuki speaking for the Environmental Children's Organization (ECO). We are a group of twelve- and thirteen-year-olds from Canada trying to make a difference. We raised all the money by ourselves to come six thousand miles to tell you adults that you must change your ways.

　I am here to speak for all generations to come. I am here to speak for starving children around the world. I am here to speak for the millions of animals dying on this planet because they have nowhere to go.

　I am afraid to go out in the sun now because of the ozone hole. I am afraid to breathe the air because I don't know what chemicals are in it.

　I used to go fishing in Vancouver with my father until we found fish full of cancers just a few years ago. Now we hear about animals and plants going extinct every day . . . vanishing forever.

〈手順：オーラル・インタラクションの picture cards とシナリオ〉

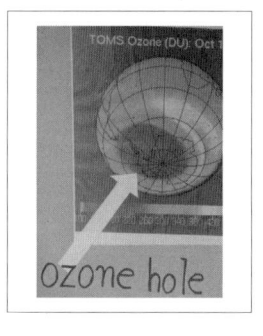

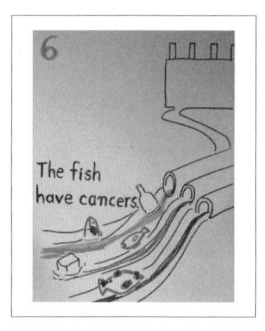

(下線部が、目標とする導入文)

Today we are going to listen to a very famous speech—a legendary speech. 'Legendary'(板書) means 'very famous.'

1. （PC 1 を見せて）Look at this girl. She is Severn Suzuki. She's 12 years old. Severn is a 12-year-old girl.（リピート 2 回）Now she is in Rio de Janeiro in Brazil.（南米大陸の略図を描き、Rio の位置を示す）What is she doing there? Is she singing, dancing, or speaking? She is speaking. Look at her face. Is she happy or sorry? She is sorry, very sorry. Why is she sorry?

2. （PC 2 を見せて）Look at the second picture. What do you see? Yes, children. Are they hungry? Yes, they are very very very very hungry. Many children

第５章　これからの授業の造り方

are starving. 'Starving'（板書）means that they have no food for many days. <u>Severn is sorry because many children are starving.</u>（リピート２回）

3. （PC 3 を見せて）Look at picture 3. What do you see? Yes, a bear. Does the bear have her home? No. People have destroyed her home. So, the bear is dying. Millions of animals are dying. <u>Severn is sorry because millions of animals are dying.</u>（リピート２回）

4. （PC 4 を見せて）Look at picture 4. What do you see? You see the earth. Look at the purple part in the picture. It is a big ozone hole. Have you heard about ozone（Ozone = O_3 と板書）? Ozone is very important for us. Ozone stops dangerous lights for us. When there is an ozone hole, dangerous lights come to the earth. So Severn is afraid. <u>She is afraid to go out / because there is an ozone hole.</u>（リピート２回）

5. （PC 5 を見せて）Look at picture 5. Look at the air. Is the air clean or bad? It's bad. She is afraid about the bad air. There are bad chemicals in the air. (chemicals:（e.g.）H_2SO_4, HCl, HNO_3 と板書）So she is afraid to breathe the air. 'Breathe'（動作・板書）means to take in air and let it out. <u>She is afraid to breathe the air / because there are chemicals in it.</u>（リピート２回）

6. （PC 6 を見せて）Look at picture 6. Look at the water. Is the water clean or bad? It's bad. She is very afraid about the bad water. There are bad chemicals in the water. Look at these fish. They are sick. They have cancers all over.（PC6 の魚の癌を指差して cancer を板書）<u>She is afraid about the chemicals in the water.</u>（リピート２回）

7. （全体を振り返って）So Severn is worried about starving children, dying animals, the ozone hole, bad air, and bad water. Who made these problems? — Did children make these problems? No. Did adults make these problems? Yes, adults. Adults（板書）— do you know this word? Adults — people 20 years old or older. Are you adults? No, you are not. You are now 17, so you are not adults.

8. Look at picture 1 again. Now Severn has come to a United Nations meeting.（United Nations = UN と板書）Do you know United Nations?（挙手させる。もし知っている生徒が少なければ追加説明をする）Look at these adults. They are leaders from countries all over the world. <u>At the UN meet-</u>

ing she says, "Adults, you must change."（リピート 2 回）
ここで、全体の話を通してもう 1 回繰り返す。

① **Severn is a 12-year-old girl.**
② **She is sorry / because many children are starving.**
③ **She is sorry / because millions of animals are dying.**
④ **She is afraid to go out / because there is an ozone hole.**
⑤ **She is afraid to breathe the air / because there are chemicals in it.**
⑥ **She is afraid / about the chemicals in the water.**
⑦ **At the UN meeting she says, / "Adults, you must change."**

以下は、先述の Legendary Speech の Oral Interaction を含んだ指導プランである。

英語科学習指導案

静岡大学教育学部・三浦　孝

1. 日時：平成 24 年 11 月 9 日（金）第 6 限（14:45〜15:35）
2. 指導クラス：○○高校 1 年 A 組（男子 13 名，女子 11 名）
3. 使用教科書：桐原書店 *PRO-VISION English Course I*, Lesson 8 'Legendary Speech in Rio', Part 1（p. 91）
4. 学習環境について：
   (1) 生徒の実態：
   　　このクラスの生徒は、去る 9 月に 1 回授業見学をしたのみで、教えるのは今回が初めてである。見学した際は、真面目な授業態度で純朴な生徒たちで、教師の発問に対して積極的に発言することは少ないが、問いかけには一生懸命応答しようとするという印象を受けた。習熟度別学級編成を取っており、このクラスは基礎クラスということで、英語に苦手意識を持っていることが予想される。このような実態を考慮して、本時授業では次のような点に配慮したい：
   　　1) 授業中、生徒に過度の緊張を強いないよう、直接指名して答えさせることは避ける。
   　　2) 発問に際しては、個人で考え → ペアやグループで相談し → 発表する、という流れを取り入れる。

3）一斉に英語を使うなどして、間違いを恐れずに安心して英語を使える活動を取り入れる。
(2) 題材観:
　ア）内容・題材の観点から:
　　　　この教材は、12歳の少女セヴァン・スズキさんが、1992年に国連環境サミットに子供の環境団体の代表として参加し、各国代表を前にして行った講演を取り上げたものである。セヴァン少女は、生物学博士の父と文学博士の母の間に生まれ育ち、日ごろから地球環境問題に関して高い知識と関心を積み重ねていた。このスピーチの中でセヴァン少女は、悪化の一途をたどる地球環境と貧困・飢餓・生物絶滅危機を前にして、世界の大人たちがなおも自国の繁栄や経済・大量消費を優先し、有効な対策を取っていないことに対して強い不安と批判を表明し、言行不一致の大人の欺瞞を鋭く指摘している。セヴァンさんはその後も地球環境問題の改善のために国連を中心にして活動を続け、現在はヴィクトリア大学の環境科学の大学院で学んでいる。

　　　　日本の高校の授業でこのスピーチを扱う意義は何だろうか？　授業者は、日本の高校生がこのスピーチを読みながら、それをただ単なる英語トレーニングとして扱うのでなく、若い世代として「どのような世界的問題に心を悩ませ」「大人たちに何を要望したいか」を考え・表現する契機としてほしいと考える。

　イ）言語材料の観点から:
　　　1）現在分詞の形容詞的用法の後置修飾
　　　　I am Severn Suzuki speaking for ECO. / We are a group trying to make a difference. / animals dying on this planet / animals and plants going extinct every day / some children living on the streets / those children living in the *favelas* / a child starving in Somalia など
　　　2）英語特有の並行表現
　　　　本時の範囲では、"I am here to speak for . . ." "I am afraid to . . ." の繰り返し、Part 2–3 では "I'm only a child, yet . . ." と "You don't know how to . . ." の繰り返し。これらは、同じ文型を繰

り返し用いることで、聞き手の言語的負担を軽くしてメッセージをより伝わりやすくしようとする工夫であることを生徒に気づかせたい。

 3）地球環境問題に頻出の単語

  environmental, organization, generations, starving, around the world, planet, fix, ozone hole, chemicals, cancers, go extinct, extinct animals, vanish, issues (= problems), solutions, realize, species, make waste, northern countries, the needy, wealth, acid rain desertification, destruction, deforestation, street children, shelter, share, greedy, victims of war, Middle East, poverty, solve problems, adults, creatures, global family

ウ）コミュニケーションの観点から：

 このスピーチの中で、セヴァンさんは、世界の荒廃を前にした子供たちの不安を、大人たちに切々と訴えている。そのスピーチにならい、本課では、(1) 高校生たちがどのような世界規模の問題に不安を感じ、(2) 大人たちに何を訴えたがっているかを、英語で発表する機会としたい。(1)は "As a member of a young generation, I am most worried about _____." という文章に載せて、(2)は "Adults all over the world, please _____ for us and the earth family." という文章に載せて表現を作り交流する。

5．教材の配列：

 第1回：Part 1（p. 91）（本時）

 第2回：Part 2（pp. 92, lines 1–14）

 第3回：Parts 2–3（page 92, line 15–page 94, line 11）

 第4回：Part 3（p. 95）

 第5回：Part 4（p. 96）

 第6回：言語事項の振り返り学習と、コミュニケーション活動（「私が世界中の大人に訴えたいこと」）

6．本時の指導（第1回：p. 34）

 (1) 教材（コピーを別紙に添付）

 (2) 本時の目標：

 ア）内容事項

Part 1 はスピーチの冒頭部分である。ここでは、セヴァンさんが地球環境でどのような問題を心配しているのかを理解する。

イ）言語事項

1）I am Severn Suzuki speaking for ECO. / We are a group trying to make a difference. / animals dying on this planet/ animals and plants going extinct every day など、現在分詞の形容詞的用法の後置修飾

2）英語の並行表現

Part 1 では、"I am here to speak for . . ." "I am afraid to . . ." の繰り返しによる並行表現を学習する。

3）地球環境問題に頻出の語句

environmental, organization, generation, starving, around the world, planet, fix, ozone hole, chemicals, cancers, go extinct, vanish

ウ）コミュニケーション活動

1）授業の始めに、生徒の緊張をほぐし、英語を使うことに慣れるために、picture differences の活動を行う。

2）生徒一人一人が板書した、"I am most worried about _____." というメッセージ集をみんなで見る。各自、特に共感するメッセージを2つ選んで付箋を貼る。全員が貼り終えたら、どのメッセージがみんなの共感を呼んだかを見る。これは、セヴァンさんのスピーチのが持つ問題意識に気づかせるために行う。

(3) 用意するもの：

CD プレーヤー、テキスト朗読 CD、ストーリーの Picture Cards、Picture Differences の絵、新出語フラッシュカード

(4) 指導手順：別紙参照

(4) 指導手順

配当時間(分)	形態	生徒の活動	教師の支援	評価の観点
1	一斉	挨拶を返す	挨拶をする	
		①今日の授業では英語を使うことを楽しむのが目標です。②突然指名することはしません。③問いかけに反応してください、挙手、Yes-No、単語でもOK。		
5	ペア	ペアで、各自の絵の内容について尋ねあい、相手の絵とちがう箇所を見つけだす。	Picture Differences　はじめに見本を使って、日本語で素早くやり方を例示。Pardon? や Uh huh を多く発することを奨励。	①相手の絵を見ないでできたか。②言葉のピンポンゲームができていたか。
10	一斉	Oral Interaction に参加　教師の話す interaction を聞いて、質問に答えたり、リピートしたりする。	Oral Interaction で本時教材を導入　平易な英語で、picture cards で補助しながら、本時教材の内容の概要を話して聞かせる。問答形式で行う。Do you understand? Okay? を使う。単語フラッシュカードを貼りながらやる。	教師の語りかけや問いかけに、積極的に反応を返せたか。
4	4人	ここでグループに移行する。机を向い合せる。司会者とレポーターを決める。①閉本で、音声CDを聞いて質問に答える。(4分)	Pre-reading　活動焦点を絞ったタスクを与えて、本時教材を聞かせる。タスクは： (a) How many times do you hear "I"? (b) Severn says five numbers in her speech. Listen and catch the five numbers.	
9	4人	ここで開本する。 4人のグループに分かれて、別紙配布の graphic organizer に適語を記入する形で内容をつかむ。(5分) 答え合わせ。(4分)	本時教材の内容理解活動　別紙配布の graphic organizer(本書次ページに掲載)に、適語を記入して完成するタスクを通じて、内容理解を図る。①4人のグループで協力してタスクを解く。(4分) ②各グループのうちレポーター2名が他のグループに移動して英語で答え合わせをする。(2分) ③レポーター2名が自分のグループに戻り、他のグループの答を報告する。(2分) ④グループとしての答を完成する。(1分)	グループとして協力して、どれだけ正解が出せたか。
5	4人	区切り・強勢を聞き取りハンドアウトにマーク→教師のあとに続いてリピート→教師と同時音読。	新出語の発音練習　フラッシュカードを用いて行う。	強勢の聞き取りができているか。リズム良く音読できているか。
6	ペア	①〜ing(形容詞的用法)と名詞(被修飾語)との意味的関係に気づく。 ②この用法が入った文を聞いて、クイズに答える。	本時の言語事項を応用したクイズ　いろいろな動作をしている人物の絵を見せ、Who is the man planting flowers? といった質問に答えさせる。	クイズにどれだけ正解が出せたか。

第 5 章 これからの授業の造り方

7	一斉	"I am most worried about ___ problem." の形式で生徒各自が、自分の心配を板書し、相互に観賞する。→クラスで最も共感を呼ぶものを選ぶ。	「若者の主張」のクラス内意見交換 板書された各生徒の意見をクラス全員が鑑賞し、付箋によって意見ベスト3を決定する。	①[主張＋根拠]の構成で意見表明が書けたか。
2	一斉	宿題：虫食い和訳シートを完成してくる。	今日何を学習したのかをまとめる ① How young girls tried to make a change. ② How you, high school students, are worried about the world. ③...ing が前の名詞を修飾する用法	
1	一斉	終わりの挨拶	終わりの挨拶	

本時教材の内容理解のための graphic organizer

下記の表の、一部をヒントとして残し、他は空欄にして配布する。

Who is	children	animals	the sunlight	the air	the water	animals and plants
in what condition	starving	dying	harmful		bad	going extinct
because of what causes?		have nowhere to go	there is an ozone hole	there are chemicals in it	there are chemicals in it	

5.2 授業の核(core)その 2： 新出文法事項の Oral Interaction による導入

　この節では、中学校の文法事項を幾つか取り上げて、コミュニケーションを重視した文法事項の導入からまとめまでの運営法を解説する。中学校の英語教科書の 1 時間分のセクションには、重点となる文法事項が大体 1 つずつ配置されている。その文法事項を含んだ文は、その日の key sentence と呼ばれている。コミュニケーションを重視した文法事項の指導は普通次のような手順で行う（*Sunshine English Course 2*（平成 11 年度版），Program 11 を例として用いる）。

5.2.1 帰納的導入から入る

　新出文法事項の導入は、できるだけ帰納的提示から入る。つまり、生徒にとって身近な話題で、生徒に容易に理解可能な英語で、教師が小話・説明・実演などを行い、その話の中に新出文法事項を組み込んで、文脈からおおよ

その意味を推測できるようにする。「新しい表現が入っているけど、話の流れからすると、大体こんな意味かな」と推測できるようにするのである。

たとえば、現在完了形を導入するのには、次のような小話はどうだろうか:

教師: 一郎さん（25歳）が、幼な馴染みの Cindy に愛を告白しています。

  Ichiro: Cindy, please marry me.
     I loved you at 15 years old.
     I loved you at 16 years old.
     I loved you at 17 years old.
     I loved you at 18 years old.
     I loved you at 19 years old.
     I loved you at 20 years old.
     I loved you at 21 years old.
     I loved you at 22 years old.
     I loved you at 23 years old.
     I loved you at 24 years old.
     And I love you now!
  Cindy: So, you have loved me since 15 years old.
  Ichiro: Yes, that's right! I have loved you since 15 years old.
  Cindy: Oh, Ichiro, my dear. I have waited for your words since I was 15!
     （Happy-end）

> このようにして文脈の中で新出文法事項に出会わせる

教師: さて、一郎は "I loved you." って何回も言っていますね。ところが Cindy はその 10 個の "I loved you." をたった 1 文の "You have loved me." と言い換えています。この 'have loved' って、ただの 'loved'（愛した）とどう違うんでしょうね？

生徒: 「ず〜っと愛している」っていう意味だと思います。

> このようにして新出事項の意味の仮説を立てさせる。

教師: そうか、'have loved' は「ずーっと〜している」という、継続を表すんだね。では、'since15' はなんだろう？

第 5 章　これからの授業の造り方

生徒：15 歳から、だと思います。
教師：なるほど、'since' は「～からずっと」、という意味なんだね。
　　　では、この仮説を、次の小話で確かめてみよう。今度は東山動物園のサルの Jan ちゃんと Ken ちゃんの話をするから、'have ～' に注意して聞いてね。
　　　（2 頭のサルの写真を見せながら）
　　　Look at these monkeys. They are cute, aren't they? They are Jan and Ken.
　　　They are very old. Don't be surprised. They are 19 years old!
　　　They came to Higashiyama zoo at 1 year old.
　　　They lived in Higashiyama at 2 years old.
　　　They lived in Higashiyama at 3 years old.
　　　（中略）
　　　And they live in Higashiyama Zoo at 19 years old.
　　　ハアーッ、先生疲れちゃったよ。でもついに最後までたどり着いたぞ、Jan と Ken の東山動物園歴を一言で言ってみます。なになに、池田さん、自分で言いたいって？　ではどうぞ
生徒：'They have lived in Higashiyama Zoo since 1 year old.'
教師：すごいね！　いいよ。
　　　'They have lived in Higashiyama Zoo since 1 year old.' だね。
　　　さっきは 'have loved' で「ずーっと愛している」だったから、今度の 'have lived' はどういう意味なんだろう？
生徒：「ずーっと住んでいる」です。
教師：そう！　では since 1 year old は？
生徒：「1 歳から」です。
教師：Very good!　では今度は、ある野球選手の話をしよう。
　　　Look at this man. Who is he? Right! He is Matsui Hideki, a world-famous baseball player.
　　　He started baseball at 8 years old.
　　　He played baseball at 9 years old.
　　　He played baseball at 10 years old.

> このようにして、さっき立てた仮説を検証させる。

123

(中略)

Now, he plays baseball at 35 years old.

さて、松井選手の野球歴を一言で言ってみよう。はい、吉田君。

生徒： He have played baseball since 8 years old.

教師： Great! 良くわかったね、吉田君。90％正解！ あと10％は何かって？

主語が he や she の時は、'He have played baseball since 8 years old.' じゃなくって…。

生徒： He has でした！

教師： そう！ 'He has played baseball since 8 years old.' ですね。では、今までに出会った文をまとめて書いてみよう。

> このようにして、教科書の文へつなげる

I	have loved you	since 15 years old.
They	have lived in Higashiyama zoo	since 1 year old.
He	has played baseball	since 8 years old.

それでは、教科書のこの文章はどういう意味なんだろう？
（その日の key sentence の意味を推測させる。）

（板書例）　本日の key sentence

| Lorenz | has studied | animals | since 1920. |
| ローレンツは | | 動物を | 1920年以来 |

〈解説〉　帰納的提示の意義

　帰納的提示とは、当該の文法事項を含んだ平易な実例を豊富に見せ、その中から生徒にルールを発見させる方法である。生徒が言語データから言語法則を自ら類推する力を養うので、自立した learner を育てる上で有用である。

〈帰納的提示の注意事項〉

(1)　平易な文脈の中で与える。

(2)　新出事項は、1つの形に限定する。たとえば上の、現在完了形の帰納的提示例を見てほしい。現在完了形の3の用法のうち、「継続的用法」

のみに限定し、しかも形を最初の 2 例では下線部に限定して提示している。その後、教科書とつなげる段階で波線部を追加している。

```
I
You    have
They           lived in Higashiyama   since 15 years old.
He     has                            since . . . was 15 years old.
```

5.2.2　演繹的にまとめる

　演繹的提示とは、まずルールを与え、次いでそのルールを応用させて理解を養う方法である。帰納的か演繹的か、どちらが得意かは生徒によって個人差があるので、授業では両方を併用することが望ましい。帰納的で導入して、生徒が平易な実例文に多数出会ったあとで、その実例文を使って演繹的にルール抽出に移るとよい。演繹的提示では、不用意に文法用語を乱用して生徒を混乱させることのないよう心掛けたい。

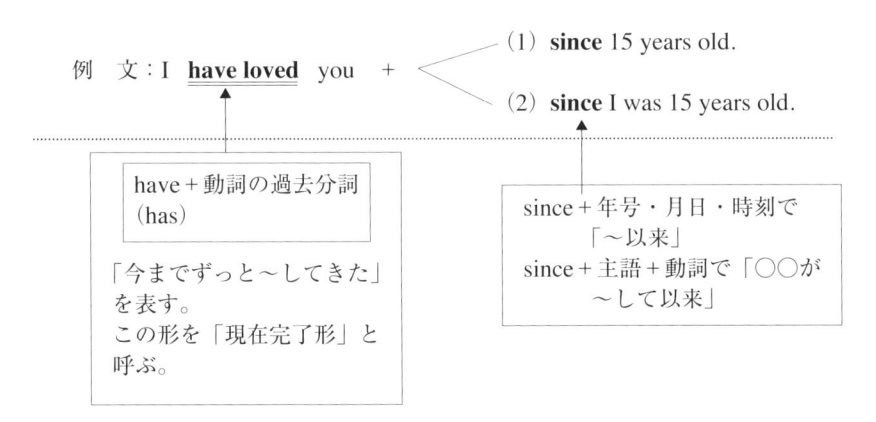

　　例　文：I **have loved** you　＋

（1）**since** 15 years old.
（2）**since** I was 15 years old.

have＋動詞の過去分詞
（has）

「今までずっと〜してきた」を表す。
この形を「現在完了形」と呼ぶ。

since＋年号・月日・時刻で
「〜以来」
since＋主語＋動詞で「○○が
〜して以来」

5.2.3　新出の文法事項がわかるとどんなに便利かを理解させる

　新しい文法事項を導入する時、生徒に「また勉強の負担が増える！」と思わせないように、むしろそれを学ぶことによって広がる自由や便利さをわからせたい。たとえば、上で扱った現在完了形の提示では、Ichiro の 11 個の文の内容を、Cindy がわずか 1 文で表現した便利さを生徒に納得させたい。

5.2.4 'be going to' の導入

(*New Horizon English Course 2*（平成 21 年度版）, p. 12)

帰納的導入の例

Hello. My name is Tohru. I am now on my plane to Australia. This gentleman is sitting next to me.

（Tohru）Excuse me. My name is Tohru. What are you planning to do in Australia?

（Bill）My name is Bill. I am going to swim in Australia.

（Tohru）Oh, Bill, you <u>are going to</u> swim in Australia. Have a good time.

This lady is sitting next to me.

（Tohru）Excuse me. My name is Tohru. What are you planning to do in Australia?

（Emi）Nice to meet you, Tohru. My name is Emi. I <u>am going to</u> teach Japanese in Australia.

（Tohru）Wow! Kumi, you <u>are going to</u> teach Japanese in Australia. Good luck!

This gentleman is sitting in front of me.

（Tohru）Excuse me. My name is Tohru. What are you planning to do in Australia?

（Ken）My name is Ken. I <u>am going to</u> play golf.

（Tohru）Ken, you <u>are going to</u> play golf in Australia. Have a good time.

This girl is sitting behind me.

（Tohru）Excuse me. My name is Tohru. What are you planning to do in Australia?

(Aya) My name is Aya. I am going to ski in Australia.
(Tohru) Aya, you are going to ski in Australia. That's exciting! Have a good time.

これまでの例文からルールを抽出する

具体例からルールの抽出へ

I	am going to	study English	in Australia.
Bill	is going to	swim	in Australia.
Emi	is going to	teach Japanese	in Australia.
Ken	is going to	play golf	in Australia.
Aya	is going to	ski	in Australia.
We	are going to	go	to Australia.

am ⎫
is　⎬ going to ＋ [動詞の原形]
are ⎭

「これから〜することになっている」

5.2.5　to 不定詞（名詞的用法）の導入

(*New Horizon English Course 2*（平成 21 年度版）, p. 23)

　下記のような 4 枚の絵を見せ、それぞれの人物が好きな事柄を、(a) 名詞で、(b) to 不定詞で、表現して聞かせる。生徒は、(a) からの類推で、(b) も名詞的であることを推測できるはずである。

〈Dorachan〉 (a) I　　like　　dorayaki-cake.
　　　　　　(b) I　　like　　to fly.

⟨Shizuka⟩	(a) I		like	flowers
	(b) I		like	to study.
⟨Gian⟩	(a) I		like	baseball.
	(b) I		like	to sing.
⟨Nobita⟩	(a) I		like	peanuts.
	(b) I		like	to sleep.
	(a) I	don't	like	homework.
	(b) I	don't	like	to study.
	(c) I		want	to marry Shizuka.

5.2.6　受動態の導入

(*Sunshine English Course 3* (平成 21 年度版), p. 24)

　下記の picture cards と教師の動作で理解を補助しながら、下記の実況中継で受動態の文を理解させる。

Hello, everyone.

I am a news reporter. I am now standing at the gate of Higashi Junior High School.

Tonight, Michael Urashima's concert starts in the school gym at 7 o'clock.

You know, Michael Urashima is very popular among students.

He <u>is loved</u> by many junior high school students.

So, the concert tickets <u>are sold</u> very fast . . . now the tickets <u>are sold</u> out!

It is 6:30. Oh, there comes the School Principal.

He has a pair of scissors in his hand.

Now the tape is cut. The tape is cut by the principal.
Music is played by the brass band club. The school gate is opened.
Where is Michael? He has not arrived. People are waiting for Michael Urashima's car.

Michael's car has just arrived at the school gate. The door is opened
Michael comes out of the car.
Many pictures are taken. Many pictures are taken.
Oh, a little girl runs up to him. Oh, my God, she kisses Michael—Michael is kissed by a little girl!

5.2.7 帰納的導入の6原則

新出文法事項を帰納的に導入する際には、次の6つの原則に従って行えば、生徒に理解しやすく、しかも興味深い小話となる。

(1) 一連ストーリーの原則
　　新出文法事項を含んだ例文を数個、首尾一貫した一連のストーリー(小話)の中で提示すること。
(2) 既習文限定の原則
　　帰納的導入に用いる小話は、既習文と既習語に限定して作る。
(3) 一項目限定の原則
　　一度の導入では、新出文法事項は1項目のみに限定して行う。同時に複数の事項を導入してはいけない。
(4) 実物・実演の原則
　　導入にあたっては、できるだけ実物やポスターを伴い、動作で実演して見せて理解を助ける。
(5) 繰り返しの原則
　　小話で、重要な部分は繰り返して何度も聞かせ、必要ならば手短に板書する。また導入小話は、少なくとも2回繰り返して聞かせる。
(6) それ自体の価値の原則
　　小話は、そのストーリー自体に、聞くに値する価値や面白さがあるよう工夫すること。

5.3 授業の核(core)その3: 教科書本文の内容理解活動
5.3.1 内容理解とは何か

　最近の言語理論によれば、メッセージを聞いたり読んで理解するということは、受身的な行為ではなく、受け手の能動的な行為だと考えられている。受け手は、自分の持っている背景的知識(これを schema と呼ぶ)を働かせて、メッセージとの間で意味の交渉を行い、自分なりの意味をそのメッセージに付与しているというのである。

　たとえば、ある神社の入口の階段の横に、「ここではきものを脱ぎましょう」という立て札があるとする。このメッセージは、「ここで履物を脱ぎましょう」とも「ここでは着物を脱ぎましょう」とも読めるわけだが、受け手はその立て札が風呂屋ではなく神社にあるという状況から、背景的知識を働かせて、「履物」という解釈をメッセージに付与するのである。

　内容理解とは、テキストのメッセージと受け手との、こういう意味交渉の産物だと言える。この意味交渉のプロセスが十分であれば、内容理解は深まるのだ。では授業でどうやって、意味交渉のプロセスを実現できるのだろうか。それは、受け手がテキストを別のフォーマット(書式)に変換する作業を通じて行われると考えられる。具体的には次のような変換である。

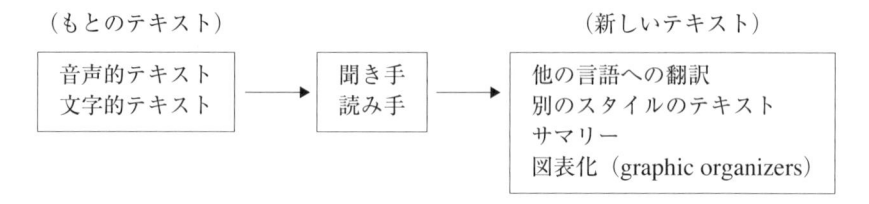

(もとのテキスト)　　　　　　　　　　　　　　　(新しいテキスト)

音声的テキスト 文字的テキスト	→	聞き手 読み手	→	他の言語への翻訳 別のスタイルのテキスト サマリー 図表化 (graphic organizers)

　こうした作業で、受け手はもとのテキストにある情報を、新しいテキストへ移し替えてゆく。受け手は、両方のテキストの間を何度も行き来しながら、この作業を行ってゆく。これがテキストと受け手との意味の交渉になる。以下、これらの変換作業について解説する。

5.3.2　フォーマット変換タスクの各種
(1)　他の言語への変換

　教科書の英文を日本語に訳す活動も、フォーマット変換の一種である。これに全面依存していた日本の従来の英語教育は、改めなければならないが、

第 5 章　これからの授業の造り方

大学院等で高度に抽象的な文献を読むなど、和訳以外に理解の方法が無い時もある。ただしその場合にも、4.2.3 で述べたように語順訳を用いたい。

(2)　別のスタイルのテキストへの変換

対話文のテキストを叙述文に変換したり、逆に叙述文を対話文にするなどの作業を通して、意味交渉を図る。何もヒントなしに行うと負担が大きい場合は、空所補充式にして変換文を完成させる方式をとるとよい。下の例は、電話の会話を聞いて、伝言メモを完成する方式である。

<u>もとのテキスト</u>（電話の会話）

(*Mr. Clarke, a high school teacher, is calling Ms. Brown, one of his student's parent.*)
Mr. Clarke: Hello. May I speak to Ms. Brown, please?
Cleaning lady: I'm sorry she's out now. Do you want to leave a message?
Mr. Clarke: Yes, please. I am Mr. Clarke, Jacky's teacher. Jacky had a big fight with one of her classmates last week and broke her arm. She has been absent from school since then. I want to talk to her parent as soon as possible. My office phone is 869–2253–1313.
Cleaning lady: Okay. I will give her your message.

<u>変換後のテキスト</u>

清掃係は急いで Ms. Brown にファックスを送りました。下線部に適語を記入してファックスを完成しなさい。
Dear Ms. Brown,
Mr. Clarke, Jacky's _____, just called you. He wants to _____ to you. _____ injured her classmate last week and has not attended _____ since then. Mr. Clarke's _____ is 869–2253–1313. Please _____ him as soon as you can.

(3)　サマリー作成

原文の内容の骨子（結論＋理由／根拠）を抽出し、それを連結詞（but, because, therefore, nevertheless 等）で論理関係を明確にして、自分の言葉で簡潔に要約する。サマリーでは、具体例など細部の情報は省略し、感想は差し挟まな

131

い。アメリカの大学教育では、予習としてサマリー作成がよく課されている。

(4) 図表化(Graphic Organizers)の活用

Graphic Organizer とは、表(table)、図式(chart)、フローチャート(flow-chart)、ウェブ図(web)、時系列(timeline)等を用いて、テキストの内容を視覚的に提示することである。

Graphic Organizer は、テキストの段落内構造(paragraph organization)や段落間構成(intra-paragraph organization)の掌握力を養成すると共に、テキスト内容の骨子の記憶保持に役立つと報告されている。特に、summary writing と併用すると更に効果が高まると言われている。以下に、グラフィック・オーガナイザーについて詳しく紹介する。

(i) 汎用性の高い Graphic Organizers の活用

(Jiang and Grave (2007), *Graphic Organizers in Reading Instruction* より、一部筆者加筆)

1) 定義(definitions)

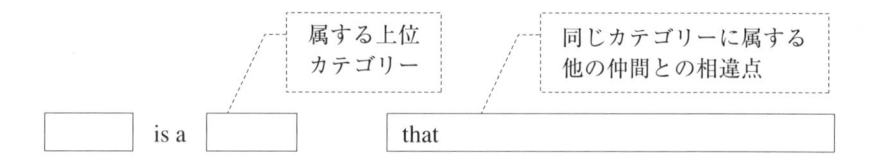

```
                  ┌─ 属する上位      ┌─ 同じカテゴリーに属する
                  │  カテゴリー      │  他の仲間との相違点
  [      ] is a [           ] that [                    ]
```

2) 類似点と相違点(comparison-contrast)の表(table)

	1	2
Comparison 類似点		
Contrast 相違点		

この論述構成でよく使われる語: *compare, similar, equal, in common, both, neither, the same, alike, resemble, just as, in the same way, in contrast, differ, unlike, on the other hand, on the contrary, however, although, but*

第5章　これからの授業の造り方

3) 原因と結果(cause-effect)の図(chart)

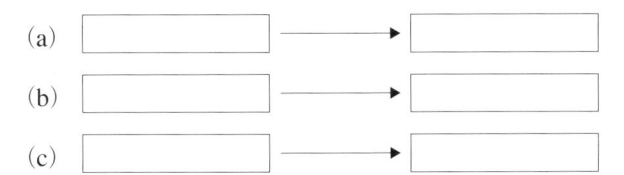

(a) □ → □
(b) □ → □
(c) □ → □

この論述構成でよく使われる語： *because, because of, since, due to, so, thus, therefore, consequently, as a result, for this reason, cause, have an effect on, result in*

4) 手順/経緯(process / sequence)のflowchart

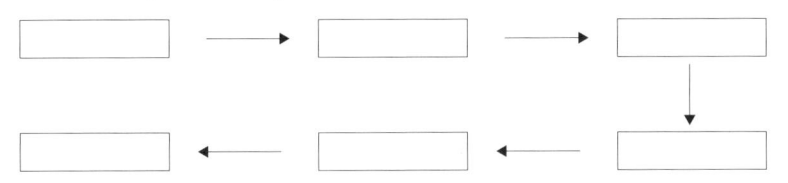

□ → □ → □
         ↓
□ ← □ ← □

この論述構成でよく使われる語： *first, second, third, then, next, finally, at first, first of all, later on, meanwhile, while, earlier*

5) 問題と解決(problem-solution)のchart

| 問題
(who, what, why) | → | 解決策
1.
2.
3. | → | 結果
1.
2.
3. |

この論述構成でよく使われる語： *problem, solve, tackle, remedy, solution, propose, suggest, plan, strategy, approach, countermeasure*

6) 分類(classification)の系統図(tree diagram)

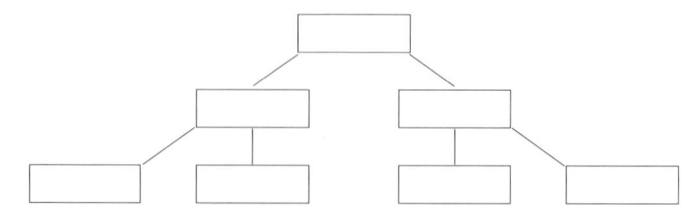

この論述構成でよく使われる語：*category, classification, class, group, divide, kind, type, characteristic, include, fall into . . . categories, divided into . . . classes*

7) 議論(argument)の図(chart)

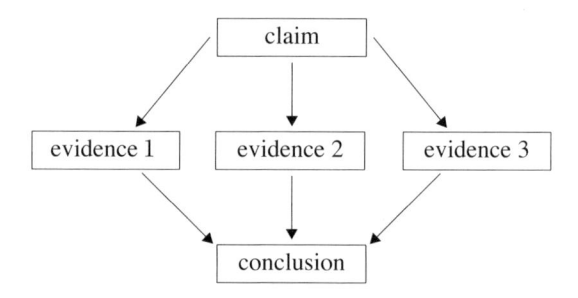

この論述構成でよく使われる語：*think, believe, in my mind, in my opinion, from my point of view, it seems to me that, I agree that, I am certain, some believe, there are . . . reasons for this, for these reasons*

8) 賛成と反対(for-against)の表(table)

	point 1	point 2	point 3
pros			
cons			

この論述構成でよく使われる語：*for, against, agree, disagree, claim, counterclaim, counterargument, support, oppose to, believe, doubt, question, argue, insist, reason, evidence, proposition, justify*

9) 時系列(timeline)

time	events

この論述構成でよく使われる語：*first, second, third, at first, finally, once, nowadays, at that time, before, after, when, while, during, till, until*

(ii) Graphic Organizer(略してGO)使用上の注意点
- 扱うテキストの論述構成に適したGOを選ぶこと、これには多少の熟練を要する。
- 良いGOはシンプルで明快、核心を突く(simple, clear, direct)。
- テキストには複数のGOが共存したり重複関係にあることが多い。

多種多様なGraphic Organizerを紹介したHP:
　　Graphic Organizer Book Gr 4–6 — Rockford Public Schools
サマリー作成用のGO: Pinterest Summary Frame Ideas
　　http://www.pinterest.com/shreknfiona1111/summary-frame-ideas/

(5) グラフィック・オーガナイザー利用の内容理解タスクの実例
　それでは、実際に教科書に登場する英文を題材とした、内容理解のためのグラフィック・オーガナイザーの実例を紹介しよう。扱う英文の論述構成を見て、教師があらかじめそれに適した図式を下記の(i)～(vii)のように作成しておく。授業での内容理解活動は、生徒が英文の内容を図式に要約することを通じて行う。与える図式は、一部分を答え方のヒントとしてあらかじめ教師が埋めておき、残りを生徒が埋めることとする。この方式の内容理解活動には、次のような利点がある：

i) 英文の些末な箇所にとらわれることなく、中核となるメッセージをキーワードで把握できる。

ii) 英文と図式との間を何度も往復する過程を通じて、生徒と教材のインタラクションが活性化し、英語習得につながる。
iii) タスクの答が、明瞭な図式として出されるので、小グループで答を協議する際にディスカッションが成立しやすい。また最後の教師による答合わせが簡潔に行える。
iv) 出来上がった図式を見れば、その英文の論述上の出来・不出来が明白に判断できる。
v) 出来上がった図式を用いて、生徒による retelling 活動[10]へと容易に発展できる。

（ⅰ）　時間順の論述構成の場合

Eitetsu Hayashi, a world-famous wadaiko player, was born in 1952. When he was young, Eitetsu wanted to become a designer. At the age of 19, however, he had a chance to play wadaiko on Sado Island.

On the island, Eitetsu helped found Sado-Ondekoza, which later became a world-famous group of drummers. In 1982, he became a solo wadaiko player. Today, dynamic drumming is being performed by Eitetsu all over the world.

In 1984, Eitetsu played with an orchestra at Carnegie Hall in New York. During the concert, the audience was fascinated by the powerful sound of his drums. In June, 2000, he played with the Berlin Philharmonic Orchestra. At the end of the performance, the audience of 25,000 gave him a standing ovation.

Eitetsu also wants to play with jazz and rock musicians. He will soon have transcended all genres of music.　（高校2年英語II教科書 *Surfing English Course II New Edition*（平成19年度版），pp. 60–61）

10　（英語学習の場合）学習者が、既に学習して内容がわかり、音読できるようになった、ひとまとまりの英文を、絵・図・キーワード等をヒントに、再話する活動。

第 5 章 これからの授業の造り方

課題: 本文の出来事の概要を、下記の時系列表に簡潔に書き入れなさい。

表6　Time Order の英文のまとめ方: timeline

Date	Events
In 1952	
When he was young	
At the age of 19	
In 1982	
In 1984	
In June, 2000	
Today	

(ⅱ) 比較対照の論述構成の場合

Japanese University Classes and American University Classes

Classes in Japanese universities meet once a week, usually for about ninety minutes, and students take twelve or more classes. Classes in American universities, in contrast, generally meet three times a week for an hour, and most students take five courses. Most classes in Japanese universities don't require much homework, but American classes do. Clubs are an important part of life in Japanese colleges. In American colleges, on the other hand, there are clubs, but they are not an important part of campus life. Almost all Japanese college students enter college after graduating from high school. The majority of American students also go to college after graduation. However, there are also many who work for a few years after graduating from high school or who return to college to get a degree in a different field. These and other factors combine to make college life quite different in Japan and the United States. 　(Kitao, K and K. Kitao (1999), *Writing English Paragraphs*, p. 73)

課題：①〜③に、本文から語句を補って、日米の大学生活の比較対照表を完成しなさい。

表7　比較対照図：Japanese Colleges and American Colleges

	Japanese college life	American college life
Class hour	90 minutes	①
Classes per week	once a week	three times a week
Take how many courses?	②	most students take 5
Homework?	not much	plenty
Are clubs important?	Yes	③
Enter straight from high school?	Yes, almost all.	Not all. Some enter after working, others from different fields.

（ⅲ）　分類の論述構成の場合

The "Circles" of English Usage

According to Braj Kachru (1992), a professor at the University of Illinois Urbana-Champaign, the [countries of English usage] can be classified into three circles, depending on how the English language is used there. The first category is called the "Inner Circle". This circle represents countries where English is used as the primary or native language. For example, the UK, the USA, Canada, and Australia are in this category. The second circle is called the "Outer Circle". This circle represents countries where English is not native, but has become one of the main languages. It includes over 50 countries and territories such as Singapore, India, Malaysia, the Philippines, and Kenya. The third category is called the "Expanding Circle". In the countries of this circle, English is taught as a foreign language. Countries in this circle include Japan, China, Germany, Egypt, and Turkey, among others. (Kachru, B., 1992)　（米田みたか他『基礎から始めるパラグラフ・ライティング』p. 49、[　]部は原著者加筆）

第 5 章　これからの授業の造り方

課題：下記の ☐ には区域名を、〖 〗には定義を、☐ にはその具体例を補って、分類図を完成しなさい。

図 9　countries of English usage の分類図

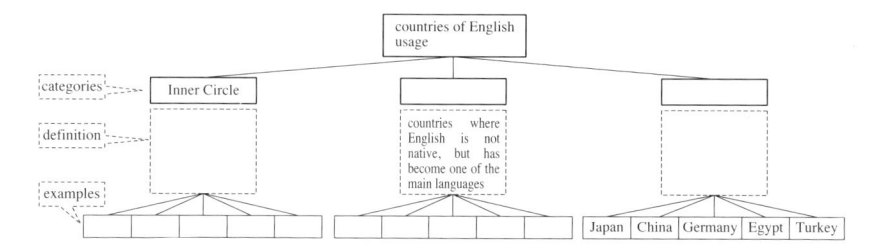

- categories
- definition
- examples

countries of English usage
- Inner Circle
- （空欄）countries where English is not native, but has become one of the main languages
- （空欄）Japan, China, Germany, Egypt, Turkey

(iv)　主張と反論の論述構成の場合

課題 1：下記のテーマについての賛否両論を読み、表 8 の下線部に適語を補って要約を完成しなさい。

テーマ：Is life with modern technology better than the simple life we had in the past?

The affirmative side's opinion:

> Thanks to technological advances, our life has become much better than it was in the past? Technology has saved us a lot of time and our daily life itself has become much more convenient than it was before. Household appliances, such as vacuum cleaners and washing machines, have enabled us to do housework easily and in a much shorter time. The Internet enables us to get the latest information in a moment. This can help us live our life more wisely than in the past. Furthermore, modern technology has enriched our life by giving us various new forms of entertainment. Considering these three factors, it is clear that our life is much better now than it was in the past.　(*Crown English Expression II*（平成 25 年度版），p. 96)

The negative side's opinion:

> Life in the past used to be much better than it is now. The Internet, which we enjoy now, is of course convenient, but people depend too much on electronic communication and ignore the importance of face-to-face communication. In the past, the pace of life was slower and we felt less stress, unlike the fast-moving world we live in today. Moreover, life was much healthier with a cleaner environment and less polluted food and water. Life for all living creatures on Earth was healthier. Considering these factors, it is clear that the life we had in the past was much better than the life we have now. (*Crown English Expression II*（平成25年度版）, p. 96)

課題2: 表8の対照表では、それぞれの論点に関する主張と反論が、左右に対照されています。たとえば論点1では、Affirmative side が Modern technology saves our time. と主張するのに対して、Negative side は Modern technology makes the world too fast-moving. と主張しています。しかし、文中に登場した9つの論点のうち、このように賛否の論点がかみあっているのは2点のみで、残る7点は反論が提出されていません（表中の斜線の部分）。ここにはどのような反論がありうるか、考えて空所にキーワードで補ってみよう。

第5章 これからの授業の造り方

表8 比較対照図: Is life with modern technology better than the simple life in the past?

主張と反論の対照表

points of argument		Affirmative side	Negative side
Modern technology	1	saves our time	makes the world too ＿＿＿
	2	makes life more convenient	makes life more stressful
	3	enriches life with new forms of ＿＿＿	
	4		pollutes environment（food, water, etc.）
	5		makes living creatures ＿＿＿
The Internet	6	helps us get latest information	
	7	makes our life wiser	
	8		makes people dependent on ＿＿＿ communication
	9		makes us ignore face-to-face communication
(your additional points)	10		

課題3: 表8を見てわかるように、上記の英文ではmodern technologyの長所や短所について、9つの論点(points of argument)で賛否が戦わされています。これ以外に、他の論点はないでしょうか？ あなたが大切だと考える論点を、表の10に書き入れ、その論点でのaffirmative sideとnegative sideが出しそうな主張を述べてみよう。(たとえば 'medical treatment', 'food and water supply' などが考えられます。)

（v） 原因と結果の論述構成の場合

Why is the one hundred yen shop so successful?

When one hundred yen shop first appeared in Japan, they surprised us with their low prices and wide variety of products. Why have they been so successful?

One reason is the way their products are produced. These shops have factories located in developing countries like China, Vietnam, and Indonesia. Labor and costs are much cheaper in these countries than in Japan. In this sense, the one hundred yen shop is the offspring of economic globalization.

The second reason is the way these shops sell their products. They have developed an efficient franchise system. Products are transported directly to the franchise shops without going through several retailers. It is said that, typically, the maker sells an item at 40 yen, the one hundred shop company sells it at 60 yen to each franchise shop, where it is then sold for 100 yen.

The third reason is timing. In the 1990s the Japanese economy became stuck in recession and the consumer's purchasing power collapsed. Deflation was the trend at the time. People could no longer afford to buy expensive products.

Finally, the idea of 'one hundred yen' is also appealing. With just one coin, shoppers can buy all kinds of goods. One hundred yen is easy to spend. And even if the product does not meet your expectations, you have not lost a lot of money.

To sum up, the one hundred yen shop is the outcome of economic globalization, pursuit of marketing efficiency, and the decline of the Japanese economy.
（石谷由美子ほか（2006）『構造で読む社会科学エッセイ―Outlook On Society: Skills for Better Reading 2』p. 13）

課題：本文中で述べられている、原因と結果を図示しなさい。

第 5 章　これからの授業の造り方

図 10　因果関係図

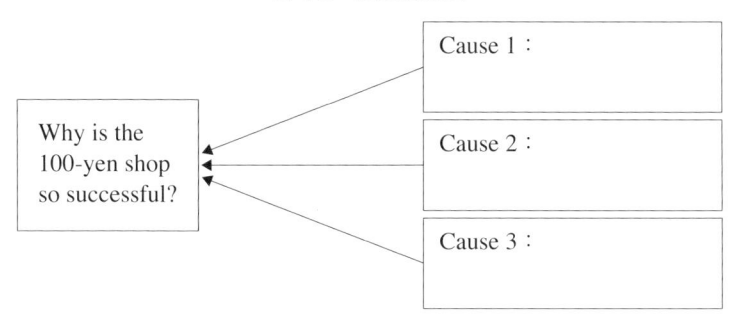

```
                    ┌─────────────────────┐
                    │ Cause 1：            │
                    │                     │
                    └─────────────────────┘
┌──────────────┐    ┌─────────────────────┐
│ Why is the   │◀───│ Cause 2：            │
│ 100-yen shop │◀───│                     │
│ so successful?│   └─────────────────────┘
└──────────────┘    ┌─────────────────────┐
                    │ Cause 3：            │
                    │                     │
                    └─────────────────────┘
```

（vi）　手順の論述構成の場合
〈図への変換〉

　図への変換は、物事の操作や制作手順を述べたテキストの理解に適している。ただし、授業で図を描かせている時間は無いので、図はあらかじめ教師が作成しておき、それを順不同で提示して生徒が正しく並べ替える方式が良い。たとえば中学教科書 *One World English Course 2*（平成 7 年度版），Lesson 9–3（p. 66）のジャック・オ・ランタンの作り方図が参考になる。

図 11　手順図

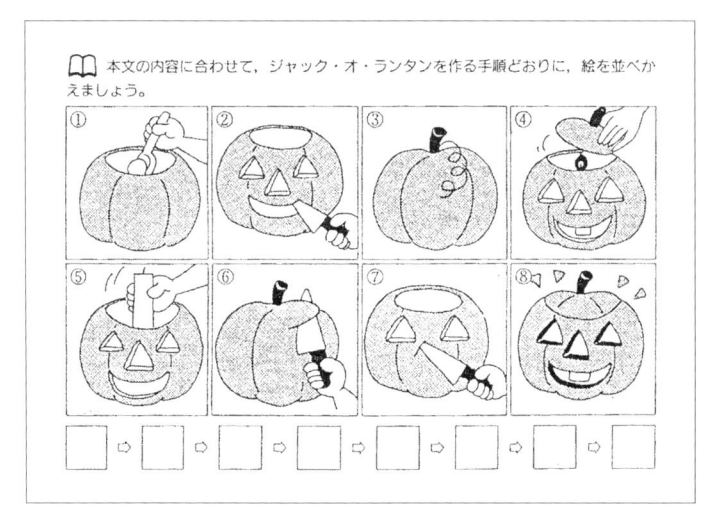

〈複雑な手順を図解する例〉

Eating in a Japanese Restaurant

When you enter a restaurant in Japan, you'll be greeted with a hearty '*Irasshaimase!*' (Welcome). In all but the most casual places the waiter will next ask you '*Nan-mei sama?* (How many people?). Answer with your fingers, which is what the Japanese do. You will then be led to a table, a place at the counter or a tatami room.

At this point you will be given an *oshibori* (a hot towel), a cup of tea and a menu. The oshibori is for wiping your hands and face. When you're done with it, just roll it up and leave it next to your place. Now comes the hard part: ordering. If you don't read Japanese, there are two phrases that may help: '*O-susume wa nan desu ka?*' (What do you recommend?) and '*O-makase shimasu*' (Please decide for me). If you're still having problems, you can try pointing at other diners' food or, if the restaurant has them, dragging the waiter outside to point at the plastic food models in the window.

When you've finished eating, you can signal for the bill by crossing one index finger over the other to form the sign of an X. This is the standard sign for 'bill please'. You can also say '*Okanjo kudasai*'. Remember there is no tipping in Japan and tea is free of charge. Usually you will be given a bill to take to the cashier at the front of the restaurant. . . . When leaving, it is polite to say to the restaurant staff, '*Gochiso-sama deshita*', which means 'it was a real feast'. (Rowthom, C., et al. (2011), *Lonely Planet Japan,* p. 702; Reproduced with permission from *Japan 12*, Chris Rowthorn et al © 2011 Lonely Planet)

課題：①～④に適語を補って、日本のレストランでの食事の手順のフローチャートを完成しなさい。

第5章 これからの授業の造り方

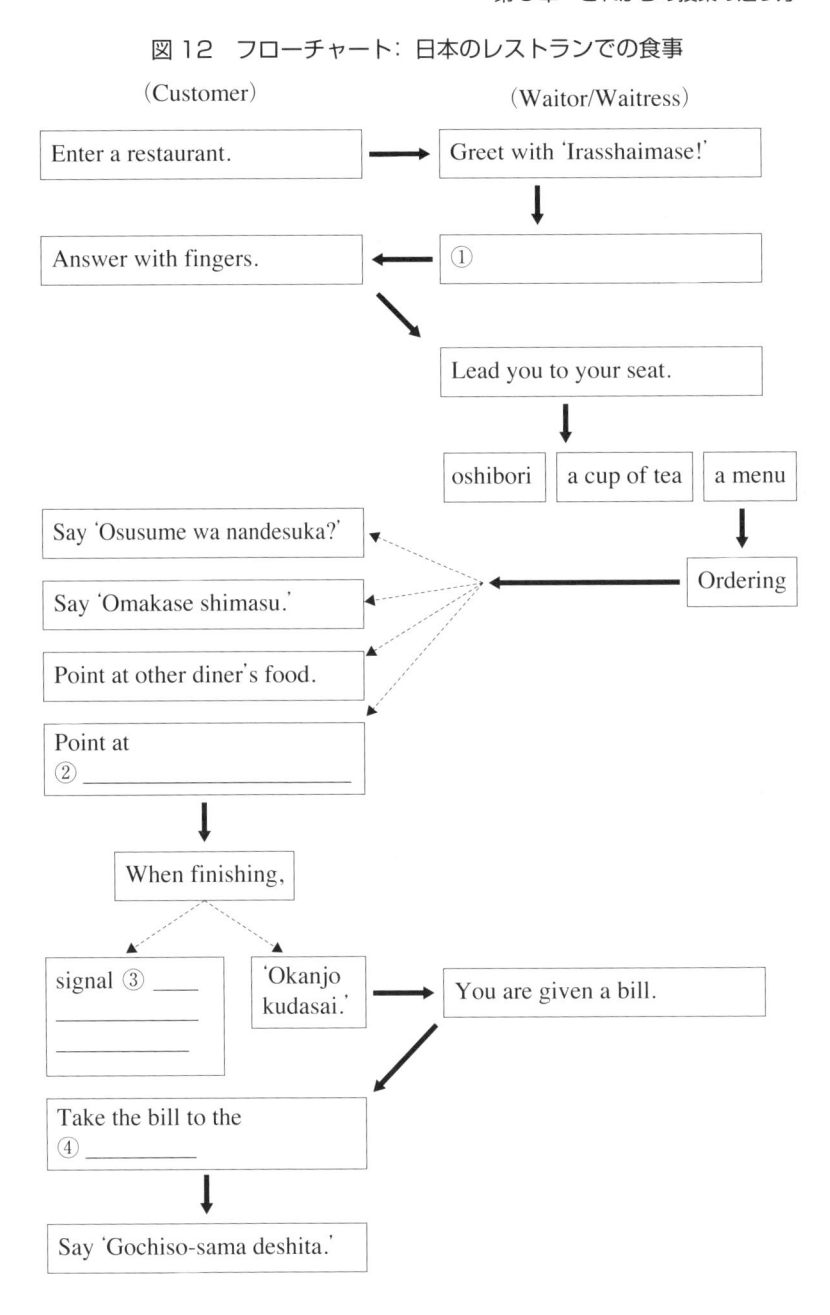

図12 フローチャート：日本のレストランでの食事

(Customer)　　　　　　　　　(Waitor/Waitress)

Enter a restaurant. → Greet with 'Irasshaimase!'

Answer with fingers. ← ①

→ Lead you to your seat.

oshibori　a cup of tea　a menu

→ Ordering

Say 'Osusume wa nandesuka?'
Say 'Omakase shimasu.'
Point at other diner's food.
Point at ② _____

When finishing,

signal ③ _____　'Okanjo kudasai.' → You are given a bill.

Take the bill to the ④ _____

Say 'Gochiso-sama deshita.'

145

(vii) テキスト内容の概念図

Three Days to See

Perhaps I can best illustrate by imagining what I should most like to see if I were given the use of my eyes, say, for just three days. And while I am imaging, suppose you, too, set your mind to work on the problem of how you would use your own eyes if you had only three more days to see. If with the oncoming darkness of the third night you knew that the sun would never rise for you again, how would you spend those three precious intervening days? What would you most want to let your gaze rest upon?　(Helen Keller (1993), 'Three Days to See')

　複雑な文章の理解を助けるために、内容を概念図に描いて生徒に提示したもの。

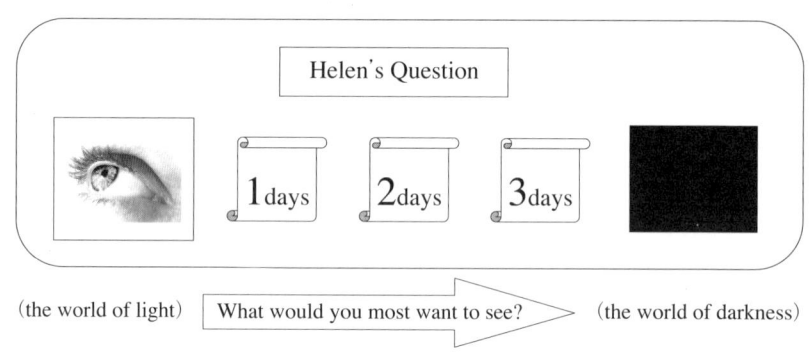

図13　概念図: Helen's Question to You

(the world of light)　　What would you most want to see?　　(the world of darkness)

5.4　授業の核(core)その4: 生徒の力を伸ばす基礎的トレーニング部分

(1)　音読軽視は英語上達の命取り

　近年、授業でテキストの音読をあまり重視しない傾向があるように思う。筆者は、音読回数は英語学力に正比例すると考えている。1時間の授業で手を変え品を変えて少なくとも8回は音読するべきである。なぜ音読はそれほど大切なのだろうか。その理由を下記に述べる:

(a) 読めない単語は覚えられない
　　音読が必要な第一の理由は、「読めない単語は覚えられない」という事実である。言語は、人間の頭の中では音声信号として伝達・処理されている。耳から聴いた言語はもちろんのこと、目で見た文字言語も、人間は映像としてではなく音声として脳内で処理している。従って英語の学習で、習った単語を発音できるようにすることは、記憶するために不可欠な条件なのである。
(b) 十分な音読で脳内回路が増強される
　　大脳生理学(NHK取材班, 1993)によると、同じ脳内回路に何度も同じインパルス(電気信号)を流すことでその回路にLTP(長期増強)現象が起きる。これは短期記憶とは比較にならないほど長期にわたって保持される回路を形成する。
(c) 自分の朗読の声は有効なインプットである
　　音読している時、人は自分の音読の声を同時にインプットとして聞いている。これが言語習得を更に促進する。

　以上、音読の大切な理由を説明してきた。英語教師の大切な任務の1つは、生徒が既習範囲をスラスラ朗読できるところまで達成して家に帰ることである。そのためには授業時間内にテキストを8回以上音読させたい。飽きさせずに、効率的に、十分な回数の音読を実施するための手順を述べよう。必ずしも全部を行う必要はないが、次のようなステップが考えられる。

(a) テキスト本文の意味の理解
　　必ず内容を理解したあとで音読に入ること。
(b) 教師による範読
　　範読はナチュラルスピードを原則とし、不自然にゆっくりにしないこと。
(c) 教師のフレーズ切り読み
　　長い英文を、どこで区切るかを生徒は迷うので、フレーズ切りのモデルを示すこと。
　　あらかじめノートに筆写してきた英文にフレーズ区切りを入れさせる。
(d) 教師のあとについてフレーズごとにリピートさせる
　　生徒が発音しにくい箇所では、backward build-upといって、最後から少しずつ語数を増やしてリピートさせる。

(e) 教師のあとについて2度リピートさせる

［教師］"they had a lot of problems" → ［生徒］"they had a lot of problems" → ［生徒］"they had a lot of problems" というふうに、1度目はテキストを見ながら、2度目はテキストを見ずにリピートさせる。

(f) 各自読み

(g) 教師と同時読み

教師と同時進行で生徒に小さな声で音読させる。これによって、遅くなりがちな生徒の読みのスピードを維持させる。

(h) リズム読み

英語のリズムに乗って音読する。リズムを意識させるために、強いところでは机をノックしながら読ませるとよい。リピートでも同時読みでもよい。

(i) Read and look up

テキストの1文あるいは1フレーズを、まずテキストを見ながら音読し、直後に目を外してリピートする。自分が今読んでいる部分へ目を戻しやすくするために、その箇所を指で押さえながら行うとよい。

(j) 挙手して音読させる（生徒の苦手意識が強い場合は省く）

もしクラスの雰囲気が良ければ、自発的に立候補した生徒に音読させる。いったん音読を開始したら、途中で教師が干渉することは避け、独力で最後まで読みきらせること。

(k) 時間制限読み

テキストの1セクションを、付属朗読テープが読む所要時間の1.2倍程度の制限時間内に読みきらせる練習を言う。こうした目標を与えることにより、それを達成するために生徒がテキストの英文を何十回となく頭に通すことにも意義がある。

(l) 時間制限暗唱

朗読テープの所要時間の1.5倍程度の制限時間内に1セクションを暗唱して言えるようにする練習。一見機械的に見えるが、実は大いに意味が関係している。一連の文を暗唱するためには、話の流れを想起し、「この次はこうなるはずだ」という思考を巡らさねばならない。

(m) インフォメーション・ギャップ読み

第５章　これからの授業の造り方

生徒にペアを組ませ、テキストの対話文をもとに、それぞれが自分のセリフだけしか見えないようにして対話練習させる。
この方式だと、自分の話すタイミングを知るために、相手のセリフをしっかり聞く必要に迫られる。かなり本物の対話に近づいた練習ができる。

(n) 逐次通訳読み（できたペアから座る）
テキストの１セクションの英文を使ってペアで行う。一方の生徒がテキストの英文を１フレーズごとに和訳して相手に聞かせる。相手は、和訳を聞いてそれを英語に復元して返す。クラス全員が立って行い、終了したら役割を交替してもう１ラウンド行い、それが終了したペアから着席する。

〈逐次通訳読みの例〉
（*New Crown English Series New Edition 3*（平成21年度版），p.38を使って）

（生徒A）	（生徒B）
長年にわたって →	For many, many years
男だけがリーダーだった →	only men were the leaders
小さなマオリの村の →	of a small Maori village
ニュージーランドの →	in New Zealand.
リーダーのKoroは →	The leader, Koro
望んだ →	hoped
彼の最初の孫が →	his first grandchild
男の子になることを →	would be a boy.

先にセクション2.4で書いたように、英語はトレーニングを要する教科である。習った文をスラスラ言えるようにする、暗唱する、訳し戻しする、といった意識的なトレーニングを行うことによって、大脳に言語回路が形成されてゆく。若く脳の働きが盛んな時期に、質の良いモデル文を頭の中に蓄積しておくと、ルールを習った時に言語データとの関連づけができるので、学習が容易になる。公認された用語ではないが、筆者はそれを「生言語データの蓄積」と呼んでいる。

(2) 教科書の200％消化

　4章1節で適切なインプットの重要性を述べ、5章4節で音読の必要性と脳内回路の形成について、4章2節で文法がわかるための生言語データの重要性を述べた。これらの3要素をしっかりと含み、しかも英語が苦手な生徒の過重負担にならない言語材料は、既習範囲の英語教科書の英文をおいて他に無い。生徒の学力回復には、新たな教材や参考書に手を出すのでなく、教科書を200％消化するのが最も効果的である。

　教科書200％消化は、必ずしも授業で今学習している範囲にこだわらず、その生徒が楽に意味を言えて音読できる学年レベルのレッスンまで戻っていってもよい。下記のように、制限時間を設け、パートナーや教師の点検を入れて達成を確認しながら進める。満足にできない場合には、不合格にし、練習を入れて再度挑戦させる。この活動は、生徒のペアを組織して達成進度表を持たせ、下記の流れで家庭学習や授業時間外に取り組ませるとよい。

① 1 part の意味がわかる → ② 1 part を正しくスラスラ音読する
　　　　　　　　　　　　　　　　　　　　　（教師 or パートナー点検）

| ③ 話の流れを考えながら制限時間内に暗唱する |　（教師 or パートナー点検）

↓

| ④ 話の流れを考えながら制限時間内に暗写する |　（教師 or パートナー点検）

↓

| ⑤ 自分で作ったテキスト和訳を見て、制限時間内に口頭で英語に変換する |　（教師点検）

＊ただし会話文はこの練習にはあまり向かない。
＊内容の薄い文章は暗唱には向かないので、教科書の叙述文の中から、味わい深い part を抽出して行うとよい。

5.5 授業の核(core)その5：実践力と社会性を養うコミュニケーション活動

新学習指導要領がコミュニケーション活動を授業の中心に位置づけていることについては第2章で、コミュニケーションの理論的意味づけについては第4章で述べてきた。

しかし本書の2.5.7で述べたとおり、授業で生徒が実際に英語を使うことは、たやすいことではない。安心でき・やることに意味を感じ・楽しい活動でなければ、生徒はコミュニケーション活動に参加しようとはしない。このセクションでは、教室で英語コミュニケーション活動を成立させるための工夫について解説する。

(1)「伝達目的」があるから話す必然性が生まれる

人は、① 相手との間の差(ギャップ)を埋めるために、② ある仕事(タスク)を協同して達成するために、コミュニケーションを取ろうとする。

① ギャップの原理

   a) Information gap(情報のギャップ)：一方が持っている情報を、他方が持っていないというギャップを利用し、そのギャップを埋めるためにコミュニケーションを行う。

      活動例1：Picture Differences（これについては本書のp.163を参照されたい）

      活動例2：Paraphrasing Game

      会話中に、ある語や表現が思いつかない場合に、代替表現によって切りぬける方略を鍛える訓練である。

      AとBでペアを組み、Aは黒板に対面して立ち、Bは黒板を背にして立つ。Bはゲーム中は黒板を見てはいけない。教師があらかじめ用意してきた「お題」を4つ、黒板に書く（たとえば「むかで」「やきもち(嫉妬)」「おたく」「らっきょう」）。Aは、英語だけで（ジェスチャー禁止）お題を説明して、Bにその日本語を当てさせる。Bは、Aに英語で質問や確認をしてよいが、日本語を使うのは答を当てる時だけとする。制限時間は約3分とし、どのお題から始めてもよしとする。3分経ったら修了し、全員が黒板を見て答を確認する。それから役割を交代して、別の4個のお題でもう1回行う。

b) Opinion gap（意見のギャップ）：

相手と自分の意見が異なる時、人はそのギャップを話題にコミュニケーションを取りたくなるものである。下記の活動は、言語的には中学1年生でも可能であり、クラスメート同士でやっても、お互いの好みに意外な発見があって楽しめる。

活動例： Our Likes

はじめに、次の下線部に自分の好きなものを書き入れましょう。

1. I like _____ . [   ]
   （好きな食べ物）
2. I like _____ . [   ]
   （好きな飲み物）
3. I like _____ . [   ]
   （好きな歌手）
4. I like _____ . [   ]
   （好きな動物）
5. I like _____ . [   ]
   （その他なんでも）

次に、ペアを組んで、相手にあなたの好きなものを伝えます。聞き手は、相手の言ったものが好きなら "Me, too." と、好きでなければ "Well, I don't." と答え、更に "But I like ...." と自分の好きなものを付け足します。

2人の好みが一致した文章には [   ] に○を書き入れます。

c) Imagination gap（空想のギャップ）：

日本の中高生は、どの生徒も類似した生活を送っていることが多い。そのために、日常生活の話題でコミュニケーション活動を行おうとすると、情報にギャップが乏しく、話が盛り上がらない。たとえば月曜日の授業で "How did you enjoy your weekend?" という対話を試みても、ほとんどの生徒の答が "club activities / watch TV / stay at home / go to cram school" となってしまい、活動がつまらなくなってしまう。そこで、「あなたが、誰にでもなれる、どこへでも行ける、なんでも

できると仮定して、素敵な週末の思い出を語ってみよう」と語りかけ、現実の制約を外してみるのである。そうすれば生徒たちは、それぞれに個性的な空想を働かせて夢の週末を描くので、豊かな情報のギャップが生まれ、話していて面白く、またその人らしさが表現されるようになる。

(2) 生徒が参加したくなるコミュニケーション活動の条件とは――「安心」「意味深さ」「使い易さ」

　先述のように、話し手と聞き手の間に情報や意見などの差がある時に、コミュニケーションを取る必要が生じると言う。しかし、ギャップのある活動を用意しさえすれば、生徒は喜んでコミュニケーションに参加するだろうか？ そんなことがありえないことは、英語教師は皆ご存じである。生徒がコミュニケーションに参加するためには、さらに「安心感」と「意味深さ」「使い易さ」が必要である。

(ⅰ) 安心感：嫌いな人を相手に、会話を楽しもうとする人はいない。発言したら嘲笑や攻撃されそうな状況で、喜んで発言する人はいない。教室に安心を感じられない状況で、ましてや不慣れな外国語ではなおさらである。安心感の乏しいクラスを教える際には、そっと個別にできる活動から入って、教師が一人一人の発話を温かく受けとめることからスタートしたい。これには、仲の良い者同士でペアや小グループを組ませ、徐々に安心して発言できる関係を育ててゆくことも必要である。また、書く活動は話す活動よりも privacy が大きく、安心感があるので、これを活用したい。

(ⅱ) 自己関与性のあるコミュニケーション活動を工夫する：たとえばインフォメーション・ギャップ活動で、Sheet A には James、Sheet B には Nancy といった架空の人物の誕生日・職業・趣味が書かれ、欠けている情報を尋ねあう活動は、生徒にとって意味あるものだろうか？「見も知らない James や Nancy なんて、どうだっていいもん！」という生徒の声が聞こえてきそうだ。コミュニケーションに参加したくなるには、生徒にとって意味ある話題を取り上げることが重要である。先の例では、James や Nancy の代わりに、生徒が好きな有名人や先生の名

前や情報を入れて行うことで、ぐっと生徒にとって身近になる。30人のクラスには30の経験・感性・知性の泉が湧いている、これを反映することで、自己関与性は高められる。

(iii) 活動の慣れで時間を節約する：コミュニケーション活動では、活動の仕方を説明するのに時間がかかるものである。かといって、やり方の説明が不十分だと、活動が成立しなくなる。このジレンマの解決には、使い勝手が良く汎用性の高いコミュニケーション活動を、入学時から計画的に導入してゆくことである。そうすれば、2回目からは説明を省いて活動に入ることができる。

(iv) 単なる comprehension check-up（内容理解チェックの英問英答）よりも高次元のコミュニケーションを：15年ほど前、とある高校の「授業を全部英語で行う」を目標とした研究授業を参観した時の話だが、50分の授業が全部、教師の説明（英語）と、内容理解チェックの英問英答で埋め尽くされていた。生徒が口を開くのは、指名されてQ＆Aに答える時のみであった。授業は単調で、居眠りする生徒も少なくなかった。これでは発信力や意味交渉力を育てることはできない。Comprehension check-up は、graphic organizer（本書5.3参照）を使うなどして、核心を精選して短時間で理解活動を行い、そうして生み出した時間を使って、生徒たちにとって意味深い話題で、英語による情報交換や意見交換を図る活動を取り入れたい。

(3) 個別 ⇔ ペア ⇔ 小グループ ⇔ グループ同士 ⇔ 全体、の上手な組み合わせを

ここでは、一斉授業形式の授業を、生徒の活動中心に変えてゆく方法を解説する。活動中心の授業では、たとえばアイディアをまず個別に考えさせ、それを安心できる小人数で出し合って教え合い、グループとしての作品に練り上げ、練習してタブレット端末などに録画して振り返り、更に練り上げ、その成果を全体の前で発表し、鑑賞し合う。グループ活動では chairperson, reporter など、どの生徒も主人公として任務を持ち、自分たちが授業を作ってゆく自覚を養う。個別・ペア・小グループ・グループ同士・全体の活動をタイミングよく切り替えて用いることで、授業を活性化する。

小グループの活動では、教師が全グループに目を配ることは困難だから、

第 5 章　これからの授業の造り方

代わりに「達成確認」のプロセスをあらかじめ活動手順に入れておく。たとえば事後にグループ対話のメモや振り返りを提出させたり、各グループのタブレット端末の録画をプレイバックするなどして、教師がモニターし、良い活動は全体に披露し、コミュニケーションのつまずきとなったエラーにはワンポイント・アドバイスを与える。グループがコミュニケーション活動を行っている間に、教師は教室中を見て回り、上手に活動しているグループを発見しておき、「あとで発表してもらうからね」と耳打ちしておく。このようにして、良いお手本を全体に紹介してクラスの士気を高める。

ペアやグループは、編成すればそれで OK というものではない。当初は不適応を起こしたり反発する生徒もありうる。編成してからどう育てるか、時間・工夫・忍耐のいる道程である。普段からクラスメートと関われない生徒、自分で解いた方が早いと信じている生徒、他の生徒に弱みを知られたくない生徒、グループになった途端「遊びの時間」と思い込む生徒、逸脱傾向のある者同士で組んで勝手に振る舞うグループ、誰もリーダーシップを取ろうとせず互いにそっぽを向いているグループ等も出現する。

筆者の経験では、グループ学習に慣れていない集団がグループで機能できるようになるには、半年はかかる。それくらいの期間をかけるつもりで、次のように育ててゆくとよい。

- ✧ 小集団に分かれる前に、今日の授業で何をしたらよいか明確なタスクを与えておく。また達成をチェックするプロセスを組み込んでおく。
- ✧ 各人に任務を与える。任務の例：司会、書記、レポーター、エキスパート集団、補助ティーチャー
- ✧ ネガティブな行動をとるグループを気にしすぎない。
- ✧ しっかりやっているグループの工夫をクラス全体に紹介して士気を高める。
- ✧ グループの中で何が起きているかを、生徒の振り返り文やクラスジャーナル（本書 10.4 参照）でモニターする。
- ✧ 教師がどういう合図をしたら、どういう行動を取るかについてのルールを教師・生徒が共有し積み上げてゆく。

小集団活動は、中学校では一般的に活用されているが、高校ではまだまだ十分に活用されていないようだ。入学時から導入して育て上げれば、小集団

学習は授業を大いに活性化する。英語力だけでなく、生徒の将来にとっても大切な、オールラウンドな人間力を育成する意味もある。図14は、旧来の教師中心・講義式授業を活動中心・教師支援型授業へと変えてゆくプロセスを図示したものである。クラス内のコミュニケーションが重層化してゆくのがわかる(図中のSは生徒、Tは教師、chairは司会者、reporterは発表係を表す)。

図14　授業形態とクラス内のコミュニケーション

教師中心・講義式授業

Level 1　S1 ⇔ T　一層のクラス内コミュニケーション

Level 2　[S1　S2] ⇔ T　（pair）　二層のクラス内コミュニケーション

Level 3　[chair　S1／S2　reporter] ⇔ T　（group）　三層のクラス内コミュニケーション

Level 4　Group1・Group2・Group3・Group4（中心にT）　四層のクラス内コミュニケーション

活動中心・教師支援型授業

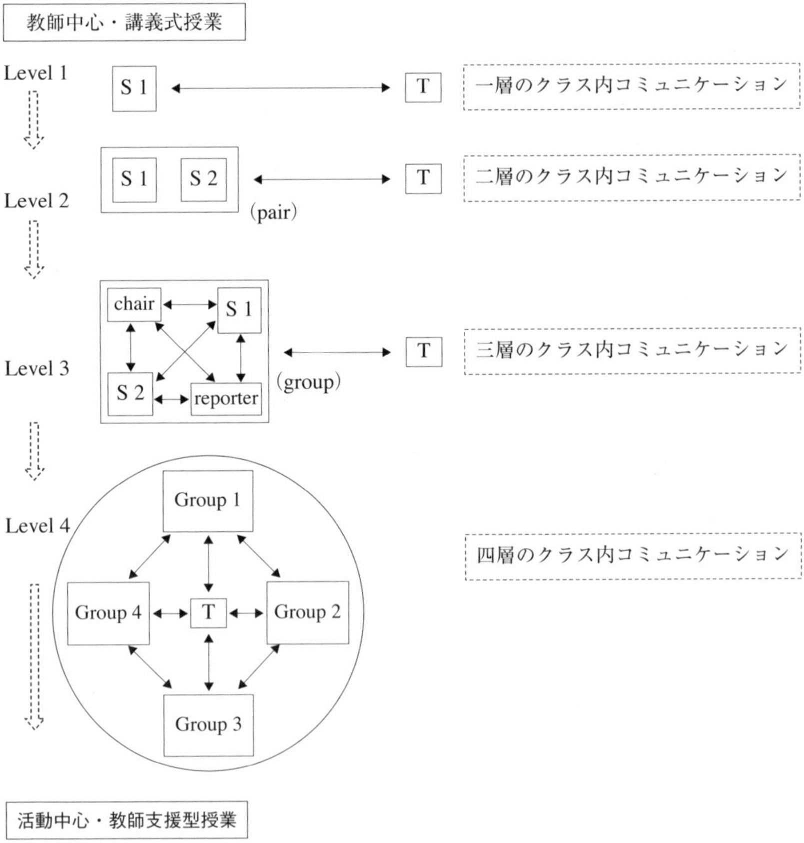

第5章 これからの授業の造り方

(4) 教室にラポートを育てる活動

先述したように、慣れない英語で危険を冒して敢えて話すことを可能にするには、教室に受容的な雰囲気を作ることが必要である。また、ペアやグループでタスクを達成するためには、相互に協力する信頼関係の構築が必要である。以下に紹介する活動は、生徒の英語力を伸ばしながら、同時に教室にラポート(安心して発言できる雰囲気と協力関係)を築くものである。

(i) 言い換え作文(guided composition)
〈指導手順〉
＊基礎的活動

本時に習った文の一部を空欄にして、そこに生徒が自分のメッセージを盛り込む活動である。簡便で安全な自己開示を行うことができ、また相手の思いを受け止めて返す訓練にもなり、ラポートを養う。

例) 例文中の下線部は、生徒が作成する部分、それ以外は固定の部分である。普通は1回に1文を行う。

My name is ＿＿＿＿＿.
My best friend is ＿＿＿＿＿.
I am very happy when ＿＿＿＿＿.
I like those people who ＿＿＿＿＿.
I feel proud of myself when ＿＿＿＿＿.

作文したらペアを組み、記入したものを基に互いに相手に伝え合う。聞き手は、I を you に変えて、共感を込めて相手に発言を返してあげるとよい(カウンセリングの手法で、mirroring と呼ばれる)。

＊発展的活動

難易度を上げることにより、発言内容の幅を広げる。
【高校生以上が対象】
1. I like those people who ＿＿＿＿＿. (例: are kind to other people)
2. I feel happiest when ＿＿＿＿＿. (例: I am playing the guitar)
3. People say I'm a ＿＿＿, but ＿＿＿＿＿. (例: lazy student, I try to do my best every day)

4. I want to be _____, because _____.（例 a sushi chef, I want to live and work in foreign countries）

〈必要な下地〉
　いきなり自己表現活動を教室に導入しようとしても、発言する際の恐怖感や教室の雰囲気等で、必ずしも上手くいかない場合が多い。口頭での発表を恐れるクラスでは、はじめのうち紙に書かせて回収し、教師が温かくコメントして返すことを通じて、表現する楽しさを実感させ、徐々に口頭にもってゆくとよい。

(ⅱ)　言い換え会話 (guided conversation)
　教科書の会話文3～4ターンを基にして、その一部を生徒が自分たちに合わせて改作して対話する。
　ペアを組んで原稿をつくり、表情を込めて対話練習し、メモを見ないで対話ができるようになったら、教師のところへ行って達成確認を受ける。ペアで協力して自分たちを表現する基礎を養う。

例1：教科書本文 "Spring Vacation"
【配布するワークシート】
　春休みについて、ペアで会話しよう。下線部は変えずに、自分の思いを表現しよう。
A:　How was your spring vacation?
B:　My spring vacation? It was wonderful! I went to London and enjoyed sightseeing.
　　How about you?
A:　It was terrible. I had a bike accident and broke my leg.
B:　Oh, that's too bad. Are you all right now?

(ⅲ)　相性テスト
　下記のような用紙を配り、生徒が各自、空所に自分の大好きなものを英語で書き込む。

第5章 これからの授業の造り方

```
1. I like _____. [ ]　（食べ物）
2. I like _____. [ ]　（飲物）
3. I like _____. [ ]　（歌手）
4. I like _____. [ ]　（スポーツ）
5. I like _____. [ ]　（その他なんでも）
```

次にそれを、パートナーに向かって話し、相手は同じ好みならば "I do, too." と、好みが違えば "Well, I don't." と言う。双方の好みが同じなら[ ]に○を、違ったら[ ]に×を記入する。4人のパートナーに尋ね、自分と好みが似ている人をさがす。この活動は、生徒が自分の好みを安心して表現する雰囲気を養う。

(iv) 一斉インタビュー

生徒一人が1つの質問を担当し、それを暗記し、「始め」の合図で教室中を歩き回って他の生徒に自分の質問を尋ねてゆく活動である。同時進行で何十人もが発言し、目立つ心配がないため、自信のない生徒でも安心して英語を使うことができる。また、お互いの経験や考えを英語で話し合うラポートを養うことができる。

なお、実施する際には次の点に注意すること：

1) インタビュー質問を書いた紙を持ち歩いてはいけない。質問は必ず暗記する(そうしないと、紙を読み上げてしまい、アイコンタクトが取れない)。
2) インタビューは "Excuse me." で始め、"Nice talking with you." で終わること。
3) 全員が立ち上がって行うこと(そうしないと生徒が移動しなくなる)。
4) 時間を限り(10～15分)、尋ねる人数のノルマを課すこと。
5) 課された人数に尋ねたら、着席すること(こうすると、終了状況がよくわかる)。

下記は、現在完了形の経験用法を用いたインタビューの例である。

＊Find Someone Who（一斉インタビュー）

(1)　Have you ever met a famous person?

(2) Have you ever climbed a very high mountain?
(3) Have you ever got a 1st prize?
(4) Have you ever seen a beautiful sunset?
(5) Have you ever had a date?
(6) Have you ever made your teacher angry?
(7) Have you ever helped someone on the street?
(8) Have you ever cooked a meal for your parent?
(9) Have you ever stayed up all night?

あらかじめ宿題として、生徒に一人一問ずつ作成させておくとよい。
ここから、インタビューレポートへとつなげてもよい。

〈レポート例〉
　Hello. My name is Risa Iwata. My question was "Have you ever met a famous person?" I asked this question to eight people. Three people answered yes. One of them met Asashoryu in Narita Airport. Another met Seiko Matsuda on a Shinkansen! And the other met Kobukuro at their concert in the Tokyo Dome. I was surprised that three people met famous persons. That's all. Thank you.

(ⅴ)　名刺交換会
　生徒が下記のような形式で名刺を作成して集まり、それをクラスメートと交換しながら自分を語り他者を理解する活動である。名刺は、予告しておいて授業に10枚程度持参させる。当日は一斉に教室を歩き回り、まだあまり話したことのない人を見つけて、名刺交換を行う。目標人数を決め(8人程度)、目標を達成したら着席する。
　新学期が始まって間もない4～5月に行うと、これまでなじみのない相手にも気軽に声をかけるきっかけになって、ラポート作りに良い。以下に、初回用と2回目用の名刺デザインを紹介する。未知の人とのコミュニケーションを切り開くイニシアティブを育て、また自分の話を人に理解してもらえる喜びを体験できる。

第 5 章　これからの授業の造り方

〈初回用名刺：This is Me〉

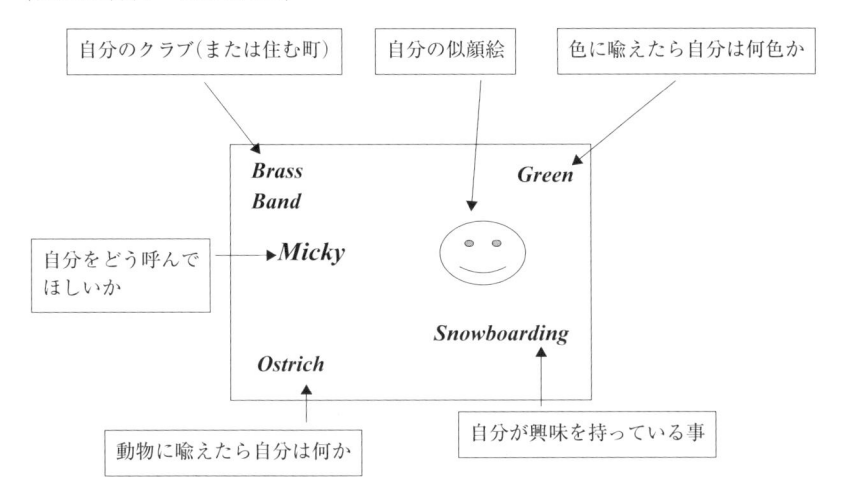

```
自分のクラブ（または住む町）      自分の似顔絵      色に喩えたら自分は何色か

        ┌─────────────────────────────────┐
        │ Brass                    Green  │
        │ Band                            │
自分をどう呼んで│  ▶ Micky        ☺              │
ほしいか     │                                 │
        │                                 │
        │       Ostrich    Snowboarding   │
        └─────────────────────────────────┘

        動物に喩えたら自分は何か    自分が興味を持っている事
```

〈紹介の例〉

　Hi! Nice to meet you. I am Micky. I am a member of the Brass Band Club. I play the trombone. My club is very busy and hard. My color is green because I am always quiet and peaceful. My animal is ostrich. Do you know ostrich? <u>Ostrich is the biggest bird with a long neck and runs very fast.</u> I am like an ostrich because I can run fast. I am interested in snow boarding.

　（友達が知らないと思われる語は、下線部のように言い換えて伝える）

　事後に、集めた名刺をレポート用紙に貼り、英語でメモを書いて提出させるとよい。

〈2 回目用名刺：How I am Unique〉
　今回の主眼は、どんな小さなことでもよいから、自分のユニークな点を 4 つ紹介すること。名刺の四隅に自分のユニークな点を書く。似顔絵と、呼んでもらいたい名は前回と同じ。

[Drawing: MÎCHAN — HOBBY COOKING, LONG HAIR, Crazy about SWEETS ♡, LIKE☆ SING a SONG]

〈紹介の例1〉

　Hi! I am Michan. I am unique because my hobby is cooking. Also I have very long hair. I am also unique because I am crazy about sweets. I like singing a song.

[Drawing: MINO — Eahy riser, Easy laugher, I am planning to travel abroad this summer, I want to be a teacher.]

第5章 これからの授業の造り方

〈紹介の例2〉

　Hi! Please call me Mino. I am unique because I am an early riser. I get up at six. Also, I am an easy laugher. I mean, you can make me laugh very easily. I love laughing. I have a dream: I want to be a teacher in the future. I am planning to travel abroad this summer, maybe in China or Korea.

　事後に、集めた名刺をレポート用紙に貼り、英語でメモを書いて提出させるとよい。

(vi)　Picture Differences

　ペアで、それぞれ数箇所が異なる絵を持ち、互いに質問してその違いを発見する活動である。

　下記のようなA, Bの絵を使う。英語で質問し、comprehension checkを返し、返事をする行動を開発できる。また、英語でタスクを達成することの面白さが味わえる。絵の作成で肝心なのは、違いを見つけるヒントとなるよう、約8か所に数字を付けておくことである。これを行わないと、生徒は際限もなく微細な点について違いを探し続け、活動が達成できなくなる。

No.	A	B
1	a plane	

No.	A	B
6		a cat/ climbing up

163

(vii)　Picture Reproduction

　家や公園、学校、遊園地の見取り図とパーツ集を使って行う。ペアで背中合わせに座り、一方が作ったパーツの配列を、英語で相手に話して、相手に同じ配列を再現させる活動である。この作業では、相手の図を正しく再現するために、何度も相手に聞き返しをすることが必要となる。説明と聞き返しの繰り返しで、コミュニケーションの協力を養い、またタスク達成の喜びを体感させる活動である。

(viii)　Make your own house

　ペアのうち、一方は引越し業者、もう一方は引越し依頼主とする。今日は引越し依頼主は他に用事があって、現場に来られないので、引越し業者に電話で、荷物をどの部屋のどこに置くかを指示する。ただし、指示できるのは10個の荷物の置き場所とする。全部終わったら、二人の配置図を見比べ、正しく配置できたかどうかを確認する。

〈会話例〉

　（Client）Please put the table in the living room.
　（Serviceman）Put the table in the living room. Okay. What's next?
　（Client）Please put the bicycle in the living room.
　（Serviceman）In the living room??? Are you sure?

(ix)　筆頭会話

　「英語で話そうとすると、頭の中が真っ白になって、何も考えられなくなる」そんな生徒のためには、紙に発言を書き、ペアでパートナーと紙を往復させて会話する筆頭会話が役に立つ。長期休業の前後には What are you planning to do in the summer vacation? / How did you enjoy your vacation? など、遠足や修学旅行のあとには Did you enjoy the school excursion? / Which places did you like best? など、一週間を振り返って What was your biggest event last week? などの話題で対話できる。紙に書くので、文を組み立てる時間を取りながら対話できるし、対話の内容が記録に残る利点がある。また、終了後に紙を回収して教師が読むと、コミュニケーション・ブレイクダウン（対話の不成立）が起こっている箇所が見つかるので、次の授業でそれを取り

上げて、不成立を乗り越えるる方略を教えることができる。

Questions and Answers

Q1: 生徒がペアになって英語で自己紹介をし合う場合などで、文法や発音で様々な間違いが聞こえてきます。そのまま話させておいて大丈夫でしょうか？ 間違いが定着してしまうことはありませんか？

A: 言語活動を行う際には、その活動を ① 流暢さ優先、② 正確さ優先、のどちらで行うかを、あらかじめ決めておきましょう。普通は、① 流暢さ優先の活動から入ってアイディアを活性化させ、その内容を次に ② 正確さ優先の活動で磨き上げてゆく流れを取ります。流暢さ優先の活動中に、教師が文法や発音を直すと、生徒も誤りを気にして話せなくなる心配がありますから、この時は「誤りは気にせずにどんどん話そう」と自由に話させます。もしも、意味が通じないような大きな誤りが広く使われているような場合には、流暢さ優先の活動の切れ目にワンポイント・アドバイスとして訂正を入れるとよいでしょう。

　生徒同士のインタラクションの中には、発音やスペリング・文法的な誤りが含まれています。大勢の生徒が同時進行で発している英語を一人の教師が常時チェックすることは不可能です。そうした誤りを放置したら、生徒が誤った英語を身に付けてしまわないか、と心配する向きもあります。こうした心配が、どの程度本当かについては、まだ実証的な答は出ていません。筆者は、本書4.1で説明したように、正しいインプットをふんだんに与えていれば、たとえインタラクション活動でエラーがあっても、それが定着してしまう心配は少ないと考えます。

Q2: 生徒がグループで発表したりする場合の評価の付け方はどうしますか？ 同一グループの発表でも、個人によってパフォーマンスの出来に差が出ます。その差を加味しますか、それともグループとしてメンバー全員を均一に評価しますか？

A: 授業時間の中でグループとして解答する小規模な課題のように、さほど時間をかけない課題の場合は、グループとして均一に評価します。一方、グループ・プレゼンテーションのように、授業時間外の準備も含めて数時間をかけたような発表の場合には、個人個人のパフォーマンスの出来を加味して、個別に評価します。グループとしての発表は振るわなかったけれど、その中でとてもよく準備し、立派に発表している生徒が１名いた場合などには、それをプラスに評価したいからです。

Q3: グループワークの準備として出しておいた宿題のチェックはどうしますか？

A: 次回の授業で行うグループワークの準備を、生徒各自に宿題として課しておいたような場合ですね。こういう事前準備をメンバーがしてきていると、グループワークが円滑に進むという点で、利用価値の高い宿題だと思います。私の場合、授業開始後すぐに宿題を机の上に出させ、素早く机間巡視をして実施確認のサインを宿題に記入していきます。サインは、日によってペンの種類やインクの色を変えて、偽造できないようにします。やってきていない生徒が、他の生徒の宿題を写して書くのを防ぐため、授業開始直後にサインします。やってきた宿題は、その後のグループワークで生徒が使用するため、回収するのは授業の最後になります。サインの無い宿題は、提出しても減点にします。

第6章
英語表現に内在する英語文化を どうやって教えるか

　最近、英語教育で実用性が強調される反面、英語文化の学習が軽視されている感がある。最近の教科書で扱われている文化は、英語文化というよりも、世界各地の文化となっている。はたして、英語教育に英語文化の学習は不必要なのだろうか？

6.1　英語学習に英語文化の学習を含めるべきかについての各論
（1）「英語学習に英語文化理解必須」論
　英語学習の目的は、英語という言語の学習と英語文化の学習の両方であるとする見解がある。

> 英語を学ぶということは、「英語ということばに生きること」です。英語教育の最終目標は、「実践的コミュニケーション能力の育成」ではありません。それは、いわば手段です。手段が目的化してゆくとき、生きることとはつながりません。英語教育を考えるということは、「英語を学ぶことによって生徒が生きているか」を問うことです。いや、その前に、教師自身が生きているかを問うことです。(中略)日本語的思考という「単眼」に、英語的志向を加えて「複眼」にすることです。(松畑, 2002, p. 124)

（2）「英語教育に文化学習不要」論
　一方では、英語学習にとって、文化学習は余計な寄り道だとする見解がある。

> 私はただでさえ時間の限られている英語の授業では、他の教科や場所でもやれることを一切省いて、英語の授業の中でしかできないことに、全精力を集中すべきだと思うのです。(中略)何よりもまずしなければならないことは、近年文部省や各界の有識者が、英語教育の重要な柱の1つ

として強調する「国際理解」はもちろんのこと、英米の文化や文学といったものすべてを、英語のクラスから追い出すことです。(鈴木, 1999, pp. 97–98)

(3)　「英語文化の学習不可能」論

World Englishes[11] の進行に伴い、世界各地に土着した英語(local varieties)が共存することになり、そのそれぞれが土着の文化を反映しているから、英語が英語圏の文化を含むとはもはや言えなくなる、という説がある。

> One must be familiar with the context in which the utterances are produced — not merely the immediate conversational context but the broader sociocultural context underlying it. It is not reasonable to think that English, or any pluricentric language, can in itself have such force as to establish identical situational interpretations across cultural boundaries. (Kachru and Nelson, 2001, p. 20)

以上のように諸説があるが、筆者は、英語に特有の表現を成り立たせている英語文化は、教える必要があると考える。次節で、具体的な表現を例にとって、その理由を述べよう。

6.2　調査：中学校英語検定教科書は対人的文化をどう扱っているか
6.2.1　教科書調査

英語の表現の根底には英語的発想が内在しているわけで、その意味での文化を理解することは、学習上必要なことだと考える。その見地から、筆者は中学校の英語教科書に登場する、対人的文化を含んだ英語表現をリストアップしてみた。下記①〜⑥のような、英語的コミュニケーションに特徴的な言語文化を挙げ、それが中学校検定教科書にどのように反映されているかを調べてみた。

11　本書 p. 93 の脚注を参照。

第6章　英語表現に内在する英語文化をどうやって教えるか

表9　今回調査に用いた英語表現と、その根底にある対人的文化

根底にある対人的文化	場面	中学校英語教科書に載っていた表現
①積極的言語表明の文化（話し手も聞き手も言葉を尽くして表現する責任を持つ文化）	➢ 相手の話を理解できない時 ➢ 謝罪する時 ➢ 相手への気持を明白に言語で表明	"I beg your pardon?" "Sorry, I don't quite understand you." "Sorry about the other day. I was a bit upset." "I will miss you."
②英語は言語バレーボール[12]を尊ぶ	➢ 会話を積極的に続けようとする。言葉のボールを落とさないようみんなで努力する。	I play the guitar. → I like music, too. I play the drums. → Really? → Yes. I have some drums at home. → Oh, that's great. → How about you, Aya?
③英語は知人同士を紹介しあう文化	➢ 出会った知人を知人に紹介しあう	"Bill, this is my friend Yuki. → Yuki, this is my host mother June." → "Hi, Bill. Nice to meet you. I've heard so much about you."
④対等の関係での英語的ポライトネスの文化（決定権を相手に譲る[13]ことで丁寧さを表す）	➢ 人に許可を求める ➢ 相手の意向を聞く	"May I use your telephone?" "Would you like some eggs?"
④同上 （依頼を断り易くする[14]ことで丁寧さを表す）	➢ 人に丁寧に依頼する ➢ 丁寧度の調節（命令表現＜指示表現＜依頼表現） ➢ 丁寧度の調節（現在時制＜過去時制）	"Could you tell me the way to the castle?" "I will be happy if you can send it very soon." "Could you tell me the way to the castle?"
⑤対人的ポジティブ・ストラテジー[15]の文化（あなたは私にとって良い存在です）	➢ 会った時や別れ際の挨拶 ➢ 何かしてもらって感謝する時	"Nice to meet you." "It was nice seeing you." "Oh, this is great! I really like it."

12　Sakamoto and Sakamoto, 2004.
13　鶴田ほか, 1988.
14　鶴田ほか, 1988.
15　小林, 1987.

169

⑤同上(私はあなたにとって良い存在です)	➤ 贈り物をする時の挨拶	"I hope you will like it. Open it."
⑥積極的に 褒める 文化[16]	➤ 褒める、褒められる	"You speak English very well."—"Thank you! I'm so glad." "That's a nice shirt. Where did you get it?"

6.2.2 調査の結果

下表が対人的文化を含んだ表現の調査結果である。

(1) すべての教科書に共通して、①〜⑥が、表現としては提示されているが、その根底にある文化(「なぜその表現が望ましいとされているか」)は解説されていない。

(2) 表10にあるように、教科書によって、対人的文化内在の英語表現の出現回数は様々である。

表10 対人的文化を含む英語表現の教科書別出現回数

	①積極的言語表明	②言語バレーボール	③知人同士を紹介しあう社会	④英語的ポライトネス	⑤対人ポジティブ・ストラテジー	⑥褒める文化
A社	2	6	1	7	2	3
B社	3	2	1	5	1	0
C社	8	9	0	44	3	5
D社	33	44	1	43	11	12
E社	9	35	2	25	4	2
F社	10	40	0	17	6	4
合計	65	136	5	141	27	26

(3) [Will you? / Can you? / Would you? / Could you?]や[Can I? / May I?]は、それぞれ丁寧さの度合いや使用場面に違いがあるはずだが、そうした説明なしに混然と提示されている。また[Could I?]は、なぜかどの教科書にも提示されていない。

---

16 木村, 2007.

6.3 考察

　せっかく対人的文化を含んだ英語表現を教えながら、その根底にある文化を教えないことは、もったいないことだと筆者は考える。第一に、文化的意味を省き、ただ表現を覚えることは、記憶の定着にマイナスだし、生徒の知的関心を刺激しない。表現の文化的背景を含めて紹介することで、英語学習がより面白くなり、文化的行動として体験させてゆくことで、より記憶に定着し、実際場面で活用できるのだ。

　第二に、これら①～⑥に含まれる対人的文化は、本書の3章5節で述べた「日本語コミュニケーションの不全状況」を「横並びの市民社会での新しい日本語コミュニケーション」へと改善するヒントとなりうるものである。表11は、日本語のコミュニケーションが行き詰っている領域を、いかにこうした英語表現が埋められるかを表示している。

表11　日英の表現の根底をなす、対人コミュニケーションの文化比較

旧来の日本語コミュニケーション	英語の対人コミュニケーション	英語表現
たとえ相手の言うことが理解できなくても、聞き返すのは失礼にあたるから、わかった振りをする。	①積極的言語表明を重んずる。インタラプトしてでも相手の言うことをしっかりと理解しようとする。	"I beg your pardon?" "Sorry, I don't quite understand you." Could you say that again, please?
出るクイは打たれる。沈黙は金。	②言葉のバレーボールを大切にする。活発に話し合うことにみんなが協力する。	I play the guitar. → I like music, too. I play the drums. → Really? → Yes. I have some drums at home. → Oh, that's great. → How about you, Aya?
内と外の区別。内内では礼儀正しく、外に対しては冷淡。	③初対面の知人同士を紹介しあう。新しい人と積極的に出会おうとする。	"Bill, this is my friend Yuki. → Yuki, this is my host mother June." → "Hi, Bill. Nice to meet you. I've heard so much about you."

自分の非力さを強調し、相手の優越への依存を表明して物事を頼む。	④相手の自由意思を尊重して物事を頼む。	"May I use your telephone?" "Would you like some eggs?" "Could you tell me the way to the castle?" "I will be happy if you can send it very soon."
自分は相手にとって迷惑な存在だ。(ネガティブ・ストラテジー)	⑤相手も自分も価値ある好ましい存在だ。(ポジティブ・ストラテジー)	"Nice to meet you." "It was nice seeing you." "Oh, this is great! I really like it." "I am proud of you."
褒められたら、「とんでもない」と謙遜する。	⑥お互いを積極的に褒めあう。	"You speak English very well."—"Thank you! I'm so glad." "That's a nice shirt. Where did you get it?"

　自文化に加えて、こういう異文化の存在を知り、視野を広めることは、日本の教育にとって望ましいことではないだろうか。もちろん、異文化の受け入れを生徒に強制するわけではない。どの文化を選ぶかは、各人が選ぶことである。

Questions and Answers

Q: 英語には敬語が無く、誰もが対等に口をきき、思ったことは遠慮せずにストレートに口にすると聞きましたが、本当ですか？

A: いいえ、それは不正確な情報です。確かに英語には、相手を高めて自分を低めることによって敬意を表す敬語はほとんどありません。しかし、対等な関係における丁寧表現や、相手の顔を立てる表現は広くゆきわたっています。そうした表現は、一括してポライトネスと呼ばれています。英語のポライトネスの方略には、たとえば下記のものがあります。

〈相手に用事を頼む時〉
（1）決定の主導権を相手に委ねる。（例）May I borrow your dictionary?
（2）相手が、依頼を断り易くする。
　　　（例）Maybe you don't have time to mail this letter for me.
〈相手に反論する時〉
　先頭に相手の顔を立てる表現を置いてから反論に入る。"No" や "You are wrong." のような強い否定で始めない。
　I am afraid that's not quite right.
　Actually, I think ...
　I see your point, but ...
〈相手を会合等に誘う時〉
　先に会合等について紹介してから、誘いを持ち出す。
　　（例）I'm having a party on Friday at seven o'clock. It's a dinner party. Would you like to come?

　こうした英語のポライトネスについて解説した文献には、下記のものがある。
東　照二（1994）『丁寧な英語・失礼な英語――英語のポライトネス・ストラテジー』研究社.
大杉邦三（1980）『会議英語』大修館書店.
鶴田庸子、ポール・ロシター、ティム・クルトン（1998）『英語のソーシャルスキル』大修館書店.
Fukushima, S. and Y. Iwata.（1985）'POLITENESS IN ENGLISH' *JALT Journal*, Vol. 7, No.1, pp.1–13. Japan Association for Language Teaching.
Matsuura, H.（1998）'Japanese EFL Learners' Perception of Politeness in Low Imposition Requests' *JALT Journal*, Vol. 20, No. 1, pp.33–48. Japan Association for Language Teaching.

第7章

論理的・知的なコミュニケーション能力をどう養うか

　日本の中学・高校英語授業が、テキスト英文の内容理解のみに没頭し、その先に来るべき意見交換や批評に関心を払わないという欠陥については、第1章「体験10」で指摘した。このような英語授業を、生徒は中学〜高校で通算およそ800時間も受ける計算になる。その間ひたすらに生徒は、「次の短文の中で、本文の内容と一致するものを選びなさい」という訓練にさらされることになる。どんなに無味乾燥な、あるいは偏見に満ちた文章であろうと、著者の意を汲み取る作業ばかりを要求され、その内容を批判的に検討する機会は与えられない。このような教育を受けた生徒が、英語を使って議論できるようになるはずがない。

　文部科学省も、2013年実施の新学習指導要領では、「英語による論理的思考力」養成を目標に掲げてはいるが、具体的指導方法は提案していない、(本書2.5.6「新学習指導要領にLearning Experienceの展望はあるか？」を参照)

　また、英語による論理的思考力養成を主眼とする科目「英語表現」用に出版されている各社の検定教科書の採択数を見ると、「英語表現I」「英語表現II」ともに、スピーチ・プレゼンテーション・ディスカッション・ディベートなどのコミュニケーション活動が少なく、文法指導を中心とした教科書ほど採択数が多い傾向がある(塩川, 2014)。

　筆者は、こうした英語授業での知的・論理的な面の軽視が、日本人の英語コミュニケーション力を大いに阻害していると考える。この章では、英語授業における論理的思考力養成とはどういうことかをまず定義し、次いでその育成のためのLearning Experience(言語活動やタスク)を具体的に提案したい。

7.1　根拠・論拠と結論

　今日、議論の構成要因は根拠・論拠と結論だとされている。そのうちの「論

拠」が、日本ではまだよく理解されていないが、今後は論拠の重要性がますます認識されてゆくと思われる。以下にこの3要素を定義しよう。

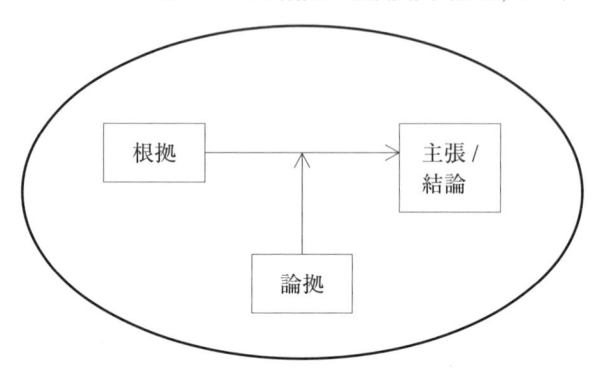

図15　Toulminによる論証の必須要因（福澤, 2002）

```
        ┌─────┐      ┌─────┐
        │ 根拠 │─────→│ 主張／│
        └─────┘      │ 結論 │
           ↑          └─────┘
        ┌─────┐
        │ 論拠 │
        └─────┘
```

① 「主張」（claim）は、意見・断定・結論を表す。
② 「根拠」（ground）とは、「主張」の裏づけとなる誰の目にも明白な根拠・事実・データを表す。
③ 「論拠」（warrant）とは、「根拠」の意味づけであり、なぜその「根拠」が「主張」の裏づけとなりうるかに関する暗黙の仮定を表す。「論拠」は見えない仮定とも呼ばれ、同じ「根拠」に立脚しても、「論拠」が違えば、異なる「主張」に到達する恐ろしさを持っている。

　以前には、主張をサポートするに必要なものは根拠だけだと考えられていた。しかし、Toulminはそれだけでは不十分で、根拠と主張の間に論拠が介在していることを指摘した。これが今日の論証の正しい構成だとされている。
　「論拠」の果たす重要性を如実に物語る逸話を聞いたことがある。アメリカのある大手の靴メーカーが、これまでほとんど販売実績が無かった地域に販売促進を図るため、2社にマーケット・リサーチを依頼した。そのうちA社は調査の結果、その地域の住民のほとんどがネイティブ・アメリカンであり、彼らには先祖代々から靴を履く習慣が無いという調査結果に基づいて、「この地域で靴が売れる見込みはない」と報告してきた。一方B社も、同様の調査結果を得ていたが、その結果に基づき、「そこには靴が売れるビッグチャンスがある」と報告してきた。同じデータに基づきながら、2社が全く

第7章　論理的・知的なコミュニケーション能力をどう養うか

逆の結論を出してきたのである。何がこの違いを生んだのだろうか？　それは両社の論拠の違いからである。A社はデータを「先祖代々からの習慣は変わらない」という論拠に従って解釈し、B社は「先祖代々からの習慣であっても変えようとすれば変えられる」という論拠で解釈したのである。

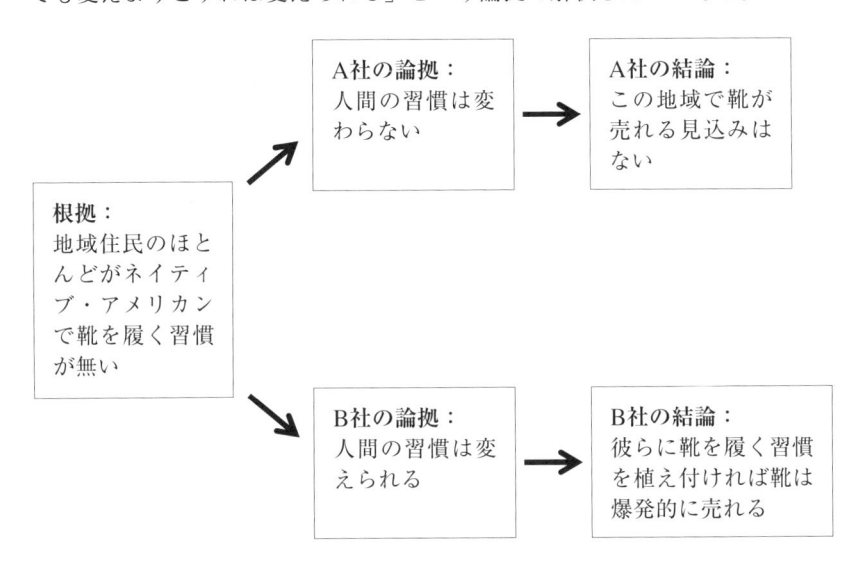

```
根拠：                    A社の論拠：         A社の結論：
地域住民のほと            人間の習慣は変      この地域で靴が
んどがネイティ    ──→    わらない    ──→   売れる見込みは
ブ・アメリカン                                ない
で靴を履く習慣
が無い                    B社の論拠：         B社の結論：
                 ──→    人間の習慣は変  ──→ 彼らに靴を履く習慣
                          えられる            を植え付ければ靴は
                                              爆発的に売れる
```

　上例のように、論拠は結論を大きく左右する重大要素である。ところが論拠とは「暗黙の仮定」と呼ばれるように、普通は議論において表立って表明されることがない。従って賢く議論するためには、

<u>読み手・聞き手としては</u>：相手が提示した根拠から結論に至る「論拠」（隠された意味づけ）を看破すること
<u>話し手としては</u>：この根拠が、どうしてこの主張・結論に結びつくのか、その論拠をしっかりと構築して話すこと

が必要となる。これが、「知的」「論理的」コミュニケーション能力の一大要因である。

7.2　論理が図式的に掌握できること
　上記7.1のような論証ができるためには、テキストのpassageの中に展開されている段落内構造と段落間の論理構成を図式的に掌握する力が必要であ

る。言い換えれば、知的・論理的コミュニケーション能力育成の根本は、

<u>受信においては</u>：テキスト内容の段落内・段落間の論理構成を図式化して掌握する力
<u>発信においては</u>：自分のアイディアの論理構成を図式化して組み立て、表現する力

の養成である。その意味でも、本書5.3.2で紹介したGraphic Organizerの活用が役に立つ。

7.3 「論理的・知的に聞く/読む」ためのチェックリスト

受信において、テキスト内容を知的・論理的に掌握する秘訣は、端的に言えば「検定教科書の英文も含めて、テキストの内容や構成を絶対視して読ま̇ ̇ない̇ ̇/教̇ ̇え̇ ̇な̇ ̇い̇ ̇」ことである。具体的には、読み手として以下のチェックリストを念頭に読み進めることが有効である。

① これは事実を述べたものか、それとも推測や意見を述べたものか？——意見を、まるで事実であるかのように述べることは、読者を誘導しようとする者の常套手段である。
② 書かれていることは、一次情報(著者自らが目撃・体験・取材した)か、それとも二次情報(他から聞いたり入手した)か。二次情報ならば、それをどこから入手したかが、書かれているか。二次情報は、単なる伝聞や風説・捏造の可能性もあり、安易に信用することはできない。最近も、とある情報機関がA国について偽りの一次情報を捏造し、それをBという大国に持ち込み、B国の大統領がそれを真に受けて世界中に偽りの情報を演説で流してA国を軍事攻撃し、C国の首相がその二次情報の真偽も確かめずにB国の戦闘攻撃の支持を表明するという事態が発生したことは記憶に新しい。知性があるはずの、何千万人もの人々が、偽りの二次・三次情報を信じ、自らも流布して大勢の人間を死に至らしめたのである。このような愚かな過ちを繰り返してはならない。
③ そのテーマを扱う上で、必須の情報であるにもかかわらず欠落している情報は無いか。Reading comprehensionでは、「何が書かれているか」に注意が行きがちだが、「大事な情報をわざと隠して書く」ことは、情報操

第7章　論理的・知的なコミュニケーション能力をどう養うか

作によく使われる手であり、これを見破る眼を育てなければならない。
④ 観測や意見には十分な根拠や論拠が示されているか。論拠の重要性については、前節で述べた。論拠は日本の学校教育でまだ十分に教えられていないので、注意が必要である。
⑤ 少数のサンプルに見られる傾向を、全体に一般化して論じていないか。たとえばAという国を旅行してきた人が、「A国の町はどこも非常に清潔で治安が良く、すべての人が母語と英語を話す」という報告を書いたとして、その人が「A国にどれだけの期間滞在し」「どの町とどの町を訪れ」「そこで何人の人と直接に会話し」たのかを確認しなければ、信用することはできない。
⑥ 賛否が対立する問題についての意見では、賛成派・反対派の意見が偏りなく紹介されているか。
⑦ 重要な概念の正しい定義に基づいて文章が書かれているか。キーワードにバイアスのかかった定義がこっそりと組み込まれていることがある。たとえば "English as an internationa language" という表現には、既にバイアスが含まれている。なぜなら、国連を含めてどのような国際機関も、未だかって英語を「国際語」と決議したことはないし、世界中の人々が英語を使うことを強制されてもいないからだ。このような表現の裏には、特定の見解を持つ修飾語を何食わぬ顔で付加することで、議論を巧みに回避して「英語は国際語だ」と決めてかかろうとする意図が察せられる（English as an international *auxiliary* language ならば事実に合致しているだろうが）。
⑧ テキストが、関係する利害関係者の中の、誰の視点で書かれているか。本文中にはどこを探しても書かれていないが、全体を通して見ると、問題の当事者の中のある一部分のグループの見解を代弁しているような書き方の passage がある。これも、読者誘導のよくある手段である。「誰の視点で書かれているか」の視点でテキストを見ることは、critical reading において必要である。
⑨ 適切な段落内構造・段落間構成で書かれているか。

以上のチェックリストが、議論で「白を黒と言いくるめられないために」「騙されない読み手となるために」有効である。もちろん、通常の論説文が上

記チェックリストのすべてをクリアーするほど緻密に書かれることはありえないが、多くの人を感化する文章や、他者の名誉や利害に影響する文章、書き手が主張の根拠に用いている文献を読む際には、このようなチェックを念頭に置くことが必要である。次節では実際の英語教科書の英文を使って、このチェックリストに基づく critial reading questions を例示する。

7.4 「論理的・知的に聞く／読む」第一歩

　英語教科書に書かれた文章を、単なる「読解練習用」としてでなく、真に内容を理解しようとして読み進める場合、読み手の中には様々な関連質問が浮かんでくるはずである。これこそが critical reading questions となりうるのである。ところが日本の英語教育においては、学習者は「ただ単に reading-comprehension questions で正解を出す」ためだけに英文を読む癖を刷り込まれているために、こうした critical reading questions を無意識に排除して読んでしまう。

　本節では、実際の英語教科書の文章を使って、真に内容を理解しようとして読み進めるなら浮かんできそうな critical reading questions を、メンタル・ゲームとして出し合う活動を紹介する。生徒からは様々な関連質問が出され、その多くは授業では答が見つからないものになると思うが、それはかまわない。この活動の目的は、書かれたことをうのみにしないで、批判的に読む力を養うことだからである。もちろん、生徒が出した質問の中で、特に着目に値するものは、クラスで取り上げて答を出しあってもよいだろう。そうした方が、あらかじめ教師が用意した質問よりも、生徒にとって意味深いものとなろう。

　このような深読み活動は、良く書かれた名作教材を使ってでも可能である。下記に紹介するのは、実際に出版されている教科書の英文を用いて、生徒が関連質問を出し合い、読みを更に深化させてゆく活動の例である。

7.4.1 'Why is the one hundred yen shop so successful?' に質問する

　100円ショップについて述べた、下記の英文を読んで、たとえばQ1〜Q4のように、生徒が関連質問を考える。

第7章 論理的・知的なコミュニケーション能力をどう養うか

When one hundred yen shop first appeared in Japan, they surprised us with their low prices and wide variety of products. Why have they been so successful?   —Q1

One reason is the way their products are produced. These shops have factories located in developing countries like China, Vietnam, and Indonesia. Labor and costs are much cheaper in these countries than in Japan. In this sense, the one hundred yen shop is the offspring of economic globalization.   —Q2

The second reason is the way these shops sell their products. They have developed an efficient franchise system. Products are transported directly to the franchise shops without going through several retailers. It is said that, typically, the maker sells an item at 40 yen, the one hundred shop company sells it at 60 yen to each franchise shop, where it is then sold for 100 yen.   —Q3

The third reason is timing. In the 1990s the Japanese economy became stuck in recession and the consumer's purchasing power collapsed. Deflation was the trend at the time. People could no longer afford to buy expensive products.

Finally, the idea of 'one hundred yen' is also appealing. With just one coin, shoppers can buy all kinds of goods. One hundred yen is easy to spend. And even if the product does not meet your expectations, you have not lost a lot of money.

To sum up, the one hundred yen shop is the outcome of economic globalization, pursuit of marketing efficiency, and the decline of the Japanese economy.   —Q4

(石谷由美子ほか (2006)『構造で読む社会科学エッセイ―Outlook On Society: Skills for Better Reading 2』p. 13)

Q1. Are they really so successful nowadays? In my area there are some such shops, but they do not seem to have so many customers.（事実との相違を問う）

Q2. Have you ever heard of the word 'Fair Trade'? Do you think it fair for companies in advanced countries to exploit workers in developing countries by extremely cheap wages?（「安い労働力を買いたたく」ことへの疑念）

Q3. About how much is the labor cost for an item sold for 100 yen? I hear it

181

is less than 10 yen. (関連質問を出す)

Q4. According to this essay, the success of 100 yen shops has been caused by the decline of Japanese economy. However, in another sense, the success of 100 yen shops may HAVE CAUSED the decline of Japanese economy by destroying the domestic manufacturers. (日本の製造業への影響を問う)

Q5. (concerning the whole text) What about the quality of the products sold at 100 yen shops? I once bought a paper-binder, but it got broken in a few days. (売られている商品の品質を問う)

7.4.2 'For a Healthier Life' に質問する

健康についてのアドバイスを述べた、下記の英文を読んで、たとえばQ1〜Q3のように、生徒が関連質問を考える。

For a Healthier Life

Q1 — Eat grains. They give you carbohydrates for energy, plus vitamins, minerals and fiber. Besides, they taste good! Try whole-wheat bread and rye. Spaghetti
Q2 — and rice are also in the grain group. Don't forget fruits and vegetables. Bananas, strawberries and melons are some great tasting fruits. Try vegetables raw, on a sandwich or in a salad. In fact, cooked vegetables lose many of their vitamins. (*New Stream English Course II Second Edition* (平成20年度版), p. 22)

Q1. Compared with what type of bread? Why do you recommend whole wheat and rye bread? (何と比較しているか？ なぜbetterなのか、その理由を問う)

Q2. Is it true that raw vegetables are always better for the health than cooked ones? It may be true that some nutriments, such as vitamin C, enzyme, and potassium, can be destroyed by heat. However, other nutriments, such as beta carotene and vitamin C in potatoes and cauliflower, are resistant to heat. In addition, we can eat cooked vegetables several times more than raw vegetables, allowing us to take in more fiber in more digestible ways. (栄養学の知見との整合性を問う)

第 7 章　論理的・知的なコミュニケーション能力をどう養うか

Q3. (concerning the whole text) Let's re-arrange this passage into paragraphs that consist of a topic sentence and support, following the rule of 'one paragraph one main idea.' (パラグラフ構造を問う)

> Q3 の答の一例
>
> Eat grains, *such* as bread, rice, and spaghetti. They give you carbohydrates for energy, plus vitamins, minerals and fiber. Besides, they taste good! *When you eat bread*, try whole-wheat bread and rye *instead of white bread. This is because the former contain more nutrition than the latter, and also because they are not bleached by chemicals.* (fruits and vegetables について は、main idea が異なるので別段落に分ける)

7.4.3　'Is life with modern technology better than the simple life we had in the past?'

科学技術の発達した現代と、未発達だった過去とを比較した下記の文を読んで、生徒が関連質問を考える。

The affirmative side's opinion:

　　Thanks to technological advances, our life has become much better than it was in the past. Technology has saved us a lot of time and our daily life itself has become much more convenient than it was before. Household appliances, such as vacuum cleaners and washing machines, have enabled us to do housework easily and in a much shorter time. The Internet enables us to get the latest information in a moment. This can help us live our life more wisely than in the past. Furthermore, modern technology has enriched our life by giving us various new forms of entertainment. Considering these three factors, it is clear that our life is much better now than it was in the past.　　　　　　　　　　Q1　Q2　Q3

The negative side's opinion:

　　Life in the past used to be much better than it is now. The Internet, which we enjoy now, is of course convenient, but people depend too much on electronic communication and ignore the importance of face-to-face communication. In　Q4 the past, the pace of life was slower and we felt less stress, unlike the fast-moving world we live in today. Moreover, life was much healthier with a cleaner environment and less polluted food and water. Life for all living creatures on Earth was healthier. Considering these factors, it is clear that the life we had in the past was much better than the life we have now. (*Crown English Expression II* (平成 25 年度), p. 96)

[Q5] marks "these factors"

Q1. What do you mean by 'our'? Do you mean Japanese people, people in advanved coutries, or the whole people on the earth?
Q2. Is this always true? Modern technology has endangered our life, such as nuclear weapons, nuclear power-plant accidents, and mass-killing in wars.
Q3. Could you give some examples of 'new forms of entertainment'?
Q4. Which age do you refer to by 'the past'? In the 19th century, before Industrial Revolution, or the Stone Age?
Q5. You have only considered the Internet and pollution. What about other important factors such as the development of medicine and public hygiene, supply of food and water, and disaster prevention, for example?

7.4.4 'Don't work too hard' に質問する

日米の文化比較について述べた、下記の英文を読んで、たとえば Q1 のように、生徒が関連質問を考える。

Don't work too hard

In Japan, when someone is about to take a test, or enter a sports event, or start a new job, it is customary for others to say to him, "Gambatte!", which translates roughly as "Work hard!", or "Do your best!" This would sound very strange in English. The usual English expression would be just the opposite: "Don't work too hard," or "Take it easy." Americans would assume that anyone in such a situation would already be keyed up and wouldn't need to be told to work hard. Instead, he would need to be reminded to relax. (Sakamoto and Sakamoto (2004), *Polite in Collision*, p. 16)

[Q1] marks "which translates roughly as "Work hard!""

Q1. I do not think this translation accurately translates Japanese mind. By saying "Gambatte", we show our affiliation to the addressee. Japanese "Gambatte" could be better translated as "I am right behind you," or "Good luck."（論述の前提として使われている "gambatte" の定義が一面的だと指摘）

7.5 聞いた／読んだ内容について、生徒が感想や意見を出し合う活動の第二歩

前節では、読んだり聞いた英文の内容について感想や意見を出し合うための第一歩として、質問を出し合う活動を紹介した。ここでは、選択肢を用いて、生徒が感想や意見を手軽に安心して表現し合える活動を紹介する。Simon, Howe and Kirschenbaum による Values Clarification という質問法の応用である。あらかじめ用意された選択肢の中から、自分の考えに近いものを選ぶことで、意見交換を可能にする活動である。文をゼロから作る負担が無いので、短時間に答えられるし、様々な意見を盛り込んだ選択肢を読むことによって、生徒が自分とは違う意見に触れる機会となる。また発展的利用法として、学んだテキストの英文に関して生徒自身に Values Clarification Questions を作らせ、他の生徒がそれに回答する方法もある。以下に、2つの passage に関して、Values Clarification Questions の実例を紹介する。

7.5.1 'Three Days to See'

「もしあなたが3日後に目が見えなくなるとしたら、あなたはその前に何を見ておきたいですか？」という Helen Keller の問いに、自分ならどう答えるか？ 答をゼロから創作することが英語力や時間の都合で困難な場合には、あらかじめ用意した選択肢の中から選ばせる方式で、生徒の意見を引き出すことができる。

〈テキストの英文〉

　If with the oncoming darkness of the third night you knew that the sun would never rise for you again, how would you spend those three precious intervening days? What would you most want to let your gaze rest upon?　(Helen Keller (1933), 'Three Days to See')

〈Values Clarification 的質問〉
(1) Imagine you were destined to lose your eyesight in the next three days. What three things would you choose from the list below? Order your preferences from 1 to 3 inside the [ ].
(2) Share your answers with your classmates.

[ ] I would want to see my family.
[ ] I would want to see my pet.
[ ] I would want to see my best friend.
[ ] I would want to see my favorite star or singer.
[ ] I would want to see my favorite gardens, mountains, seashores, or streets.
[ ] I would want to see my favorite work of art, such as a painting or sculpture.
[ ] I would want to see my favorite movie, (write the title here).
[ ] I would want to read my favorite book, (write the title here).
[ ] I would want to see (your own answer)   .

7.5.2 'Take it easy.' という表現に意見を述べる

先ほどの 7.4.4 で用いたエッセー "Don't work too hard." に関して、生徒の意見を触発するための Values Clarification である。自分の親にどんな言葉をかけてほしいかを、選ばせるもの。

Suppose you were going to take a college entrance examination today. It is at the college of your first choice, so you want to pass it by all means. When you are leaving home, your parents say to you as follows. How would you feel? — (a) You are greatly encouraged. (b) You just like it. (c) You don't like it.

( ) Take it easy!
( ) Have fun!
( ) Relax!
( ) Good luck!
( ) Gambatte!

(　) Do your best!
(　) You'll make it!

7.6　聞いた／読んだ内容について、生徒が感想や意見を出し合う活動の第三歩──頂上タスク
7.6.1　授業の目標を明確にする頂上タスクを設ける

　ここでは、「言語の用法に関する正誤問題」でなく、「授業で生徒が達成すべき creative な課題」のことを「タスク」と呼ぶ。そして、1つの単元(普通は5〜6回の授業で完了する)の最終ゴールとして、「頂上タスク」('Goal Activity' とも呼ばれる)を設ける。頂上タスクとは、単元のそれまでの小タスクを統合したタスクであり、亘理(2013)によれば「『その教材を通じて生徒に何を考え、できるようになって欲しいか』を最大限欲張って表現した具体的課題」である。ユニットの最初から、頂上タスクを生徒に予告し、その達成を可能にするように毎回の授業を方向づける。こうすることによって、授業での各アクティビティーが明確な志向性を持つようになる。またこれによって、「教科書の英文を隅から隅まで全部和訳・解説しなければ不安でたまらない」という執着心(筆者はこれを「全部説明したい病」と呼んでいる)から、教師と生徒を解放することができる。

　旧来の授業では、「テキストの内容理解活動」が完了した後に「タスク」が置かれ、前者が完了しなければ後者に取り掛かることはできないと考えられていた。多くの旧来型授業が、学習指導案では最後に意見交流を計画しながら、訳読文法説明に時間をとられて結局意見交流タスクまでたどり着けなかった原因はそこにある。「生き方が見えてくる高校英語授業改革プロジェクト」の実践研究を通して、筆者らは両者の関係が実は、

◆「テキストの内容理解」→「タスク」

といったリニアなものでなく、

◆「タスク」
　↓↑↑↓
　「テキストの内容理解」

といった相互交流的なものに変えられることがわかってきた。つまり、タス

クに取り組むことを通じて、生徒はテキストをより深く読み込み、理解してゆくのである。

7.6.2　頂上タスクの例
　ここでは、前節で述べた頂上タスクの具体例を紹介する。

物語文用の頂上タスク
- 途中で終わっている物語の、完結部分を創作する。
- 'The Last Leaf' で、最後の夜に画家が Johnsy を見舞う場面を挿入するとして、そのシナリオを創作する。
- 「あなたがこの物語の主人公だったら、この場合どのように行動したでしょうか？」それを想像してシナリオに書く。
- 主要な登場人物3人のうちの、誰か好きな人物に対して手紙を書く。

論説文用の頂上タスクの例
- Introduction, Discussion, Conclusion の、どれかが欠けた文章を読み、欠けている部分をどう補ったらよいか、創作する。
- ある主張を読んだら、調べ学習を行って、反対派の主張も読んでみる。賛否両論を扱ったテキストでは、論点 (position) ごとに両派がどういう主張を述べているかを、対照表に書き出し (p. 141 参照)、それをもとにどちらがより説得力ある論述をしているかを判断する。
- 新聞の投書欄に掲載された意見に対して、反論の投書を書く (賛成の意見は比較的容易に書けるものなので、ここでは敢えて「反論せよ」と指示する)。
- (数レッスンを終えたあとで) それまで読んだ text の中で、自分が最も気に入った部分約 150 語を選び、気持ちを込め、表情を付けてクラスの前でレシテーションを行う。

その他の頂上タスク
- 生徒が不動産業役を担当して、顧客の住居希望 (英文) を読み、不動産物件リスト (英文) からお勧め物件ベスト3を選出して、クラスを顧客にみたてて英語でプレゼンテーションを行う。
- 数種類の人生相談の手紙 (英文) を出し合い、自分が答えてあげたい悩みに対して、アドバイスの手紙 (英文) を書く。同じ悩みに回答してきた生徒同

第 7 章　論理的・知的なコミュニケーション能力をどう養うか

士が集まって、互いの回答を読み合う。
- 外国人が持つ「なぜ日本人はこういう行動をするのか?」という質問に対して、英文で答を作成する。なお用いる質問は、明白な正解が無く、いろいろな回答が可能なタイプの質問が望ましい。山岸勝榮氏のホームページ「日本の言語文化に関する外国人の疑問　あなたは外国人からの以下の疑問にいくつ答えられますか?」には、適した面白い質問が多数載っている。

7.7　軽いtaskで意見を刺激し、重いtaskでフルに論述を

前節で紹介したような頂上タスクは、達成するのにかなりの思考・作文を要し、負荷が大きいので、毎回授業で取り入れることはできない。しかし一方では、毎回の授業で生徒が教材内容と自分をかかわらせて、意見や質問を形成しながら読むための軽いtaskは、取り入れてゆきたい。この両方を兼ね合わせるためには、次のような工夫が有効である。

(ア)　内容について意見を出し合うためには、クラスに互いに共感的に聞きあう雰囲気が必要である。そういう雰囲気を育てる「協同学習」(江利川, 2012)やグループワークの導入指導(本書の5.5)と同時並行の取組が必要。

(イ)　内容について「自分はどう思うか/自分ならどうするか/賛成か反対か」といった課題は重たいので、1ユニットで1~2個と精選する。

(ウ)　これまでの英語学習で、英文をただ単に英語力を鍛える素材として読んできた生徒は、読んだ内容に関して意見を述べる、という活動に最初は違和感を持つ。こうした活動の意義や面白さが生徒に理解されるには、時間がかかることは承知しておきたい。

(エ)　内容に関していきなり「意見表明」を求めるよりも、その前段階として「関連質問」を出しあったり(本書7.4参照)、Values Clarificationでミニ・意見表明を積み重ねておくと(本書7.5参照)、意見に深みが生まれる。

(オ)　話題について自分のオリジナルな意見を形成し、それを論理立てて発信する教育として、三森ゆりか『言語技術教育の体系と指導内容』はぜひ活用してゆきたい。また、論理的な書き方の根本であるパラグラフ構造の教え方については、ケリー伊藤『英語ロジカル・ライティン

グ講座』をお勧めする。

まとめ

　以上にわたって、この章では、教科書の英文を使った授業の中で、知的・論理的にコミュニケーションをはかる活動の運営法を提案した。旧来から、高校授業では英文を読んだり聞いて詳細に理解する授業と、ディスカッションやディベートをする授業とが、相互に関連づけられずに別個に教えられる傾向がある。はっきり言って、これは大きな無駄を生んでいる。なぜなら、前者の授業でせっかく深く読みこんだ英文について、意見交換をしないで終わってしまう。そして後者の授業では、テーマの提示が貧弱なためにディスカッションやディベートが浅薄になる。この章で提案した「精読＋知的・論理的コミュニケーション」という統合型の授業スタイルは、今後の高校英語新科目「コミュニケーション英語」と「英語表現」を統合するモデルとして参考になると思う。

第7章　論理的・知的なコミュニケーション能力をどう養うか

Questions and Answers

Q: 私は高校で英語を教えています。授業では、生徒に教科書の本文を理解させ音読できるようにするのが大変で、とても知的・論理的なコミュニケーションまでは手が回りません。どうしたらいいでしょうか？

A: 2つのポイントからお答えします。

(1)「知的・論理的なコミュニケーションまでは手が回らない」について：

　たとえば教科書の3つのユニットを終えたところで、"Which unit do you like best? Why do you think so?" とか、"Pick up one sentence which you like very much out of these two units. Explain why you like it." といった質問を尋ねることは、どうでしょうか？「手が回らない」ほど大変なことでしょうか？

(2)　やらせれば、生徒にはもっと力があります：

　私は授業改善事業の助言者として、幾つかの高校の授業を定期的に参観しています。その中で、なかなか旧来の教師中心・知識注入・全部説明型の授業を脱却できない学校の先生に特徴的なのは、「うちの生徒は手取り足取りしてゼロから教えてやらないと理解できない」という生徒観です。つまり、生徒の力を過小評価しています。だから、もう生徒にはわかりきった事柄まで先生が過剰に説明して、授業時間が足りなくなっているのです。反対に、まるで大学の授業かと思うほど活発な議論を英語で行っている学校の授業の特徴は、生徒がチャレンジしたくなるようなタスクを投げかけ、それを解くために生徒の間に調べ合い・教え合いが成立していることです。本章4節で紹介したような critical questions は、既に生徒の頭の中に存在しているはずです。思い切って critical questions を募集してみましょう。初めのうちは、クラス40人中のわずか数人かもしれないけれど、質問する生徒が出てくるはずです。やがてもっと多くの critical questions が出るようになるでしょう。

第8章

英語行動力開発モデル──
生徒が英語で授業に参加する力をどう養うか

　第4章で述べたように、Communicative Language Teaching の理論によれば、言語は意味ある場面で実際に使用することを通じて最もよく習得される。つまり、言語授業は生徒が自分で言語を使う活動を中心とすべきだとされている。新学習指導要領が「生徒がコミュニケーションの手段として英語を使う活動を授業の中心とする」ことを推奨しているのも、この理論を反映してのことである。

　しかし、英語による活動中心の授業を試みたことのある教師ならおわかりになると思うが、日本の生徒は教師の英語レクチャーをおとなしく受けることは得意だが、自らが英語を使って活動することは、苦手である。そこには、ミスを犯すことへの恐怖や、生徒参加型授業への不慣れ、受動・他律的学習観、「英語を使う」必然性の欠如、日本人同士で英語を使うことに対する心理的抵抗などが関わっている。こうした生徒の中に、英語で積極的に活動に参加する力を養うためには、

① 自校の生徒が、卒業時までに英語で何ができるようになればよいのか、明確な学習目標を設定し、
② 互いに英語を通じさせる会話方略（明確化要求、確認要求、話者コントロールなど）を、行動開発しながら（会話方略の具体例は巻末239ページの「会話方略一覧」を参照）

取り組む必要がある。そして①で設定したゴールに向かって

③ 生徒同士が、苦手な英語を使ってでも、取り組みたくなるような、魅力的で使い勝手の良い活動を、
④ 英語でやった方が、安心して発言できる活動を、
⑤ ゴールが明確で、その達成確認が容易なタスクを、

配置することが有効である。そこで大切なのが、本書5.5で述べた「タスクや活動の使い勝手の良さ」である。何度でも繰り返して飽きがこず、内容を変えてレベルをグレードアップしてゆける定番的な活動を、入学時から計画的に導入し、生徒に慣れを作り、説明の時間を省くのである。

8.1 「日本人は英語で何ができるようになればよいのか」のビジョンを明確に

「英語運用力」という言葉が、英語教育論議で強調されているが、果たして具体的にどのような力を想定しているのだろうか？　ある大学生が、自分の受けてきた英語授業を振り返ってこう嘆いていた：「小学校でショッピングごっこ、中学校でショッピングとパスポート審査ごっこ、高校でもショッピングとパスポート審査ごっこ、大学でもやっぱりショッピングとパスポート審査ごっこ」。なるほど、「英語運用力」を軽薄に「英語をペラペラしゃべる力」と定義付ければ、そういう安直な授業ばかりになってしまうだろう。

そういう薄っぺらな英語授業を排して、これからの日本人が、国内・国外で、英語を使ってどういうやりとりができればいいのか、を考える時、筆者は下記の4つの行動力が中心となるべきだと考える：

(1)　英語授業参加力
(2)　英語プレゼンテーション力
(3)　英語交渉力
(4)　英語ディベート力

以下に、それぞれの行動力の定義と養成モデルを詳説する。

第8章　英語行動力開発モデル——生徒が英語で授業に参加する力をどう養うか

図16　英語行動力開発モデル

```
                              ┌─────────────────┐
                              │  授業参加力      │
                              ├─────────────────┤
                              │ プレゼンテーション力 │
                              ├─────────────────┤
                              │  交渉力          │
                              ├─────────────────┤
                              │  ディベート力    │
                              └─────────────────┘
        ┌─────────────────────────┐
     ╱  │ 英語で何ができるように  │  ╲
    │   │ なればよいか、明確な目標│   │
    │   └─────────────────────────┘   │
    │              ↑                   │
    │   ┌─────────────────────────┐   │
    │   │ 達成確認が容易なタスク   │   │
    │   ├───────────┬─────────────┤   │
    │   │取り組みた │英語でやる   │   │
    │   │くなる魅力 │方が安心で   │   │
    │   │的な活動   │きる活動     │   │
    │   ├───────────┴─────────────┤   │
    │   │ 互いに通じさせる会話方  │   │
    │   │ 略の行動開発            │   │
    │   └─────────────────────────┘   │
     ╲                               ╱
```

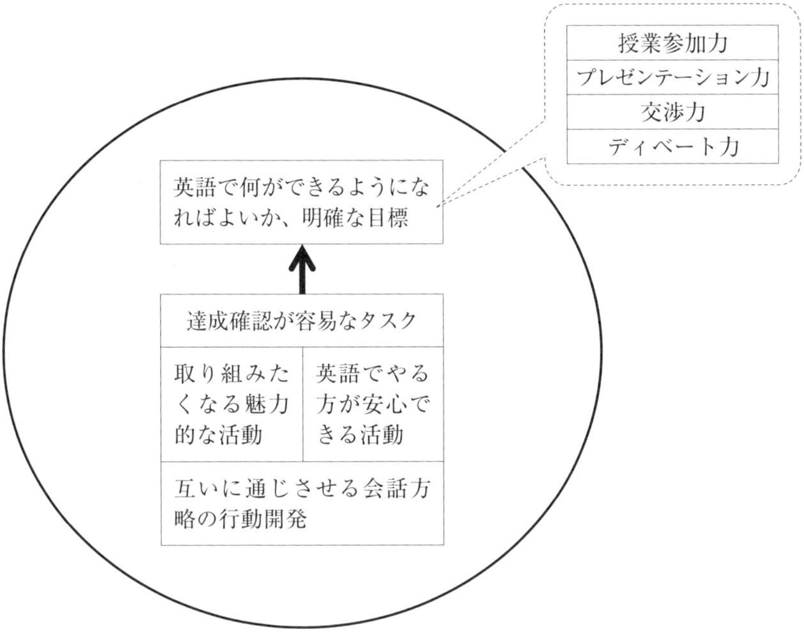

8.1.1　英語行動力の第1の柱：英語授業参加力

これは端的に言えば、海外研修に行って、英語の授業にアクティブに参加できる力である。

「英語授業参加力」は、英語授業で用いられる代表的なコミュニケーション活動を、生徒が英語で運営できる行動力を意味する。代表的なコミュニケーション活動とは、guided composition、guided conversation、インタビュー、paraphrasing、4-hint quizzes、名刺交換会、picture description、picture differences、show and tell などを意味する（これらの活動の説明は後述の表12を参照）。言い換えれば、生徒が English speaker として授業に参加できる行動力の育成である。この入門を英語学習初期（中学）に行い、それを根幹としてその上に次の3行動力の柱を立てることにする。

8.1.2　英語行動力の第2の柱：英語プレゼンテーション力

　端的に言えば、学会やビジネスで、英語で発表を行い、英語の発表にアクティブに参加できる力である。

　「英語プレゼンテーション力」とは、情報や情景、出来事について、ミニ・レクチャーのような形で生徒が英語で相手にわかりやすく客観的に伝える力を意味する。またそうした発表を、聞き手として理解するために、聞き返しや関連質問をする力をも含める。

　最終的には学会・会議・商談などにおいて、聴衆が求める情報を、整理された一定時間の番組として、口頭発表したり、聴衆−発表者間で質疑応答を行う力である。(表13参照)

8.1.3　英語行動力の第3の柱：英語交渉力

　「英語交渉力」とは、端的に言えば英語によるもめ事処理力(英語運用力＋対人関係調整力)を意味する。利害がぶつかった葛藤場面や、もめ事の場面で、冷静に双方が事情を出し合い、満足のいく妥協点を導き出す力である。他者と友好的関係を切り拓く力、個人としての自分を主張し、相手の都合に耳を傾けた上で協調を図る力。葛藤をも含んだ対人交渉場面において、相手方の事情・利害・主張に耳を傾けて理解し、こちら側の事情・利害・意見を冷静にわかりやすく相手にわからせ、自分を生かし相手も生かしうる合意点に達するために交渉する力のことである。ただ単に、物事の善悪や主張の勝ち負けを付けようとするのではなく、利害が異なる者同士のぶつかり合った関係を、和解へと導く力である。(表14参照)

8.1.4　英語行動力の第4の柱：英語ディベート力

　賛否が分かれる論議で、自分の意見を形成し、根拠付け、表明し、相手の意見の根拠を尋ね、問題点を指摘する力(英語運用力＋critical thinking力)を意味する。(表15参照)

　ギリシャ文明の系統を引く文化圏の特徴である、MindとHeartの区別に立ち、感情をはさまずに、より高次の考えに到達すべく、双方が議論において協力する力である。先に紹介した三森氏の実践や、本書の第7章で提案した力である。

第8章 英語行動力開発モデル——生徒が英語で授業に参加する力をどう養うか

8.2　4つの行動力の小学校〜大学の一貫育成デザイン

そして、この4つの柱（行動力育成）を下図のように小学校から大学まで積み上げる。

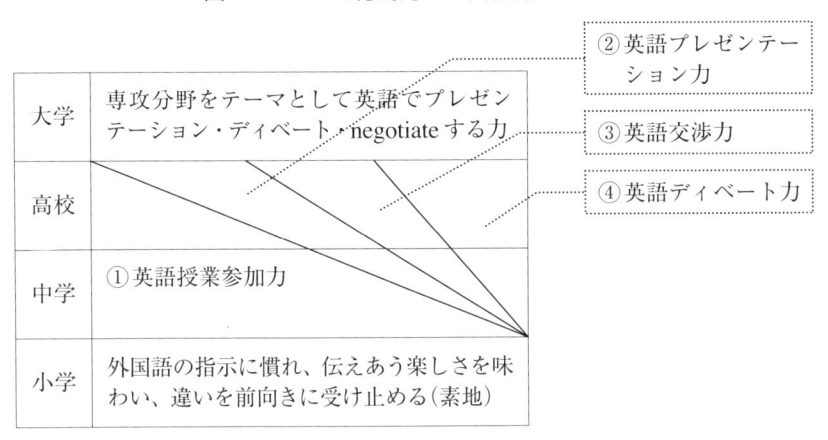

図17　4つの行動力の一貫教育デザイン

大学	専攻分野をテーマとして英語でプレゼンテーション・ディベート・negotiateする力	② 英語プレゼンテーション力
高校		③ 英語交渉力
中学	① 英語授業参加力	④ 英語ディベート力
小学	外国語の指示に慣れ、伝えあう楽しさを味わい、違いを前向きに受け止める（素地）	

　小学校では、外国語の指示に慣れ、伝えあう楽しさを味わい、互いの違いを前向きに受け止める素地を養う。中学校3年間は、先述の「① 英語授業参加力」養成を中心にしながら、「② 英語プレゼンテーション力」「③ 英語交渉力」「④ 英語ディベート力」養成を徐々に導入する。そして高校では②③④を中心として養成する。大学では、英語を個別の科目として教えることは脱却し、専門教育の手段として英語プレゼンテーション・交渉・ディベートを実地に活用することを通じて力を養成する。このようにして、これからの日本人が、世界の人々と協力して学問を研究し、生産活動やビジネスを通じて人々の幸福に貢献し、紛争を解決し、真理と正義を追及してゆけるようにするのである。

　以下の表12〜15は、これら4つの行動力養成の段階的デザインを示したものである。なお、各活動の詳細な説明は、三浦ほか（2006）を参照されたい。

表12 英語授業参加力の育成デザイン

	活動名	活動の説明	育てる力
1	guided composition (p.157参照)	習った英文の一部を変えて、自分のオリジナルなメッセージを作文する。提出作品を集め、名作集(あるいは全作品集)にして生徒に還元する。	既習文を加工して自分を表現する。 他の生徒の作品から学ぶ。
2	guided conversation (p.158参照)	ペアで、習った会話文の一部を変えて、オリジナルな会話を創作し暗唱、実演する。優秀な実演をみんなで鑑賞する。	既習文を加工して自分達を表現する。 他の生徒の作品から学ぶ。 クラスの前で実演する。
3	一斉インタビュー (p.159参照)	クラス全員で一斉に、各自が与えられた英語質問を暗記し、クラス中を歩き回って一定時間内に多くのクラスメートに質問し、どのような答があったかを事後に振り返って英語でレポートを書く。尋ねる質問は、生徒個々人に考えさせてもよい。	英語の質問をきっかけにして、大勢のクラスメートに声をかけ、対話する。 相づちなど駆使し、良い聞き手となる。 オリジナルな質問を作って尋ねる。 質問結果を英語でレポートに書く。
4	4-hint quizzes	ペアで、一方の生徒のみが黒板を見ることができ、他方は黒板が見えない位置に座る。黒板に提示された人物や物品の絵を、①animals, people, plants, places などのカテゴリーの描写→②color, size, shape の描写→③具体的な様子の描写、の順で4～5文で描写して、相手に何のことかを当てさせる。	状況や事物を相手にわかるように描写する。 相手を理解するために聞き返し表現を駆使する。 ヒントを聞いて、何のことかを当てる。 日本語に頼らなくても互いに理解できることを実感する。
5	paraphrasing (p.151参照)	ペアで、一方の生徒のみが、黒板を見ることができ、他方は黒板が見えない位置に座る。黒板に提示された、英語でどう言うかわからない語を、自分たちの習った範囲内の英語で易しく言い換えて、相手に当てさせる。	同上

第 8 章　英語行動力開発モデル——生徒が英語で授業に参加する力をどう養うか

6	名刺交換会 （p.160参照）	〈準備作業〉各自、自分の英語名刺を作り、10枚ほどコピーしてくる。 〈本番で〉クラス全員で一斉に、あまり言葉を交わしたことのないクラスメートを優先して、互いに名刺を交換し、名刺に書かれた英語を説明する。名刺に書く英語は、初回：中央に自分の似顔絵、その左に自分の呼ばれたい呼称、名刺の左上に自分の部活動、右上に好きな食物、左下に好きな活動、右下に自分の関心事を書く。 2回目：中央に自分の似顔絵、その左に自分の呼ばれたい名前、名刺の四隅に自分が人と違うユニークな点を書く。 〈事後に〉もらった名刺をレポート用紙に貼り、その横にその人物について1行ずつ英語で感想を書き、提出。	自作の英語名刺をきっかけにして、大勢のクラスメートに声をかけ、相互理解を深める。 相づちなど駆使し、良い聞き手となる。 自発的に相手に関連質問をする。 自分自身のpositiveなユニークさを自覚する。他者のユニークさを知る。 感想を英語でレポートに書く。
7	picture description	クラス全員に、ある情景を描いた絵を見せ（いろいろに解釈できる絵）、各自が自由に想像を働かせて解釈し、その絵の中に起こっている出来事を英文で描写する。事後に英文を集め、教師が名作集にして生徒に還元する。	情景や道順を、相手に正確に伝える。 他者の書いた情景描写を理解し、そこから学ぶ。
8	picture differences （p.163参照）	役割Aと役割Bのペアで背中合わせに座り、絵カードAと絵カードBにある絵の相違点を、互いに英語で質問しあって見つけ出す。絵カードAと絵カードBは、1つの元絵をコピーしてその中のパーツを5か所ほど変化させて貼って作る。絵カードにはダミーを含め、間違い候補を10か所ほどナンバーで表示しておくと、活動が容易になる。	絵の違いを見つけるために、互いに描写と質問と理解チェック表現を自発的に発する。 <u>英語を作業言語として用いる。</u>

199

9	picture reproduction	生徒各自に、半完成の見取図(公園・学校のグランド・住宅・子供部屋など)と、その中に入れるパーツの絵(ブランコ・滑り台・シーソー・噴水など)を持たせる。パーツは単体ごとに切り離す。役割AとBのペアで背中合わせに座り、Aは自分が作った公園などの見取図を、英語でBに説明してゆく。Bは、Aの説明を聞いて、パーツの絵を自分の見取図に配置し、Aの絵を再現する。	相手に伝わるように工夫しながら絵を説明する。相手の説明を理解するために質問や相づちや話者コントロールを駆使する。<u>英語を作業言語として用いる。</u>
10	1枚のポスターを使ったShow and Tell	上記6の名刺交換会の名刺の内容で、A3サイズのポスター1枚を作り、それを提示しながらクラスの前に出て話す。	十分な声量で話す。話す際に原稿を棒読みするのでなく、原稿に頼らずに聴衆に向かって語りかける。聴衆の理解を確認しながら話す。聞き手として、聞き返しや関連質問などにより、話し手を励ます。

表13 英語プレゼンテーション力の育成デザイン

話し手に養成する力		聞き手に養成する力
発表で行うこと	構想段階で工夫すること	聞き手として果たすべき役割
•原稿を見ずに話す(キーワードカード1枚のみ参照可)	•キーワードでブレイン・マップを描く	•発表者の問いかけ(Do you understand?)にYes/Noで応答する。
•聴衆を万遍なく見て話す	•1枚のポスターを聴衆に見せながら話す。	•わからない時、interruptしてI don't understand. と言う。
•聴衆にわかるように、繰り返しながら話す	•クラスメートが知らない語は、絵や図を示し、既習語の文で言い換えて説明できるよう準備する。	•話者コントロール発言(Please speak louder. / Please repeat. / Please explain. など)を使う。

第8章　英語行動力開発モデル——生徒が英語で授業に参加する力をどう養うか

• 重要な語は大きく、ゆっくり発音し、2回繰り返して話す。Today I am going to talk about Ancient CAstles in EUrope. Ancient means Old.	• 聴衆の理解を助ける実物（realia）があれば用意し、見せる。 • 聴衆が知らないと思われる語は、英英辞書的説明をvocabulary listで配布する。	• 発表者の問いかけ（Please raise your hand.）に挙手で応答する。
• Do you understand? などで、聞き手の理解をチェックし、Yes の返事がなければ、更に丁寧に説明する。	• Introduction-body-conclusion の流れで構想する。	• 発表者の問いかけに自発的に言葉で応答する。
• 聴衆に問いかけて、挙手を求める。(Who likes spicy food? Please raise your hand.)	• First, Second, Third 等の discourse marker を用いて話す。	• わからない時に interrupt して説明を求める。(Excuse me, but smoking cigarettes causes what?)
• 聴衆に時々質問を投げかけながら話を進める。(What is the highest mountain in Japan? → *Mt. Fuji is.* → Yes, you're right. Now, how high is it? Anybody? → *3,000 meters.* → Good guess, but it's much higher . . .)	• 必要ならば、理解を助けるハンドアウトを印刷して配布する。	• 理解度チェック質問に自発的に回答する。
• 発表の始めに理解度チェック質問を3問ほど出しておき、発表の最後に聴衆にそれへの解答を求め、対話形式で正解を確認する。	• あらかじめ、発表内容の理解度チェック質問を3問ほど作成しておく。	• 聞いた話題について、発表者に関連質問を出す。Who, What, When, Where, Why, How, Do you think . . .? を活用するとよい。
• 発表の最後に、聴衆に関連質問をするよう、働きかける。	• 聴衆から関連質問が出にくいクラスでは、あらかじめ数人の友人に質問してくれるよう頼んでおく。	• 発表を聞いたあとに summary を書いて提出する。

表14　英語交渉力の育成デザイン

表のうち、活動1～7は中学、8～10は高校、11は大学と積み上げるが、オーバーラップして用いてかまわない。

	活動名	内容
1	こんな時どうするか？	日常出会いそうな、困った場面(無理な依頼や思わぬ失敗など)や予想外の展開(人違いなど)の英文描写を読み(聞き)、それへの対応を数通りの候補の中から選ぶ。
2	こんな時どう言うか？	日常ありうるような、困った場面や予想外の事態の英文描写を読み(聞き)、その際にどうやって対応するか、次の一言を創作する。
3	教科書シナリオから予想外へ	検定教科書に出てくる会話場面をベースに、教科書のように順調に話が進まず、意外な展開をたどった場合にどう対処するか、教科書シナリオを改作する。
4	自分への誤解を正す	相手から自分への誤解発言に対して、どうその誤解を正すか、次の一言を創作する。
5	もめ事Before and After	自分が日常経験した、言葉の上での摩擦をスキットにし、クラスで演じてみる。聴衆からのフィードバックを参考にして、「どうすればもっとよく対処できたか」の観点で、スキットの改良版を作って演じる。
6	悩み相談の手紙を書こう	友達関係、勉強、部活動、性格、将来などについて、空想上の人物になって悩み相談の手紙を書いて、クラスに投げかけてみる。
7	悩み相談に回答しよう	クラスメートの書いた悩み相談数本の中から、自分が答えたい相談を選び、それにアドバイスを書いてみる。同じ悩みに回答してきた者同士で集まり、書いてきたアドバイスを交換して交流する。
8	What do you think about this?	最近話題になっている事柄(事件、映画、本、現象)で、他の人がどう思っているのか知りたい事柄について、問いかけの手紙を書いてクラスに紹介する。
9	What I think about it.	上記活動8で出された問いかけ数本の中から、自分が答えやすい問いかけを選び、それに自分の見解を書いてみる。同じ問いかけに回答してきた者同士で集まり、書いてきた見解を交換して交流する
10	こんな時どうするか？II	日常出会いそうな、困った場面(無理な依頼や思わぬ失敗など)や予想外の展開(人違いなど)の英文描写を読み(聞き)、それへの対応を創作する。

第8章　英語行動力開発モデル──生徒が英語で授業に参加する力をどう養うか

11	Strategic Interaction	ある場面で（たとえばデパートの売り場）、役割Aと役割Bが、それぞれ自分が置かれた状況シナリオだけを教えられ、相手の状況シナリオは教えられずに、妥協点に達するために交渉する。相手の意向をさぐり、こちらの意向を相手にわからせるように言葉で交渉し、双方満足のいく一致点を見つけ出す。 シナリオ例 A: あなたは昨日デパートの電気製品売場（electrical appliance shop）でトースターを買いました。ところが、家で使おうとしたら、壊れていてパンが焼けません。あなたは、今仕事の昼休みを利用して、そのトースターを持って、デパートの売場へ行くところです。 B: あなたはデパートの電気製品売場（electrical appliance shop）の店員（salesclerk）です。あなたは今はパート扱い（part-timer）ですが、正社員（full-timer）になりたいと思っています。そのために、できるだけ多くの商品を売って、客から良い評判を得たいと思っています。今、一人の客が入ってきました。腕の見せ所ですよ。 詳細はMiura（2008）参照。

表15　英語ディベート力の育成デザイン

	活動名	内容
1	すばやく自説を正当化する根拠を述べる	"I like poor life better than rich life." "I love cockroaches for my pet." など、わざと常識に反する命題を与え、それに対して、Yesで答えさせ、すばやくその理由を述べさせる。
2	What Is Your Excuse?	普段「いけない」とされていることを想定し、それをどうしてもやらなければならない場合を仮定し、もっともな口実を考える。
3	Chain Letter（中嶋洋一 in 三浦ほか(2006)）	命題（例：Every student should join a club activity.）について、一定時間内に座席の前の生徒から後ろへと紙を回して紙上ディベートする。命題は列の人数分用意し、全生徒がどれかの命題について同時進行で論述する。 1st writer: 賛成 or 反対の立場を選んで論述し、5分後にはその紙を後ろの生徒に渡す。 2nd writer: 1st writer に「反対」で論述し、7分後にその紙を更に後ろの生徒に渡す。 3rd writer:「1st writer に賛成・2nd writer に反対」で論述し、7分後に紙を更に後ろの生徒に渡す。 4th writer:「1st writer と 3rd writer に反対・2nd writer に賛成」で論述し、7分後に終了、紙を 1st writer に戻す。 1st writer: 返ってきた紙上ディベートを読み、「特に賛同する部分」「反論したい部分」に色マーカーで線を引き、感想を書いて提出。
4	Micro Debate（中嶋洋一 in 三浦ほか(2006)）	ある命題（例：Summer is the best season to visit Osaka.）について、3人1組で、それぞれが「賛成派」「反対派」「ジャッジ」の役割を入れ替えて3ラウンド行う。時間配分は下記内訳で、合計10分。 1.「賛成派」の constructive speech:　1.5分 2.「反対派」の rebuttal:　1分 3.「反対派」の constructive speech:　1.5分 4.「賛成派」の rebuttal:　1分 5. free debate:　2分 6. judging and reflection（ジャッジが、どちらの論述がより説得力があったかを判定し、その理由を述べる）　3分
5	問題投書への反論書き	「この投書はとんでもないことを言っている、ぜひ反論したい」と思うような新聞投書（The Japan Times などでさがす）を数点取り上げ、その中から自分が最も反論したいものを選んで、反論の投書を書く。書いたら、同じ元投書を選んだ生徒同士が集まって、互いの投書を交換し鑑賞する。

第8章　英語行動力開発モデル──生徒が英語で授業に参加する力をどう養うか

Questions and Answers

Q: この章に提案されている英語行動力開発モデルですが、なぜ「行動力」という言葉を使っているのですか。普通は「英語力」ではないでしょうか。

A: 具体例でお答します。Aさんが海外ホームステイに行き、ステイ先のホストファザーからバーベキュー・コンロの使い方の説明を受けているとします。Aさんは、ホストファザーの話す英語が十分に理解できていません。Aさんは、そういう時にどう言ったらいいか("Sorry, but I do not fully understand you.")を、知識としては知っています。しかし、なんだか気後れしてしまうし、ホストファザーが立て続けにまくしたてるのでインタラプトする機会がつかめず、そのまま "Yes, Yes, All right." と聞き流してしまいました。次の日曜日、ステイ先でホームパーティーが開かれた時、ホストファザーがAさんに言います、"You can take care of the barebecue stove, can't you?" 大変なことになりました。コンロの使い方を間違えたら、爆発だってあり得ます。Aさんは、今になってホストファザーに "I'm sorry, but I did not understand your explanation." と言わざるをえないでしょう。笑顔で応じながらもホストファザーは、"Why didn't he ask me at that moment? It's such a waste of time." と心の中で考え、Aさんをちょっと不正直な人だと思ってしまうかもしれません。

　今までの英語教育は、ただ単に表現を教えるだけで、それを使いこなす行動力には無関心でした。それを改めるために、「英語行動力」という表現を使っています。

第9章
指導困難クラスでどう教えるか

　筆者は、1980年から1992年までの13年間、指導困難高校で英語を教えたのをきっかけに、指導困難校での英語授業を一貫して研究してきた。念頭には常に、指導困難クラスで奮闘しておられる先生方と、つまずきながら学ぶ生徒たちがいる。このような先生方と生徒たちにとって、英語授業が意味あるものとなる一助になればと、これまで全英連大会等でこの種の分科会の助言者を担当してきた。

　一口に「指導困難クラス」と言っても、英語力不振やモティベーションの低さ、英語に対する嫌悪や拒否感、授業モラルの低さや荒れた雰囲気などが関わっていることが多い。英語ができなければ嫌いになり、嫌いになればモティベーションが下がり、授業がおろそかになりやすいのだ。こうした問題も含めて、指導困難クラスでの指導法を考えたい。

9.1　英語のつまずきの要因をさぐる

　ベネッセ教育開発センターが全国の中学2年生に対して1月の時点で行った調査『第一回中学校英語に関する調査報告書』(酒井, 2010)によると、

(1)　英語は2番目に嫌いな科目：中学生の英語「好き」な順番は9教科中8番目、

(2)　過半数の中学生が授業についてゆけていない：「英語授業が70%以上わかっている」生徒は全体の40%、

(3)　最大のつまずき要因は1位が「文法が理解できない」(全体の78.6%)、2位が「テストで思うような点が取れない」(72.7%)、3位が「英語の文を書くのが難しい」(72.0%)、

(4)　「英語が苦手」と答えた生徒の78%が、中1後半期までに英語が苦手になっている、

という結果となっている。中学2年の1月で既に過半数の生徒が英語で落ち

こぼれ、嫌いになっていることになる。学習内容が難しくなるにつれて、「理解できない」「嫌い」な生徒の割合は更に増加すると考えられる。英語には、この事項を習得していないと後々の学習が非常に困難になるといった重要学習事項が幾つか存在すると考える。以下に、筆者が考える重要学習事項をまとめてみよう。中学入門期にこれらをしっかり理解させておけば、その後の英語学習は容易になろう。今学習につまずいてしまっている高校生・大学生も、これらを再学習することによって、挽回が可能となるだろう。

9.2 学習の困難点

学習の早い段階で英語が苦手になってしまう、つまずきが生じやすい困難点としては、下記の点が挙げられる。

(1)　英語がトレーニング教科だと知らない。
(2)　「意味」「音声」「文字」の連関の形成ができていない。
(3)　すべての語尾に母音を入れる。
(4)　英語の文の骨格が見分けられない。

このうち、(1)については4.2.2で述べたので割愛し、以下に(2)(3)(4)の困難点をどう乗り越えさせるかを考察する。

9.2.1 「意味」「音声」「文字」の連関の形成ができていない

4.2.3で一度触れたが、英語の文字が「書けない」問題以上に、「文字が読めない」という困難は、もっと深刻な英語学力不振の原因となる。なぜなら言語は人間の脳内で、音声信号として処理されるからである。つまり、人間は読めない(つまり音声化できない)単語や文章は、脳内で処理できないのである(NHK取材班, 1993)。これを授業に当てはめれば、生徒がその日に学習して意味内容がわかったテキストの英文を、音読できるようにして帰すことは、英語授業の基本中の基本と言える。テキストが音読できなければ、家に帰って復習しようにも、脳内の音声回路に乗らないので、復習不可能である。そのような状態で、いくら受験問題集を解いたり、塾で文法を詰め込んでも、成果は上がらない。テキストの音読法については、本書の5.4で紹介しているので、参照されたい。

9.2.2 すべての語尾に母音を入れる

　日本語は、すべての単語が母音で終わる言語である。日本語には、/n/ 以外の子音で終わる単語は存在せず、また母音の介在なしで子音が連続することはありえない。一方、英語では単語は子音で終わることができ(例：book)、子音のみが連続することがある(例：obstruct)。このため、日本語を母語とする英語学習者の中には、母語からの転移で、すべての子音に母音を付けて発音するエラーが生じやすい。

　たとえば、'Look / at / that / black / cat.' は 5 音節であるが、すべての子音に母音を付けて、「ルッ / クゥ / アッ / トォ / ザッ / トォ / ブゥ / ラッ / クゥ / キャッ / トォ」(11 音節)と発音してしまう。このエラーは放置すると、(ア) 英語を発話しても相手に通じない、(イ) 英語が聞き取れない、という重大な結果につながる。

(ア)　発話しても相手に通じない

　英語を日本語式に発話した場合、英語のリズムが崩れてしまうために、相手に通じなくなってしまう。なぜなら、正しい音節単位で発音することが、英語の強弱リズムを成り立たせ、そのリズムを頼りにして聞き手は英文を理解するからである。上の例文では、

　　　●　　●　　　　●　　　　●
　　Look / at / that / black / cat.

と強弱のリズムを成してはじめて、相手に伝わる。

(イ)　話された英語が聞き取れない

　人間は、耳から入ってきた音声を、自分の音声システムで解析して理解する。もし音声システムが誤っている場合、入ってきた音声は理解されない。だから日本語式の

　　　●　　　●　　　●　　　　●　　　　●
　　ルックゥアットォザットォブゥラックゥキャットォ

という音声システムのみの保持者は、英語的リズムのインプットを正しく認識することはできない。

9.2.3　英語の文の骨格が見分けられない

本書4.2.3でも述べたが、ここで文の骨格の重要性を更に詳しく考察したい。

(a)　英語は〈主語・述語動詞（＋目的語・補語）〉の4大要素が必須

英語の文の骨組みは、主語と述語動詞（主語と結合して文を形成する動詞のこと）であり、これが無いと英文は意味を成さない。たとえば日本語なら「私、カレー」と言われてもあいまいながら意味が通じるが、英語で "I curry." は通じない。さらにこれに頻繁に〈目的語〉や〈補語〉が加わって英文の骨組みを作っている。筆者は、必ずしもいわゆる「5文型を教えよ」と言うつもりはないが、〈主語・述語動詞・目的語・補語〉という文の4大要素を文中で識別する力は、ぜひ早期に身に付けさせなければならないと考える。

(b)　英語は、4大要素の並び順に、厳然としたルールがある

日本語では「ネコがネズミを食べた」のアとイを入れ替えて「ネズミをネコが食べた」としても、意味が変わらないが、英語で "The cat ate the mouse." のアとイを入れ替えたら、ネズミが猫を食べたことになり、意味が全く変わってしまう。

このように英文は語順が意味を決定する割合が非常に大きい。従って、文を理解する際には、何が主語・述語動詞・目的語・補語かを識別する力が求められる。また作文する際には、主語を何にし、それをどういう動詞で受けるか、という判断がカギを握る。そしてこのことは、次の(c)に述べる基本的な品詞の概念の理解を必要とする。

(c)　文の4大要素になれる品詞は限られている

ある大学の先生が、英語が大変苦手な学生に、「主語は文の先頭に来る」と教えたところ、その学生は Sometimes we have violent hurricanes. という英文について、主語は 'sometimes' だと答えたという。ここまででなくても、多くの大学生がスポーツ選手について "Mental is very important for winning a race." といった誤文を作る。これは、「主語になれるのは名詞・代名詞か、名詞句や名詞節」という基本的ルールがわかっていないのだ。文を理解する際にも、たとえば "Not until recently did he realize his mistake." の中で、主語の可能性があるのは名詞か代名詞（'he' か 'mistake'）だということを知っていれば、理解は容易になる。

また少なからぬ学生が"Husbands must cooperation at housework."（夫は家事に協力しなければならない）といった誤文を作る。名詞の cooperation を述語動詞として使った誤りである。かと思えば逆に、"Everyone wants happy marry." というふうに、動詞を目的語に使ってしまうエラーも多い。これらはすべて、生徒が品詞という概念なしに単語を使っていることに起因すると思われる。文法用語の乱用は避けなければならないが、「名詞」「動詞」「形容詞」「副詞」「前置詞」「接続詞」という品詞概念は、その後の英語力伸長を左右する。この概念は、一度教えたら即座に習得されるといったものではないので、折にふれて繰り返し教え・確認する必要がある。
　以上、特定の品詞からなる文の4大要素が、厳格な語順のルールで並んで、文の骨組みを形成するというのが、英文の特徴である。

(d)　修飾語が文の骨組みを見えにくくする
　これも 4.2.3 で述べたが、"The cat ate the mouse." のような単純な文の場合は、主語・動詞・目的語の認識は困難ではない。しかし学習が進むにつれて、これに様々な修飾語が付加されて、主語・動詞・目的語の認識は困難になってゆく。
　文部科学省も中学校新学習指導要領で、「コミュニケーションを支えるものとして文法を重視する」「重要な文法事項は繰り返し指導する」と打ち出している。筆者は、文の骨組みたる主語・述語動詞・目的語・補語の識別と、それに付着する修飾語句の識別が、繰り返し指導すべき重要文法事項と考える。筆者は、文の4大要素をワープロ（Word）で下記のように簡便に表記する方法を取って、必要があれば参考資料として生徒に配布している。
　生徒にこのような入り組んだ作業をさせる必要はないが、限られた要素だけに着目して識別させる練習（例：「次の各文章の主語（『〜は / が』を表す部分）を ▭ で囲みなさい」）は中学1年生から高校3年生まで、教科書の各レッスンの応用段階で推奨したい。

(1)　複文を持たない文について
- 文の主語を ▭ で囲む：四角は Word 画面のフォントメニューを用いて囲む。名詞節や名詞句が主語の場合は、それ全体を ▭ で囲む。付随する冠詞・形容詞は主語に含めるが、句や節から成る修飾語は主語に含めな

い（目的語・補語の修飾語についても同様）。
- 述語動詞に黒の二重下線を引く：下線は Word 画面のハイライト → 右クリック → フォント → 二重下線を選ぶ。助動詞もこれに含める。
（例）They <u>have been singing</u> for six hours.
ただし否定語は含めない。（例）This picture <u>was</u> not <u>painted</u> by Picasso.
- 述語動詞の目的語（直接目的語も間接目的語も区別なし）を [ ] で囲む：名詞節や名詞句が目的語の場合は、それ全体を囲む。
- 文中の補語（主格補語も目的格補語も区別なし）を { } で囲む。名詞節や名詞句が補語の場合は、それ全体を囲む。

(2)　複文の場合
- 従属節全体をイタリック体とする。
- 従属節の主語を ☐ で囲む：四角は Word 画面のフォントメニューで囲む。さらにフォントメニューでその四角を網かけ ▨ にする。名詞節や名詞句が主語の場合は、それ全体を ▨ で囲む。付随する冠詞・形容詞は主語に含めるが、句や節からなる修飾語は主語に含めない（目的語・補語の修飾語についても同様）。
- 述語動詞に黒の細い下線を引く：下線は Word 画面のハイライト → 右クリック → フォント → 細い下線を選ぶ。助動詞も含める。（例）John said [*that he was {{tired}}*].
- 述語動詞の目的語（直接目的語も間接目的語も区別なし）を [[ ]] で囲む：名詞節や名詞句が目的語の場合は、それ全体を囲む。
- 従属節中の補語（主格補語も目的格補語も区別なし）を {{ }} で囲む：名詞節や名詞句が補語の場合は、それ全体を囲む。
- なお、従属節中の従属節の構造は、繁雑になるので分析しない。

以下に、表記の実例を記す：
〈複文が登場していない段階〉
E.T. is {a cute little alien}. He comes from another planet. But his spaceship leaves without him. So he is {all alone}. E.T. wants [to go home]. But his home is {far, far away} in space. Then a boy finds [him]. The boy's name is {Eliott}. (中学 2 年、*New Horizon English Course 2*（平成 24 年

度版), p. 76, 一部改変)
〈複文がある段階〉
… anyone who closes [[his eyes]] to the past is {blind} to the present. Whoever refuses [[to remember the inhumanity of that peirod]] runs [the risk] of being infected with the same disease…

 In our country, a new generation has grown up and assumed [political responsibility]. Our young people are not {responsible} for what happened over forty years ago. But they are {responsible} for the historical consequences.

 We of older generation need [to be honest with young people]. We must help [young people] to undersatnd why it is {{vital}} to keep memories alive. We want [to help them to accept historical truth in a thoughtful and objective way].
(英米文化学会英語教育研究部会(2006), *Words to Remember*, p. 61)

9.3 英語嫌い・英語無用感をどう改善するか
9.3.1 まずは授業が「わかり」、テストで点が取れるようにする

　生徒の英語嫌いの原因分析としては、斎藤(1984)が参考になる。データそのものはやや古いが、状況はほぼ今日と共通すると考えられる。斎藤はある高校で行ったアンケート調査を引用して、次のように述べている。

(1)　調査した高校生の68.5％が英語を「嫌い」と答えている。(「好き」が28.1％、無答が3.3％)
(2)　上記の「嫌いな理由」のうち、「むずかしいから」「わからないから」を合計すると67.5％になり、これが英語嫌いの最大の理由である。
(3)　2番目に大きな理由は、「授業が楽しくない」からである。

　逆に言えば、生徒の英語嫌いを解消する道は、第一にわかりやすい授業をすること、第二に楽しい授業をすることと言える。
　本書では、わかりやすい授業の仕方については、これまで4章と5章で述べてきた。ただし、本書では「わかりやすい」をただ単に「生徒が受け身的に説明を聞いて理解しやすい」ととらえるのでなく「身に付けやすい」と能動的に解釈し、生徒が英語をトレーニングし、インプット・アウトプット・インタラクションで使いこなして身に付ける方策を説いてきた(第4章)。こうした方式を取れば、生徒は速効的にテストで点数を伸ばすことも可能であ

り、そうやって効果が目に見えることが、生徒の英語嫌いを和らげる第一歩である。

それでは、英語嫌いの2番目に大きい理由の、「授業が楽しくない」はどうしたらよいだろうか。授業をゲームやお笑いで埋め尽くしたら、生徒はそれを「楽しい」と言うだろうか。そうではなかろう。「楽しい」は「自分の役に立つ」「進歩が目に見える」「自分が人間的に向上する」「級友と良い関係が築ける」「有能になれる」を意味するはずである。「この授業は自分の人生に関係がある」と、生徒が授業の中に自己関与性と有用性を見出した時、生徒は授業を楽しいと思うのである。

9.3.2 本当は語り合いたがっている生徒たち

本書3章2節で述べたように、言語の授業は、ロジャーズの言う人間の根源的成長欲求や、マズローの言う人間の基本的欲求と関連付けることにより、学習プロセスの中に、共感性、社会性、自己理解、自己肯定、他者理解、協調性、対人交渉力の育成といった要素を持たせることが可能である。こうすることによって、生徒にとって英語の授業が、より良く生きることにつながり、それこそが授業の「楽しさ」となるのである。多感な時期を生きる生徒たちは、傷つきやすい自我をかかえながら、安全な雰囲気の中で共感的な他者と語り合うことを切望している。それに応えることこそが英語授業の魅力づくりである。

9.3.3 指導困難クラスの教師はこの境地で前向きになれる

授業とは、教科というグラウンドで生徒と教師が楽しく知的に遊ぶのが理想形だ。勉強も労働も、その原型は子供のころの集団遊びにある。良い教師は、どこかで教えることを楽しんでいるものである。楽しむ姿勢があればこそ、たとえ厳しい指導でも、生徒の心にアピールする。遊び心があってこそ、素晴らしい指導法のアイディアがひらめくのだ。

しかし、指導困難クラスで教えていて「楽しむ」姿勢を持つのは、容易なことではない。大声で私語を交わす、立ち歩く、指示に従わない、馬鹿なことをしでかす、物を食べる、寝る、そんな生徒を前にしていやいや教室に向かってしまう。そんな教師にとって、英語学習は「苦役」であり、生徒は「厄介者」、自分の任務は厄介者を取り締まる「看守」となってしまう。これから

述べることは教師の単なる心の持ちようだが、その心の持ちようによって、教師の姿勢に雲泥の差が出てくる。

9.3.4 教師がまず自分を正す

まずは、教師自身が授業モラルを守ることから始めよう。教師が下記のようなきちんとした姿勢を見せることが、長期的に見て生徒の信頼を勝ちえ、授業モラル向上の土台となる。

- （ア） 教師としてやる気を見せる、
- （イ） きちんとして清潔な身なりをする（服装、髪、鼻毛切り、爪、姿勢、タバコ臭・口臭予防）、
- （ウ） 聞きやすい明瞭な発音で話す、「あの、その、え〜」などの余計な音を控える、
- （エ） 始業と終了の時間を守る、
- （オ） 今日の授業範囲をしっかり覚えている（「今日は何ページからだった？」と生徒に聞かない）、
- （カ） 教材研究をしっかりする、
- （キ） 板書を見やすく丁寧に書く、
- （ク） テスト範囲の連絡や採点や評価で、ミスを犯さない、
- （ケ） レポートにはしっかり目を通してコメントして返す、
- （コ） 生徒の名前を覚えて、名前で呼ぶ、
- （サ） 自分の感情をコントロールし、怒りの感情に流されないようにする、
- （シ） どの生徒にも公平に接し、生徒に対する好き・嫌いの態度を取らない（特に異性の生徒に対して）、
- （ス） 授業で、他の教師や生徒の悪口やプライバシーに関することを言わない、
- （セ） 生徒の中の、悪い傾向に迎合しない（たとえ生徒が怖くて正面きって批判できない場合でも、生徒にこびを売ろうとしてその悪に同調することだけは、絶対にしてはいけない）

こうした基本的マナーがしっかり身に付いていることで、教師の指導に説得力が生まれる。

9.3.5　生徒に素直に耳を傾けることが改善の突破口

英語教師のほとんどは、もともと英語が好きで得意だった人である。もともと得意だった人には、不得手な人の苦労や気持ちがなかなかわからないものだ。たとえば中学2年生にもなって、アルファベットのbとdの区別がつかない生徒を見て、「真面目に勉強する気があるのか？」と姿勢を疑ってしまう。"I am go to Tokyo." などという文を書く生徒が、ワンランク下の人間に見えてしまう。実は筆者も、教師人生10年目までは、英語のできない生徒を見下す気持ちがあった。

しかし、教職10年目から23年目まで勤めたT校で、徐々に生徒一人一人の「偉大さ」に気づかされることとなった。"When I was a baby." に続ける作文で "I was 4000 gram." と書いた暴れん坊の男子生徒。豊橋から九州まで自転車で14日かけて往復してきた生徒。知的障がい者の兄を持ち、将来は兄のような人を助けるために福祉専門学校へ進学を希望する生徒。一輪車で世界大会に出場した生徒。他の生徒が清掃をさぼる中で淡々と清掃を続け、「すまないな」と言う私に対して「先生、僕たち掃除が好きだからやってるだけです」と答える生徒。勉強も運動もふるわないけれど、心が洗われるような音楽をカセットに入れて持ってきてくれた生徒。どの生徒もどこかに、私には無い立派なところを持っていることがわかってきた。

「教えてやろう」「態度を改めさせよう」と力む前に、一人一人の生徒から、人間として何か学べるかを探しながら生徒に接することで、関係が改善し、教師も若返る。

9.3.6　名医は患者を選ばない、名教師は生徒を選ばない

英語教師は、生徒一人一人を診察して、その現在の英語力を診断し、今後どのような自助努力と指導援助が必要かの処方を書くことが要求される。だから「英語教師は医者のよう」だと思う。また、医者は患者を選り好みなどしない。名医ほど、重症の患者を進んで引き受けるものであり、「私は風邪引きと軽症の患者しか診たくない」という医者は藪医者である。教師もまた然りで、「もともと学力の高い生徒しか教えたくない、英語のできない生徒のいる学校には転勤したくない」というのは、プロ教師として恥ずかしいことである。だから、この本を読んでおられる、指導困難クラスで教える先生方は、名医なのだ。名医であることを誇りに思えば、「指導困難クラスもまた楽し」

ではないか。

9.3.7　英語教師は教室という船の船長

　筆者がT高校で、最も学力的に低く、授業態度も悪いと有名なクラス(2年生)の授業を担当した時のこと。4月の最初の授業で教室に入ると、リーダー格の生徒たちが私にこう言った。

　「先生、俺たち頭わるいからさ、楽にやってよ。それに卒業したら工員になるんで、英語はいらないんだ」私はそれに対してこう言った。「僕はこの授業で、君たちが英語を得意になるよう、精いっぱい努力するつもりだ。もちろん、君たち自身にも努力してほしい。できなかったことが、できるようになるって、素晴らしいことだ。一緒にがんばろう！」

　あの時、もし私がそれに対して、「そうか。じゃあ、気楽にやるか」と妥協して返事をしたら、生徒たちはどう思っただろうか。「俺たち見捨てられたな」と思ったことだろう。英語教師は、教えるクラス40人の生徒の生命をあずかる船長であり、授業は40人の船員と船長の乗った船である。船長は、その船を約束の新天地に導くために、知恵と経験を頼りに、必要なリーダーシップを発揮する。あまりにイージーな目的地に向かおうとすれば、船員は「馬鹿にするな」と言うだろう。あまりに犠牲の多い、過酷なルートを取れば、船員は反乱を起こすだろう。船員の持てる能力と潜在欲求を見極め、彼らにとって高めではあるが実現可能な、素晴らしい目的地を選び出し、その旅の素晴らしさ・到達した時の栄冠を熱く訴えかけなければならない。航海の途中では、なかなか見えない目的地に業を煮やして、船員たちが「もうやめた」とストライキを起こすこともあるだろう。たとえ40人対1人の対決になろうとも、船長は約束したパラダイスへの道を妥協してはならない。1年間の授業というものは、そういう冒険の航海だ。

9.3.8　苦手な授業を受けていた頃の自分を思い出そう

　芸事でもスポーツでも、もともと上手にできた人はその道のコーチには向かないと言われている。同様に、英語教師には英語がとことん苦手な生徒の気持ちはわからない。だからついつい、無慈悲な叱り方をしたり、恥をかかせて、英語を嫌いにさせてしまう。

　それを防ぐために、英語教師は自分が生徒だった頃の、苦手だった教科の

授業を思い出すとよい。筆者の場合それは体育だった。いつもいつも体育授業には逃げ腰でいやいや出ていた。ひ弱で引っ込み思案の自分は、大声で指示し怒鳴る体育教師が怖かった。それを思い出すと、今の英語の授業で、パブリックスピーキングの課題を出されて、不安に押しつぶされそうになっている学生の気持ちがわかる気がする。「どうしても不安な人は、私に相談してください」という支援の言葉が、自然に出るようになる。

小中高を通して嫌いだった体育授業だが、今日の私に基本的な身体の動かし方を教えてくれたことを感謝している。英語の授業も、生徒が一生涯にわたって外国語を楽しむための基礎的な手ほどきだと思う。そのためにも、一人一人の生徒に、合理的な学び方と、どこか英語を楽しめる部分へのドアを開いてあげたいものだ。

9.4 「うちの生徒に勉強はかわいそうだ、しつけさえしてやればいい」は正しいか？

生徒の非行や反抗が多発し、授業モラルが低い「荒れた」学校では、学校を建て直すために教師集団が厳しい「しつけ」指導に必死になる傾向がある。確かに、「荒れ」への緊急的対処として、「しつけ」指導も必要だろう。しかし、教師集団が「うちの生徒は勉強が嫌いだから、しつけさえしっかり叩き込んで社会に出してやればいい」というふうに、学力軽視を奨励するのは間違っている。

「君は勉強ができた方がいいか、できない方がいいか？」と聞かれたら、どの生徒だって「できた方がいい」と答えるに決まっている。勉強ができれば、有利な資格を取り、良い仕事に就き、世の中で重用されることは、誰だって知っている。学力の底辺にいる生徒たちは、「自分は人より劣っている」「教養が無くて恥ずかしい」「こんな知力で競争社会を生きていけるのか？」「結婚できるのか？」と、ものすごい不安の中に生きている。おまけに授業についてゆけず、先生から見放され、空しくてたまらないから非行や愚行に走る。そういう生徒に向かって、「おまえは勉強はできなくてもいい」と言うのは、残酷な扱いだ。

「人間は誰でも、自分が持って生まれた潜在能力をフルに発揮して、立派な人間になりたいと欲する」「勉強や運動ができないより、できた方がいいにきまっている」「自分にはとても無理だとあきらめかけていたことを、努力して

第9章 指導困難クラスでどう教えるか

達成した時の喜びと自信は、人生の最大の喜びの1つだ」、筆者は多くの生徒を見てきて、このことを確信している。非行や愚行は、短期的には「しつけ」指導で抑制しつつ、長期的には生徒の学力を高め、生徒が学ぶ喜びを知り、自分に自信を持つことによって解消することが筋道である。

このことを如実に物語る自叙伝がある。藤原(1995)が非行と自暴自棄の中から、英語学習を頼りに、立ち直った体験である。原本は英語で書かれているが、以下にその概略を紹介する。

藤原少年は17歳の時、ふとしたはずみから殺人を犯し、懲役7年半の刑を受けて少年院に収監された。喧嘩早く、抑制のきかない性格のため、他の少年とトラブルが絶えず、院内でたびたび大乱闘事件を起こして相手に大けがを負わせてしまう。そのたびに懲罰として手足を縛られて独房に閉じ込められた。ある時、独房で暴れまくって疲れ果てた耳に、中学1年生の英語教師の声が聞こえたような気がした。それは彼の英語の発音をほめ、よく教科書を朗読させてくれた若い美しい先生だった。しかしその翌年、担当教師が替わって、授業は難しくなり、彼は落ちこぼれて学校から脱落してしまったのだ。

少年院で自暴自棄に荒れ狂った状態にあった彼が、さながら地獄に垂れてきた一本の救いの糸をつかむように、中1英語の思い出にすがって、その後紆余曲折を経て見事に自分を建て直すことになる。翌日から彼は寸暇を惜しんで中1英語の勉強に没頭し、様々な困難に出会いながら独学で中学英語を終了し、高校英語へと進む。他の少年たちから挑発やいやがらせを受けても、「英語の勉強から片時も離れたくない」一心で我慢し、徐々に自分をコントロールできるようになっていった。

厳しい消灯時間、びっしり組まれた訓育や工場実習など、英語学習に不利な条件をものともせず、寸暇を惜しんで勉強し続けた。7年後、模範囚として出所した彼はトラック運転手やタクシー運転手として働きながら猛勉強を続け、ついには外資系合弁企業の通訳として採用されるに至ったのである。この話は実話であり、藤原氏は今も立派な市民として健在だろうと思う。

学ぶことは、自分をコントロールし、自己を改造してゆくことにつながる。「うちの生徒は、学ぶことで立ち直れる」のである。

9.5 授業規律をどう作るか

　指導困難校では、ともすれば授業規律は腕力があり、大声で強圧的な指導をする教師に指導力があると思われがちであるが、実は生徒は単に面従腹背していることが多い。これまで述べたような、授業のプロとしての構えを持った教師なら、脅したり怒鳴ったりすることなく、授業規律は実現できる。以下にそのポイントを述べる。

9.5.1　4月の学級開きが大切

　はじめに、教師は生徒に授業規律を守らせようとする前に、自分自身が授業規律を守るべきである。そうした上で、新しい学年の4月の初回授業で、下記の項目をしっかり提示することである。

(a) この授業のゴールを板書する
(b) このゴールが、どれだけ価値があるかを熱く語る
　　（やや難しめだが価値ある目標を示す）
(c) そのゴール達成のために、教師はどういう援助をするつもりかを述べる
　　（教師として支援を惜しまない！）
(d) そのゴール達成のために、生徒にどういう努力をしてほしいかを述べる
　　（「君たちならできる！　一緒にがんばろう」）
(e) 生徒の役に立つ授業にするためには、生徒に守ってほしいルールを具体的に述べる

　このように、4月に約束事をしっかりと共有してスタートすることが肝心である。年度途中で新しいルールを持ち出しても、受け入れられにくい。筆者の場合、上記(e)のルールとして、

① 学級で決められた座席どおりに着席する、
② 始業時の「起立・礼・着席」の直後に、いったん全員口を閉じて教師に注目する、
③ 授業では他の生徒の発言を非難したり妨害してはいけない、

の3点を挙げていた。こんな控え目なルールであるが、守らせるまでに3か月かかった。まずは4月当初から言葉を尽くして、「何が正しくて何が間違っているか」を生徒に訴えてゆくことが大切だ。

第9章 指導困難クラスでどう教えるか

たった数回注意して聞き入れられなかったというだけで、「あのクラスはダメだ」とあきらめないこと。統計によれば、大半の教師は、注意を聞き入れないクラスに対して、3か月以上持続して注意することなく、あきらめてしまうそうだ。あきらめることなく、クラスを育てるための要求をわかり易く言葉に出して、3か月以上生徒に語りかけ続けたい。

9.5.2 コミュニケーション・ゼロからどう出発するか

生徒同士の仲が悪い、クラスの雰囲気が不活発で暗い、といったクラスは、英語教師にとって非常にやりにくい。こうしたクラスのラポート作りは、まず教師が個々の生徒とコミュニケーションを取ることから始めよう。「授業ジャーナル」（本書10.4参照）を作り、授業最後の5分間に各自に感想を書かせて回収し、教師が簡単に返事を書いて返すことで、コミュニケーションは始められる。書く方式ならば、他の生徒にいじめられたりする心配なしに、安心してコミュニケーションが取れる。「この先生は私の気持がわかってくれる」という実感が、少しずつ教室にうるおいをもたらしてゆく。やがて生徒は仲の良い同士でコメントを見せ合うようになる。徐々に、生徒作品やコメントの良いところをクラスに還流して追教材とする。そうして生徒は、クラスでお互いにコミュニケートすることの楽しさがわかってくる。もしそんな時に、生徒が誰かの作品をけなしたら、その時こそ教師ははっきりと、「この授業で他人の発言を非難してはいけない！」としっかり叱って大丈夫だ。

9.5.3 集団の力学を読む

指導困難クラスには、だいたい下記の3つのグループが存在する。

(1) positive group：もともと真面目に勉強するタイプの生徒で、荒れたクラスでも授業に真剣に臨む。
(2) neutral group：positive group と neutral group の間にある、大多数の流動的な生徒。
(3) negative group: 授業をかく乱しようとする生徒。

教師としては、ついつい negative group が気になって、注意を彼らに集中しがちである。しかし、彼らに注意しすぎると（それが negative group の狙いでもあるのだが）、授業がそっちのけになってしまい、positive group の期

待を裏切ることになりかねない。

　たとえば、negative group は授業の冒頭に教師を激昂させるようなことをして、授業を本題から逸らそうとする。そうすれば授業が進まず、定期テストの範囲が狭くなるからである。そういう挑発に乗っていると、結果として授業そのものの価値が低下し、neutral group も易きに流れて小競り合いを面白がって negative group に追従してしまう。

　このような状況では、教師は negative group に「君達のことも大切にしているよ」というエールを送りながら、授業をわかりやすくしっかり進めることに主力を注いだ方がよい。そうすれば、どんなに荒れても少なくとも positive group の信頼は保てる。実は negative group も neutral group も、positive group には一目置いているのである。彼らは意志力が強く、成績も良いからである。そして neutral group をしっかり指導してやると、彼らも positive group に入ろうと努力するようになる。自分たちだけ取り残されそうな事態に気づいて、negative group はやがて態度を改める。

　「授業やクラスをうまくやろうと思うなら、クラスのリーダー的な生徒を教師の味方につけておけ」、指導困難校でこんなアドバイスを耳にすることがある。教師の熱心な姿勢を意気に感じた結果として生徒が慕ってくるのならそれは良いが、もしも方略でリーダー的な生徒を手なずけて「教師の手先」に使えという意味ならば、筆者はそれに反対する。リーダー的（あるいはボス的）な生徒も、他の生徒と同じく、指導を必要とするティーネイジャーである。彼らを、「教師の手先」という不純な立場に立たせてしまえば、普通の生徒として生き・指導を受ける権利を奪ってしまう。余計な策略などに頼らずに、どの生徒も悪い時は叱り、良い時は褒める正道を行くべきである。

9.5.4　無用な押し問答に陥らず、わかる授業作りに集中する

　上で述べたように、negative group は授業をかく乱しようとして、違う座席に座っていたり、わざと大あくびをしたり、授業と関係の無い話題を教師に投げてきたり、いろいろなことを仕出かす。筆者は、それに乗らないために、その場で「直せ」「直さない」の押し問答をしないことにしていた。座席が違う生徒には、

　「S 君と O 君、君たちは席が違っているよ。君たちの席はこうだろう」

と指摘はする。しかしそれで彼らが直そうとしないなら、さっと気分を切り

替えて授業に入ってしまう。「直せ」「直さない」の押し問答は、意地の張り合いになってしまい、他生徒には迷惑な話でクラスの雰囲気を悪くする。行動主義心理学によれば、望ましくない行動をやめさせる方法として、代替の望ましい行動を褒めて問題行動と置き換えることが最も効果があるという。negative group と押し問答をする代わりに、positive group と neutral group をしっかり教え、褒めることだ。

結びに

　以上にわたって、指導困難クラスでの英語教育を考察してきた。英語が苦手な生徒は、決して落後者ではない。学習のペースが平均的な生徒より遅いにすぎない。そして、他の人より学習が手間取るということ自体は、悪でもなんでもない。生涯学習社会において、たかだか 18 歳程度までの学びの早い遅いは、長い一生の学びにおいては問題にはならない。要はその人がゆっくりでもあきらめずに英語を学び続け、チャレンジし続けるかどうかである。

　実は筆者はこの 4 年ほど、イタリア語を習っている。ラジオ講座を聞いたり、CD 付のテキストで勉強はしているが、覚えが悪く、何度も中断し、カタツムリのような歩みである。しかしそれでも、イタリア料理の名前を見るとその意味がわかったり、偶然テレビのイタリア語講座を見て内容が理解できたりすると、少しずつ進歩していることを実感する。早い遅いはあるけれども、学ぶことは楽しいことだ。この、学ぶことを楽しむという根本姿勢が、指導困難クラスでの授業の原点だと思う。

Questions and Answers

Q：40代の教師（女性）です。市内でも学力的に低い方の普通科高校で教えて3年目になります。なかなか生徒が言うことを聞いてくれなくて困っています。授業中もさわがしく、隣のクラスで教えている先生から「騒々しいですね。もっとしっかりと生徒をコントロールしてください！」とお叱りを受けます。生徒の中の真面目なグループからも「先生気が弱すぎる、もっとしっかり注意して！」と言われます。どうしたらいいでしょうか？

A：お気持ちお察しします。問題に対して手も足も出ない時期って、あるものです。私にもそういう時期がありました。この章で述べた配慮事項を参考になさって、今は夜道の中を一点の光に向かって歩んでください。

ご参考になりそうな小話を3つ書きます。

(1) 結果にとらわれない：結果にとらわれるから、不安になる。結果は神が決めるもの、ただ自分がなすべきは、最善の努力を尽くすこと。そう考えると、心が軽くなる。

(2) 荒ぶる生徒を前にして、10年後の彼らに語りかける：荒れている生徒は、意地でも教師の言うことは聞くまいと思っています。そういう生徒に向かって、「今この言い合いでの勝ち負けがすべて」という姿勢で教師がねじ伏せようとすると、相手も必死で向かってきます。それでは、相手と同レベルの言い合いにすぎません。今の生徒の反発や嫌悪や罵詈雑言を受け流しながら、10年後の彼らのために今言っておかねばならないことを、冷静に語りましょう。気が弱い教師でも臆せずにしっかり話す指針として、アサーション・トレーニング（平木, 2000）も参考になります。

(3) 不思議と生徒に慕われていたおとなしい教師の話：私が指導困難校に勤めていた時、先生方にはあまり評判の良くない数学のA先生がいました。小柄でひ弱そうな初老の地味な男性教師でした。なぜ評判が良くないかというと、A先生の授業では生徒が物を食べる・立ち歩く・トランプをする・集まっ

て大声でしゃべるなど、やりたい放題のことをし、先生がそれを黙認しているという話でした。ある年、A先生が私の担任するクラスの数学授業の担当になりました。ある日、担任－生徒の個人面談で、私は生徒たちに「尊敬する先生は誰？」と聞いてみたところ、「A先生」と答える生徒が一番多くいました。私は驚いて、その理由を聞いてみました。「A先生は紳士だから。決して生徒を馬鹿にしないし、乱暴な叱り方をしないから」という答でした。A先生は、数学を勉強したい生徒を前に来させて、喧騒の中でなんとか一生懸命に授業をしていたのです。このやり方は、決して賞賛できるものではありませんが、（しかし誰がこの先生を責められるでしょうか？）、万策尽きた状態での1つの踏ん張り方として、印象深く心に残っています。

第10章
英語教師として自分をどう伸ばしていったらよいか

　第3章で述べたように、今は英語教師として生きにくい時代である。とどまることのない業務の多忙化、矢継ぎ早に出される英語教育行政の変化、英語教育に対する実用主義一辺倒のプレッシャー、貧弱な教育設備環境、生徒や保護者の価値観・モラルの多様化、生徒の自学・学習習慣の喪失、問題を抱える生徒・家庭の増加の中で、若い教師はこれから20年、30年の教師生活をどう展望していったらよいのだろうか？

　筆者の教師経験や、出会った様々な教師の生き方をもとに、若い英語の先生方がこれから自分をどう伸ばしていったらよいかについて、参考となる助言を試みたい。どのような立派な設備に恵まれようと、どのように優れた指導法を学んでいようが、どのように英語力が高かろうが、その教師に「教える情熱」が無ければ、生徒の心を打つことはない。教師として「燃えている」ことは、何物にも代えがたく、大切なことである。では、どうしたら教師として燃え続けることができるのか、そういう話である。

10.1　天職と位置づける

　もしも新採用間もない教師から「私は教員に向いていない、辞めたい」と打ち明けられたら、陳腐な言い方だが私は「今から3年間、『これが私の天職、この学校こそ天が与えた使命の地』と自分に言い聞かせて全力を注ぎなさい」と答えるだろう。若い時に、難局にぶち当たるたびに「自分には向かない」という逃げを打つならば、そのような逃げ方が一生の癖になってしまう。3年間、今いる場所で頑張り通すことによって、人は仕事をやる上でのオールラウンドな人間力の基本を身に付けるのだ。そうやって基本を身に付けた後であれば、たとえ転職しても新しい仕事でやってゆけるだろう。

　教員志望の大学生が私に「ずっと教職にあこがれてきましたが、私のような性格では教員は向かないでしょうか？」と相談に来たことがある。国立大

学の生まじめで地味な学生が多い中では、感情表現が豊かな、お洒落で話し好きなタイプの学生であった。私は彼女に言った、「学校には、様々なタイプの生徒がいる―地味な子も派手な子もいる、明るい子も暗い子もいる、ルールを守りたい子も、破りたい子もいる。いろいろなタイプが混在するからこそ、その中でお互いに人とのかかわり方が学べる。教員もそうだ、もし学校の教員がすべて単一のタイプで占められていたら、それに合わない生徒は浮かぶ瀬がなくなってしまう。Aというタイプの先生とウマが合わない子は、BやCやDというタイプの先生に救いを求める。そういう学校が、健全な学校だ。だから、君は教員に向いているんだ」。その学生はその後中学校の教師になり、とても張り合いを持って教職3年目を送っている。

　実は私自身も、高校教員になって3年の間、「自分は教員に向いていない」という思いに苦しんでいた。私の高校には6名の新採教員が赴任したのだが、私には他の5人の教員の方が自分より生徒に好かれているように思えて仕方がなかった。通り過ぎるだけで女子生徒がキャーキャーと歓声を上げる美男子A先生、テニスウエアが似合うスポーツマンのB先生、ものすごく生徒の面倒見が良いC先生など...。それに比べて、ハンサムでもスポーツマンでもなく、小心者で生徒に話しかけるにもオドオドしてしまう自分。職場の中にいる、初老の影の薄い孤独な先輩教師が、自分の将来の姿に思えて、とても一生勤める自信はなかった。2年目のある日、私は信頼していた先輩教師K先生と二人きりになったチャンスを見つけて、思い切って「僕は教員に向かないのではないでしょうか？」と打ち明けてみた。自分としては、「三浦君、そうじゃないよ、君は断然教員に向いているよ」という励ましを期待していたのだが、先輩は「自分に向いてない、で済ませられるんなら、それまでということだな」と答えた。その返事の意味が理解できないまま、その話は終わりになったが、以後もその言葉が私には謎だった。

　その年は、2年生のクラスを初めて担任していた。私のクラスには、家出・駆け落ち・交通加害事件・喫煙謹慎・無許可アルバイト・学力不振などの問題生徒がいた。クラスの生徒たちは素直に私の言うことを聞くわけではなく、時には反抗することもあり、互いの間には壁があるような気がしていた。英語でも、思うような授業ができず、やっていても充実感が無かった。2年生の担任も終わりになろうとする頃、どこかの大学院の文学研究科にでも入ってやり直そうかと思い、自分が教員を辞める日を想像してみた。小ざかしい

第 10 章　英語教師として自分をどう伸ばしていったらよいか

教員生活を後にして、広い世界に颯爽と旅立って行く自分の姿を想像すると爽快だった。そんな私の脳裏に、「お前が辞めたら、あの生徒たちは誰が面倒見るんだ？」という小さな声が、聞こえたような気がした。そうだな、私が担任として持ち上がらなければ、3 年生は別の教師が担任することになる。いろいろ手こずる生徒たちだから、新しい担任に冷たくされるかもしれないな...。そんな逡巡を経て、私は彼らを卒業させるまでは、教員を続けることにしたのだ。もしあの時辞めていたら、このように英語教師が天職となる人生は無かっただろう。

振り返って、K 先生の言葉を考えてみると、それは「生徒が大切だと思うなら、自分が教員に向いているか・いないかなんて、どうでもいいじゃないか。向いていなくても、彼らのために頑張るしかないじゃないか」という叱咤だったように思う。K 先生には感謝している。

ただし、「3 年間は全力を注ぎなさい」は「3 年間は何事も我慢して職場で言われるとおりに従いなさい」という意味ではない。教員の超過勤務が「ブラック企業並み」と評される今日の多忙化の中で、ストレスや超過勤務から自分を守る算段はぜひとも必要だ。職場の勤務環境が劣悪になればなるほど、先輩や同僚教師が新採教員を守る余裕すら無くなるケースがある（久冨・佐藤『新採教師はなぜ追いつめられたのか』参照）ので、自分で自分を守る「したたかさ」を自らが持たねばならない。

10.2　生徒にとって、魅力ある英語の先生とは？

「魅力ある英語の先生って、どんな先生だろう？」——この問いに私は、「英語の世界を生きている先生」と答える。

たとえば、趣味で世界とつながっている先生がいる。アマチュアの英語劇団を作り、仲間と一緒に英語劇の練習に燃えている先生。英語のボランティア・ガイドとして、地元を訪れる外国人に地域の魅力を紹介している先生。地域の国際交流事業に登録し、訪れる外国人のホームステイを引き受けている先生。英語で Haiku を書き、世界中の Haiku 愛好家と交流している先生。英語圏の古い墓地に興味を持ち、イギリスやオーストラリアの古い墓地の墓碑銘を撮影・スケッチして英語教材を作っている先生。英語で童話を書き、それをネットで公開している先生。日本の風景を撮影して、自分のホームページで世界の人に紹介している先生。休暇を利用して世界各地を旅行し、ユー

スホステルに泊まって人々と交流している先生。アマチュア無線で世界中の英語話者と交信している先生。ビートルズやサイモン＆ガーファンクルらの音楽を愛好し、アマチュア・シンガーとしてギター弾き語りライブを行っている先生などがいる。

　また、勉学で世界とつながっている先生もいる。教員を務めながら、余暇に海外の大学院の通信制修士課程をオンラインで受講している先生。TOEFL、TOEIC、英検、国連英検、通訳技能検定などの英語力試験へのチャレンジを続けている先生。英語の指導法を研究して論文を発表し、国内外の英語教育学会で世界の英語教育学者と交流したり、共同研究をしている先生もいる。

　日本の学校という土地に根をおろしながら、英語というもう1つのドアを通って世界へと行ったり来たりする自由人のロール・モデルが、英語の先生の魅力だと思う。勤務校の業務に一生懸命になるのは結構だが、それだけしか視野に入らない狭い人生を送ってはいけない。寸暇を惜しみ時間を作ってでも、どこか英語の世界にはばたく教師でありたい。そうした姿に生徒はあこがれ、英語を勉強する意欲をかきたてられるのだ。

10.3　生徒に学ぼうとする教師はいつまでも若々しい

　時々私は研修会などで、燃え尽きてしまったような教師に出会う。講演が終わった後の質問で「うちの生徒は全然学習意欲が無くて困っています。英語を話させようとしても、誰一人として発言しません。やはり、馬を水場に連れて行っても、水を飲ませることはできませんか？」と相談に来る。そんな人に私は、「先生、最近の授業で、生徒から何を学びましたか？」と聞いてみる。教師が生徒を、「教えよう・正そう・わからせよう」という意識に取り憑かれてしまうと、クラス40人には40の人生・感性・夢・知識・経験があるということを忘れてしまう。実は教室には生徒の数だけの人生の泉がこんこんと湧いていて、その泉から汲み取りさえすれば、授業は豊かに楽しくなるのである。私自身がこの泉を発見した体験については、本書第1章の「体験3」に書いたとおりである。

　教科書で扱った話題について、生徒に「君はどう思う？」「君は何を知っている？」と聞いてみよう。教科書に出てきた文章の一部を空欄にして、そこに生徒自身のメッセージを入れさせてみよう。物語の主人公の行動について、「君だったらどうする？」と創作させてみよう。「英語なんていらない」と言

第10章 英語教師として自分をどう伸ばしていったらよいか

い張るクラスには1日一人ずつ、「今日君が言いたい言葉は？」と聞き、それを英語に直して教えてあげよう（太田佐知子実践）。そこから、少年少女たちのみずみずしい感性が授業に流れ出て、教師自身が新しい見方や情報を得、それが教師を常に若々しくする。そういう教師は、いつまでも燃え尽きることがない。

10.4 授業ジャーナルを利用して生徒の受け止め方を知る

　勤務校が変わったり、違う学年を担当して、知らない生徒を相手に授業を行う際には、授業が生徒にどう受け止められているかがわからず、不安と孤独に襲われる。そんな時に役立つのが、授業ジャーナルの作成である（図18参照）。これは毎時間綴る、生徒と教師のいわば交換日記である。

　授業ジャーナルは毎回の授業開始時に生徒に配布しておき、授業最後の5分間に記入タイムを取って記入させる。「今日の授業で学んだことや、印象深かったこと、理解しそこねたことや、先生に聞いてほしいことを書いてください」終了時に回収し、あとで教師が目を通し、短い返事を書き込んでおき、次の授業で返す。記入を英語で行うか日本語で行うかは、生徒の英語力によるが、無理に英語オンリーを指示すると、儀礼的な文章しか書かなくなる傾向があるので、筆者は「日本語でもいいから、本音を書いてほしい」と伝えている。

　この授業ジャーナルに書かれた生徒の声を読むと、「ここがわからなかった」「このグループ編成は困る」「先生の解答に納得できない」「もっとゆっくり説明して」等々、授業を受けている生徒の気持ちや事情がよく伝わってくる。「今日はよくわかった」「先生の授業のここが好き」「今日は達成感あった」など、授業の長所も指摘してくれるので、教師の自信にもつながる。また、「今朝親と喧嘩して不機嫌でごめんさない」「教室が寒いです」「僕、野球試合でヒット打ちました！」など、生徒の置かれた状況も知ることができる。

　授業ジャーナルの記述の中から、特に紹介したいものを3本ほど選んで、次の授業の始めに読み上げ、それを温かく受け止めて教師のコメントを返す。こうすることによって、教師がジャーナルをしっかりと読み、生徒の要望に応えようとしている姿勢を示す。それが、生徒の授業ジャーナルを書こうとする意欲を高め、授業ジャーナルはますます充実してくる。このようにして、見知らぬ生徒と教師だった関係が、だんだんと温かくなってゆく。

図 18　授業ジャーナルの実例

日付	今日の授業で学んだこと・感想・質問したいこと	先生からの返事
Oct. 22	今日のTOEICは難しかったです。 専門的な単語も勉強したいと思います。 Forty Years Later の語順訳と 重要な単語を見つけたので、もう一度 自分で読み返してみたいと思います。 たぶん一度目とは違う読み方になると 思うので…。	よいことです。 もう一度 読んでみて 下さい。
Oct.29	前回、宿題として文章を読んで 解いたときより、今回のように図にして 埋めていくと、とても内容がわかりやすく、 よかったです!! 頭の中で整理がついて より、記憶に残りやすいと思いました。 今回はTOEIC、2問でしたが、内容は わかりやすかったです!	コメントありがとう。 教える側にとって 参考になります。
Nov.12	先生のお話、とても感動しました。 同じ状況でも自分がどう動くかで 全く違う方向に進んで行くことがよくわかりました。 私も何か言いたいことやするべきことを 原稿に書いてみようと思います。 ジョブズのスピーチは1年生の時に文章で読み ましたが、映像で見ると、やっぱり違うなと感じました。	とても良い気付きだと思います。 不和の中に、平和を作り出す、 そういう動き方をしたいですね。
Nov.19	グループでハンドアウト3をみんなで考えて、 意見を話し合うことで内容理解が深まりました!! 重要なポイントがまとまったプリントで とてもわかりやすかったです。Thank you! 私も人生で何がしたいのか、考えてみたいと 思いました。そしていろいろなことに挑戦してみたいです。	若い頃に、 思いきって挑戦したり 幅をひろげておくと いいですね。
Nov.26	今回は文章全体のまとめだけでなく 代名詞が何を指しているのかも 考えることで、より理解が深まりました。 そして、点をひとつずつ書き出し、並べて つなげることで、線になったのがとても わかりやすかったです。	今回のポイントが よくわかったようですね。

未来を見すえて点をつなげることは不可能だと
いう言葉が心に残りました。　そうですね。だから、どんな事も大切にしたいのです。

授業ジャーナルに記入する教師コメントは、短いものでかまわない。気持ちには共感を、要望には対応方針を、批判には謙虚さを、賞賛には喜びを返す。どんな内容であっても、生徒が書いたことを真っ向から否定するような書き方はしないこと。また、生徒に対する叱責や批判は、書き込まない方がよい。もし生徒を叱る必要があるなら、直接面と向かって話す方がよい。授業ジャーナルに書いたことは、そのまま最後まで消えずに残るので、ネガティ

第 10 章　英語教師として自分をどう伸ばしていったらよいか

ブなメッセージは避けること。

10.5　経営者の視点を持とう

　時に「あーあ、また授業かぁ...あのクラス嫌だなー」などと言いながら授業に行く教員がいる。そういう教員には、「もし私のこの授業を、個人経営で開講したとしたら、いくら払って何人が受講してくれるだろうか？」と問うてみてほしい。そうすれば、自分の授業の質がすっきりと見えてくるはずだ。学校という組織に教室や設備を用意してもらい、いやでも生徒が受講しなければならない状態をあてがわれていると、自分がいかに非力で不人気かが見えなくなってしまう。

　だから私はいつも、将来自分が独立して私塾として開講することを想像し、それでも人がお金を払って受講してくれるような授業を作り上げようと心掛ける。授業の開始時には、やる気満々の笑顔で顧客に挨拶して教室に入る。授業の後には、顧客のご意見を伺うつもりで授業ジャーナルを読む。普通ならコンサルタントに頼んで授業診断をしてもらうところを、無料で改善点を教えてもらえるわけだから、大変にありがたい。

　こういうふうに、学校教員を超えた異業種や異国で働く自分を想像することを、皆さんにも勧めたい。「将来海外の学校で外国人に教えることを想像して勉強する」「自分で学校を開校することを想定して経営を考える」「自作教材集を出版することを考えて書き溜める」等々。自分が一生、今の学校種の教員として勤めることだけを想定していると、それ以外の分野や職種の情報・知識・能力を無用のものとして毎日切り捨てる生活を送ってしまう。そのあげくが、「教員しかできない教員」になってしまう。逆に、自分がいつか別の世界の別の職で働くこともありうるという想定でいれば、教員に関係の無い情報や能力も、学ぼうという気になってくる。

　現代は、職業の流動化が急速に進行している。昨日までは職業として成り立ちえなかった仕事が、高収入の職業になってゆく――ウエブ・デザイナー、ペット・トリマー、ネイル・アーティスト、スタイリストなどで、お金が儲かることを、100 年前の誰が想像できただろうか。交通・通信・インターネット・科学技術の加速度的発展のおかげで、これからの人間は居住地・学校所在地・仕事場からどんどん解放されてゆくだろう。たとえば日本人の国語教師が、イギリスに住みながら、中国の学校で日本文学を教え、夜はエジプト

の大学のインターネット大学院で考古学を学べるような時代がすぐに到来するだろう。自分を今の職業、今の職場に限定せずに、いつでも広い世界に打って出られるように支度を進めることを勧めたい。

10.6　魚釣りの心

　筆者は、授業がうまくゆかない時、釣り人の姿を見習うことにしている。目指す釣り場に着いた釣り人は、そこに魚がいるかどうか、本当にはわからない。「たぶん、この潮時でこの天気なら、この餌と仕掛けかな？」と魚心を読んで、針を投げる。魚の反応が無ければ、針を下ろす深さを変え、餌を変え、仕掛けを変え、ポイントを変えて、ひたすら工夫してみる。「おい！ おまえら！ 人がこんなに工夫してるのに、一匹も食わないなんて、けしからんぞ！ いったい今まで何を勉強してきたんだ！」なんて説教は、絶対にやらない。

　そして、幸運にも一匹でも食ってくれば、大喜びでその一匹を大切に釣り上げ、宝物のようにクーラーに入れる。そして、もう一匹釣ってやろうと、ワクワクしながら餌を入れる。

　たとえ足元の海中に、何百匹もの無関心な魚が投げた餌に見向きもしないで泳いでいたとしても、釣り人は気にしないで、自分の針にかかってくれたほんの数匹の魚を喜び、大切にする。ボウズの時はボウズなりに、海に感謝して帰ってゆく。釣り人にとって、こういう魚とのかけひきは、いつでもワクワクする冒険なのだ。

10.7　「あれはうちの学校では通用しない」はやめよう

　英語教育の研究大会などで、壇上で素晴らしい実践報告が行われている時、聴衆が「あれは、あの名門校だからできることだ、うちの学校では無理だな」などとささやき合っているのを聞くことがある。あるいは職業高校の先生が進んだコミュニカティブな授業実践を報告している時に、「あれは職業高校だからできることだ。うちのような進学校では無理だ」とささやく声がする。

　「いつまでそうやって、自分の可能性を狭める削ぎ落としの発想を続けるのですか？」と私は言いたい。進学校の先生だって、来年は転勤で底辺校か名門校へ赴任する可能性もある。サラリーマンである教師にとって、「うちの学校」なんて仮初めの幻にすぎないのだ。自分が変わらなくてすむ口実、努力

第 10 章　英語教師として自分をどう伸ばしていったらよいか

しなくてすむ口実、今のままにしがみつく口実を探して生きるのはやめよう。ましてやそういう人が、改革を志す人の足を引っ張るのはやめよう。「いつか名門校へ行くかもしれない」「いつか底辺校へ行くかもしれない」「いつか、別の校種で教えるかもしれない」「いつか、外国で教えるかもしれない」、そういう末広がりの想定で、これからの時代をマルチタレント的に生きたいものだ。

10.8 「青の洞門」の禅海和尚のように

　筆者が、英語教師のモデルとしたい偉人がいる。今から 300 年ほど前、大分県中津市本耶馬渓町の岸壁に、手堀りで 144 メートルの洞窟を掘った、禅海和尚である。和尚は、この地を通りかかり、旅人や村人が海岸の断崖絶壁に鎖のみで結ばれた難所で転落して命を落とすのを見て、慈悲心から托鉢勧進によって資金を集め、雇った石工たちとともにノミと鎚だけで掘り続け、30 余年かけて 1764 年に洞門を完成したという（中津市役所ホームページ）。

　日本の英語教育にも、多くの生徒が難渋する難所が幾つかある。[l]と[r]、[s]と[th]の発音ができない、英語の文の主語・述語動詞の骨格が見つけられない、修飾語と被修飾語の関係が見分けられない、be 動詞の疑問文と一般動詞の疑問文が区別できない、スペリングが覚えられない、単語が覚えられない、現在完了形と過去形の区別がわからない、英語が耳で聞き取れない、早いスピードの reading や listening が難しい、等々である。

　本書 9.1 で紹介した『第一回中学校英語に関する調査報告書』（酒井, 2010）の繰り返しになるが、英語は中学 2 年終盤段階で、2 番目に嫌いな科目になり、「英語授業が 70% 以上わかっている」生徒は全体のずか 40% にすぎず、78.6% の生徒が「文法が理解できない」と答えている。このように、日本の英語教育は昔から今日まで、過半数の中学生に英語を理解させることに失敗している。これまでに多くの教師や学者が、こうした難解箇所の教え方を研究し提案してきたが、どれも十分な成功を収めているとは言えない。企業であれば、過半数の失敗作品を生み出せば倒産である。

　産業界や政府や文部科学省は、「使える英語」を教えよと大合唱しているが、水面下では多くの生徒が英語学習に挫折し敗北感を味わって学校を卒業してゆく。教え方の流行の変化や、教育行政の方針のぐらつき、思い付きの場当たり的な研究指定など表面の激変にいたずらに雷同することなく、禅海

和尚のように人知れずともたゆまずに、英語学習の難所に洞門を穿つノミを振るう教師でありたいと思う。

　日本には多くの英語教育関係の学会があり、現職英語教師の方々が多数参加し、研究発表を行っておられるのは大変に心強い。ただ、その発表の中に、わずか半年程度の短い実験に基づいて何らかの結論を出そうとする研究が少なくないことは、残念である。もっと長期的に、少なくとも3年とか5年をかけて、「仮説 → 実践 → 仮説検証 → 第二次仮説 → 実践...」を積み重ねた研究を続けるべきである。また、高校に関しては、教科書研究を例に取れば、新科目「コミュニケーション英語Ⅰ・Ⅱ」で出版されているすべての検定教科書を通読して比較検討した研究とか、本書の第1章「体験10」で紹介した33大学2年間の英語入試問題分析のように、非常に重要だが手間のかかる研究がおろそかにされる傾向がある。ぜひ、禅海和尚のように息の長い、真に解明の必要な課題の研究に取り組んでほしいと思う。

Questions and Answers

Q: 英語が好きで、英語教育に情熱を感じて教師になりました。しかし、月曜日から日曜日まで毎日猛烈に忙しくて、授業準備や指導法の勉強に時間が取れません。運動部の顧問をしているので平日は帰りが9時過ぎ、土日も部活動の練習や遠征でつぶれてしまいます。身体的にも精神的にもへとへとで、倒れそうです。

A: 大変ですね。多くの新採用教師が、同じような悩みをかかえています。今や学校の中には「ブラック企業」並みと言われるほどの過重労働を強いられているところもあります。お悩みに勤務時間、部活動、新採用時のストレスの3つの観点からお答えします。

(1) 長時間労働について：公務員の勤務時間は、週5日、1日8時間です。労働基準監督署の「精神障害の労災認定」によると、時間外労働が1か月当たり80時間以上の場合は、うつ病発症に「中」の因果関係が認められることとなります。それに加えてその他の出来事の業務による心理的負荷が強度の場合は、全体評価として「強」の因果関係が認められる可能性もあります（うつ病労災認定サポート室 http://kinyuu1.sakura.ne.jp/osaka-sr/index.htm）。たとえばあなたが2014年4月に、平日に4時間の超過勤務と、土～日曜日に各8時間の超過勤務を行った場合、1か月の超過勤務時間は148時間となり、労災認定に該当する中度以上の長時間労働をしていることになります。ご自分の法定勤務時間が朝何時何分から夕方何時何分かを事務室で聞き、それをどれだけ超過した勤務をしているか、記録を取ることをお勧めします。

(2) 部活動について：部活動は生徒の心身や社会性の発達に有意義なものですし、部活動を通しての生徒との交流も教師にとっては非常に有意義なものです。勤務時間内の部活動は、業務として当然担当しなければなりません。一方、勤務時間外の部活動は制度上「教員の自主的ボランティア」となっており、意志に反して担当する義務はありません。教員の第一の使命は、専門とする教科で

の生徒の学力向上と、担任や分掌を通しての生徒の人間形成です。非常に多忙な教師生活を乗り切るためには、教師生活の中で、何を優先しなければならないか順位を決め、本来の職務や健康に支障をきたすほどの激務の場合は、他を割愛する勇気も必要でしょう。チームワークが重んじられる教員生活ですから、上司や同僚に事情を話して相談する必要がありますが、最終的には勤務時間外の過ごし方はあなたが決断してよいことです。決断によっては、相当な反発を受けることでしょうが、自分が精神疾患等で倒れて長期療養や退職という事態を招き、生徒に迷惑をかけることを避けるためにも、勇気を持つことが大切です。

(3) 新採用時のストレス対策：教員生活の良さと苦しさを、バランスをもって客観視できるようになるには、数年かかります。教員になってよかったと心底思えるようになるのは、かつての教え子たちが成人した後に再会した時でしょう。教員として最初の3年間は、すべてが未経験の世界であり、非常に大きなストレスにさらされます。失敗したり、同僚や管理職・生徒・保護者から叱られることが多く、自信を喪失することもたびたびです。そうしたストレスや不安を、一人で抱え込まないことが大切です。授業や担任、部活動や清掃指導などで、うまくいっていない時は、それを隠さずに「うまくいっていない」と正直に周囲に伝えて助けや助言を求めましょう。「精神的に、身体的に、倒れそうだ」とのことですが、自分の心身と相談して、「これは危ない」と思ったら医師の診察を受け、必要ならば休暇を取りましょう。

資料: 会話方略一覧

（Dörnyei and Thurrell (1994) のリストに、筆者が日本語説明を加筆したもの。筆者下線）

1. **Verbal strategies**
    a. Controlling the speaker　　自分にとって聞きやすいように、相手の話し方に注文をつける。
    Could you speak slower / louder? など。
    b. Interactive strategies
    〈会話促進発言〉
    Backchannel　　*Uh huh, Yeah, I see.* など、あいづちにあたるもの。
    Filler　　*Well, Let me see, ur* など、時間稼ぎの埋め草。
    Rejoinder　　*[Thank you.— You are welcome.] [Excuse me.— Yes?] [I'm sorry.— That's all right.] [Nice to meet you.— Really nice to meet you.] [Have a good time.— You, too.]* のように、決まりきった応答を瞬時に返す。
    Conversational gambits (会話の定型表現)
    　話題切り出しの *The thing is ..., You know what?*
    　感想　*That's great (amazing / wonderful / interesting / too bad / awful / terrible)!*
    　I'm happy (sorry) to hear that.
    　(Keller and Warner (1988) を参照)
    Complementing (ほめる)　　*That's a nice shirt!— Oh, really! / I like*

		your tie. — Thanks. Glad you like it. / *Good to see you.* — Yes, really!
	Empathic feedback	共感を込めて同じセリフを返すことで、相手への共感を示す。
		"*I am so discouraged.*" — "*Hmm. You are so discouraged.*"
	Plus-one information	相手の質問に答える時、答の他にもう一文、情報を追加する。
	Soliciting	相手に turn（発言権）を譲ることで、会話を促進しようとする。
		What do you think? / How about you? / Do you have any ideas?

⟨**Negotiation of meaning**（意味交渉）⟩

Comprehension check　　話し手が聞き手の理解を試すために発する質問。

Do you understand? / Are you following me? / Is it clear? / Do you have any questions?

Confirmation check（含 asking for repetition）　自分が相手の発話をもっとよく理解するために発する質問、相手の発話の字面についての質問。

What's that again? / I beg your pardon? / You want to borrow what? / How many? / How do you spell it?

Clarification request（Asking for clarification）　自分が相手の発話をもっとよく理解するために発する関連質問。

*What does "****" mean? / Could you give me an example?*

Paraphrase　　的確な表現が見つけられない際に、説明や例示によって相手にわからせようとす

資料：会話方略一覧

	る。
Approximation	*something you can . . . with / a kind of . . .* 的確な表現が見つけられない際に、類似した意味の語で代用する。*sailing boat* の代わりに *ship* を、*turnip* の代わりに *vegetable* を代用する。また *stuff, thing, what-do-you-call-it* などの *all-purpose words* を使う。
Rephrasing statements	Communication breakdown を察知した時、話者が相手にわかるように言い換えて話す。 "You should go to the dermatologist's." — "???" — "Go to the skin doctor's."
Appeal for help	Communication breakdown が生じた時に相手に言語的援助を求める。 *What's the word for . . . ? / What do you call . . . ?*
Interpretive summary	相手の話を正しく理解したかどうかを確かめるため、相手の発話を自分なりに要約して相手に返すこと。 *If I've understood correctly . . . / So are you saying that . . . ? / You mean . . . ?*
Showing incomprehension	自分が相手の発話を理解できていないことを伝える。 *I don't understand.*
Scaffolding	話し手の不完全な発話を、上級者が補って完成させてあげる。 "How much is the . . . school . . . you must pay . . . ?"—"Tuition"—"Yes, How much is the tuition?"

2. **Nonverbal strategies**
    mime（身振りで真似る）
    gestures（ボディーランゲージ）
    facial expressions（顔の表情）
    pointing（指差す）
    drawing（簡単な絵を描いて見せる）

Negotiation of meaning との関係
Nunan (1999, p. 311)では、negotiation of meaning（意味交渉）とは、

> The interactional work done by speakers and listeners to ensure that they have a common understanding of the ongoing meanings in a discourse. Commonly used conversational strategies include comprehension checks, confirmation checks, clarification requests.

と定義される。上記リストで下線を付けたものがそれにあたると考えられる。

引用文献リスト

東 照二（1994）『丁寧な英語・失礼な英語—英語のポライトネス・ストラテジー』研究社.

生き方が見える高校英語授業改革プロジェクト（2013）*Trinity English 1*. 浜島書店.

生き方が見える高校英語授業改革プロジェクト（2013）*Trinity English 2*. 浜島書店.〈http://homepage3.nifty.com/newmiurapage/shisakuban.html〉

生き方が見える高校英語授業改革プロジェクト（2013）*Trinity English 3*. 浜島書店.〈http://homepage3.nifty.com/newmiurapage/shisakuban.html〉

石谷由美子、エマ・アンドルーズ（2006）『構造で読む社会科学エッセイ—Outlook On Society: Skills for Better Reading II』南雲堂.

犬塚章夫、三浦　孝（編著）（2002）『英語コミュニケーション活動と人間形成』成美堂.

英米文化学会英語教育研究部会（2006）*Words to Remember—Great Speeches, Letters and Diaries*. 桐原書店.

江利川春雄（2009）『英語教育のポリティクス』三友社出版.

江利川春雄（2012）『協同学習を取り入れた英語授業のすすめ』大修館書店.

大杉邦三（1980）『会議英語』大修館書店.

太田佐知子（1988）「興味の持続を図ることで学力向上を目指す英語教育—使おう、英語を、『今日の表現』」『これからの英語教育』三省堂.

金谷　憲（1994）『定着重視の英語テスト法—長期的視野に立った中学校英語評価』河源社.

金谷　憲・木村　恵（2005）「英語の句構造に対する日本人中学生の理解度調査：「導入」から「定着」までの時差を特定する試み」『関東甲信越英語教育学会第29回紀要』pp. 101–111.

金森　強（2003）『小学校の英語教育』教育出版.

菅　正隆、北原延晃、久保野雅史、田尻悟郎、中嶋陽一、蒔田　守（2002）『6 Way Street』有限会社バンブルビー.

木村和美（2007）『ポジティブ・イングリッシュのすすめ』朝日新書.

ケリー伊藤（2011）『英語ロジカル・ライティング講座』研究社.

小林祐子（1987）「見事な small talk」『英語教育』1987 年 1 月号，pp. 12–13. 大修館書店.

斎藤栄二（1984）『英語を好きにさせる授業』大修館書店.

齋藤俊雄、中村純作、赤野一郎（編著）（1998）『英語コーパス言語学』研究社.

酒井英樹（2010）「中学生の英語学習状況と学習意欲」ベネッセ教育開発センター『第一回中学校英語に関する調査報告書』.〈http://berd.benesse.jp/berd/center/open/report/chu_eigo/hon/hon_5_01.html〉

酒井英樹、塩川春彦、浦野　研（編著）（2003）『英語が使える日本人の育成』三省堂.

三省堂英語教育賞審査委員会（編）（1988）『これからの英語教育』三省堂.

三森ゆりか（1996）『言語技術教育の体系と指導内容』明治図書.

塩川春彦（2014）口頭発表資料『高等学校「英語表現」教科書分析：新学習指導要領はどのように具現化されたか』中部地区英語教育学会第 44 回山梨研究大会自由研究発表．2014 年 6 月 22 日．山梨大学.

鈴木孝夫（1999）『日本人はなぜ英語ができないか』岩波書店．pp. 97–98.

隅谷社会保険労務士事務所　〈http://sumitani-sr.com/mental-1.html〉

関　静乃ほか（2011）「現代の大学入試問題に、文法訳読式授業はどれだけ対応できるか―高校英語授業改革プロジェクト発表その 1」『中部地区英語教育学会紀要』第 40 号，pp. 315–322.

中央教育審議会（1999）「初等中等学校と高等教育の接続の改善について（答申）」〈http://www.mext.go.jp/b_menu/shingi/12/chuuou/toushin/991201.htm〉

土屋伊佐雄（1982）『明日の英語教育』明治図書.

鶴田庸子、ポール・ロシター、ティム・クルトン（1988）『英語のソーシャルスキル』大修館書店.

永倉由里（2006）「英語教育の目的は何か―中学・高校・大学の生徒・学生と教師へのアンケート調査から」犬塚章夫、三浦　孝（編著）『英語コミュニケーション活動と人間形成』成美堂.

中嶋洋一（2000）『学習集団をエンパワーする 30 の技』明治図書.

中津市役所ホームページ（2013）　〈http://www.city-nakatsu.jp/kankou/kankouti/2011080800440/〉

日本外国語教育改善協議会（2003）「外国語教育の改善に関する提言「『英語が使える日本人』の育成のための戦略構想―英語力・国語力増進プラン」

を問う」『英語教育』2003 年 7 月号，pp. 64–67. 大修館書店.
日本商工会議所（2003）「少子高齢化、経済グローバル化時代における外国人労働者の受入れのあり方について」〈http://www.jcci.or.jp/nissyo/iken/030917gaikokujinroudousya.htm〉
浜島書店．*Catch a Wave*．〈http://catchawave.jp/〉
久冨善久、佐藤　博（2010）『新採教師はなぜ追いつめられたのか』高文研．
平木典子（2000）『自己カウンセリングとアサーションのすすめ』金子書房．
福澤一吉（2002）『議論のレッスン』NHK 出版．
藤原　仁（1995）『35 years ago』セト・インランド・タイムズ．
船橋洋一（2002）『あえて英語公用語論』　文藝春秋．
法務省入国管理局編「出入国管理をめぐる近年の状況」『平成 17 年版出入国管理』pp. 91–92．
松畑熙一（2002）『英語教育人間学の展開—英語教育と国際理解教育の接点を求めて』開隆堂．
三浦　孝（1992）『英語コミュニケーション授業の実際』第一学習社．
三浦　孝（2004）「『戦略構想』と英語教育が取るべき道」『英語教育』2004 年 1 月号．大修館書店．
三浦　孝（2008）「中高大で英語による行動力育成をどう積み上げるか」『静岡大学教育学部研究報告（教科教育学篇）』第 39 号，pp. 185–197．
三浦　孝、弘山貞夫、中嶋洋一（2002）『だから英語は教育なんだ！』研究社．
三浦　孝、中嶋洋一、池岡　慎（2006）『ヒューマンな英語授業がしたい』研究社．
文部科学省（2002）「『英語が使える日本人』の育成のための戦略構想」〈http://www.mext.go.jp/b_menu/shingi/chousa/shotou/020/sesaku/020702.htm〉
文部科学省（2003）「『英語が使える日本人』の育成のための行動計画」〈http://www.mext.go.jp/b_menu/shingi/chukyo/chukyo3/015/siryo/04042301/011.htm〉
文部科学省（2008）「中学校学習指導要領」第 9 節外国語　〈http://www.mext.go.jp/a_menu/shotou/new-cs/youryou/chu/gai.htm〉
文部科学省（2009）「高等学校学習指導要領解説　外国語編　英語編」〈http://www.mext.go.jp/component/a_menu/education/micro_detail/__icsFiles/afieldfile/2010/01/29/1282000_9.pdf〉
文部科学省（2012）「グローバル化に対応した英語教育改革実施計画」

〈http://www.mext.go.jp/b_menu/houdou/25/12/1342458.htm〉
山岸勝榮（2006）「日本の言語文化に関する外国人の疑問　あなたは外国人からの以下の疑問にいくつ答えられますか？」〈http://jiten.cside3.jp/gimon/seminar_xx.htm〉
山田　淳、松浦伸和、柳瀬陽介（1988）『英語学力差はどこから生じるのか』大修館書店．
山田雄一郎（2006）『英語力とは何か』大修館書店．
米田みたか、井上幹子、加藤澄恵、Robert Lamitie（2011）『基礎から始めるパラグラフ・ライティング』朝日出版社．
若林繁太（1996）『教育は死なず』旬報社．
亘理陽一（2013）「技能統合型のオリジナル教材を作る：『頂上タスク』から基礎知識・技能まで」『英語教育』2013年5月号，pp. 29–31．大修館書店．

Brindley, G. (1984) 'Needs Analysis and Objective Setting in the Australian Migrant Educational Program' in Richards, J. C. (1990).

Brown, H. D. (2000) *Principles of Language Learning and Writing Fourth Edition*. Longman. p. 295

Brown, H. D. (2007) *Principles of Language Learning and Teaching* (5th ed.). Pearson Longman.

Butt, D., R. Fahey, S. Feez, S. Spinks and C. Yallop. (2000) *Using Functional Grammar*. National Centre for English Language Teaching and Research, Macquarie University.

Collins Cobuild Learner's Dictionary. (2005) Heinle & Heinle Pub.

Council of Europe. (2001) *Framework of Reference for Languages: Learning, Teaching, Assessment*. Cambridge University Press.

Curran, C. (1976) *Counselling Learning in Second Language*. Apple River Press.

Dörnyei, Z. and S. Thurrell. (1994) 'Teaching Conversational Skills Intensively: Course Content and Rationale' *ELT Journal,* Vol. 48, No. 1. Oxford University Press.

Fukushima, S. and Y. Iwata. (1985) 'POLITENESS IN ENGLISH.' *JALT Journal*, Vol. 7, No. 1, pp. 1–13. The Japan Association for Language Teaching.

Gass, S. M.(1997) Input, Interaction, and the Second Language Learner. Lawrence Erlbaum Associates

Guiora, A. Z., M. Paulszny, B. Beit-Hallahmi, J. C. Catford, R. E. Cooley and C. Y. Dull.(1975)'Language and Person: Studies in Language Behaviour' *Language Learning,* Vol. 25, No.1, pp. 43–61.

Ishitani, Y. and E. Andrews.(2006)*Outlook on Society.* 南雲堂.

JACETオーラル・コミュニケーション研究会(2002)『オーラル・コミュニケーションの理論と実践』三修社.

Jiang, X. and W. Grabe.(2007)'Graphic Organizers in Reading Instruction: Research Findings and Issues' *Reading in a Foreign Language*, Vol. 19, No. 1, pp. 34–55.

Johnson, R. K.(ed.)(1989)*The Second Language Curriculum.* Cambridge: Cambridge University Press. pp. 24–35.

Kachru, B.(1992)'Teaching World Englishes' in Kachru, B.(ed.)*The Other Tongue: English across Cultures*(2nd ed.). University of Illinois Press. pp. 355–365.

Kachru, B. B. and C. L. Nelson.(2001)'World Englishes' in Burns, A and C. Coffin(eds.)*Analysing English in a Global Context*. Routledge. p. 20.

Keller, E. and S. T. Warner(1988)*Conversation Gambits: Real English Conversation Practices*. Language Teaching Publications.

Keller, Helen.(1933)'Three Days to See' *The Atlantic Monthly*, Vol. 151, No. 1, pp. 35–42 〈http://www.theatlantic.com/past/docs/issues/33jan/keller.htm〉

Kitao, S. K and K. Kitao.(1999)*Writing English Paragraphs*. Eichosha. p. 73.

Krashen, S. and T. D. Terrell.(1983)*The Natural Approach: Language Acquisition in the Classroom*. Pergamon Press.

Macmillan English Dictionary.(2007) Macmillan Education.

Maslow, A.(1970)*Motivation and Personality*(2nd ed.). Harper & Row.

Matsuura, H.(1998)'Japanese EFL Learners' Perception of Politeness in Low Imposition Requests' *JALT Journal*, Vol. 20, No. 1, pp. 33–48. The Japan Association for Language Teaching.

Miura, T.(2008)'Strategic Interaction for Japanese Students.'*JALT 2007 Conference Proceedings*. Aug. 2008, pp. 425–438. The Japan Association for Language Teaching. 〈http://homepage3.nifty.com/tutormiura/chosaku.

html⟩

MSN 産経ニュース（2008 年 6 月 20 日）

NHK 取材班（1993）『NHK サイエンススペシャル　脳と心』NHK 出版.

Nunan, D. (1988) *Syllabus Design*. Oxford University Press.

Nunan, D. (1999) *Second Language Teaching and Learning*. Newbury House.

Paterson, P., C. Caygill, and R. Sewell. (2012) *A Handbook of Spoken English*. Delta Natural English.

Pica, T. (1994) 'Research on Negotiation: What Does It Reveal about Second-Language Learning Conditions, Processes, and Outcomes?' *Language Learning*, Vol. 44, No. 3, pp. 493–527.

Pinterest Summary Frame Ideas　⟨http://www.pinterest.com/shreknfiona1111/summary-frame-ideas/⟩

Richards, J. C. (1990)　*The Language Teaching Matrix*. Cambridge University Press.

Richards, J. C. and R. W. Schmidt. (2003) *Longman Dictionary of Language Teaching and Applied Linguistics*. Longman.

Rogers, C. (1977) *Carl Rogers on Personal Power*. Delacorte.

Rodgers, T. S. (1989) 'Syllabus Design, Curriculum Development and Polity determination' in Johnson, R. K. (1989).

Rowthom, C., R. Bartlett, A. Bender, M. Clark, M. D. Firestone. (2011) *Lonely Planet Japan* (*12th ed.*). Lonely Planet Publications PtyLtd.

Rutherford, W. E. (1987) *Second Language Grammar: Learning and Teaching*. Longman.

Sakamoto, N. and S. Sakamoto. (2004) *Polite Fictions in Collision.* 金星堂.

Simon, B. S., L. W. Howe, and H. Kirschenbaum. (1972) *Values Clarification*. A & W Publishers.

Swain, M. (1995) 'Three Functions of Output in Second Language Learning' in Cook, G., et al. (eds.) *Principle & Practice in Applied Linguistics*. Oxford University Press.

Taba, H. (1962). *Curriculum Development: Theory and Practice*. Harcourt, Brace and World.

TOEIC® Test CLUB　⟨http://www.toeicclub.net/system/servlet/toeic.user.UserMain⟩

Tyler, R. W. (1949/1969) *Basic Principles of Curriculum and Instruction*.

University of Chicago Press.
White, R., M. Martin, M. Stimson and R. Hodge. (1991) *Management in English Language Teaching*. Cambridge University Press.
Willis, D. (1990) *The Lexical Syllabus*. Collins Cobuild.

〈検定教科書〉
Crown English Expression II. (平成 25 年度版) 三省堂.
New Crown English Series 3 (New Edition). (平成 21 年度版) 三省堂.
New Horizon English Course 2. (平成 24 年度版) 東京書籍.
New Horizon English Course 3. (平成 9 年度版) 東京書籍.
New Stream English Course II (Second Edition). (平成 20 年度版) 増進堂.
One World English Course 2. (平成 7 年度版) 教育出版.
PRO-VISION English Course I. (平成 23 年度版) 桐原書店.
Sunshine English Course 2. (平成 18 年度版) 開隆堂出版.
Surfing English Course II (New Edition). (平成 19 年度版) 文英堂.

あとがき

「英語が話せるようになりたい」
という生徒の願いに
真っ直ぐに応えること...
生徒の人生に、
英語という、世界に開かれた
もう１つのドアを開けること...
そして、
「自分にはできない」と思っていたことを、
できるようにしてあげること...
それが私たちの使命、
私たちの喜びです。

索　引

ア行

相性テスト　158
アウトプット　76, 77, 79, 81
アウトプット仮説　76
暗写　84, 87
暗唱　84, 86, 87, 148
言い換え会話　158
言い換え作文　157
一斉インタビュー　159, 198
異文化理解　10, 43
インタラクション　79–81
インタラクション仮説　79
インフォメーション・ギャップ活動　153
インフォメーション・ギャップ読み　148
インプット　73, 76, 81
インプット仮説　73
英英辞典　93
英検　2, 3, 31, 95
英語アクティビティー参加能力　49
英語運用力　194
「英語が使える日本人」の育成のための「戦略構想」　27, 29–35
英語嫌い　213
英語交渉力　49, 194–197, 202
英語授業参加力　194, 195, 197, 198
英語ディベート力　49, 194–197
英語プレゼンテーション力　49, 194–197, 200
英語文化　167, 168
英和辞典　91
エラー　101
演繹的提示　125
音読　146, 147

カ行

会話方略　193, 239–242
学習指導要領　17, 27, 35, 42–54, 91, 175, 193

サ行 (学習要因...)

学習要因　81
帰納的提示　121, 124
帰納的導入　121, 126, 129
教育基本法　58
グループ（活動）　120, 154, 155, 165, 166
言語教育カリキュラム　45
言語バレーボール　169, 170
口頭作文　89
語順訳　90
コミュニケーション不全　64, 66, 68, 71

サ行

サマリー作成　131, 135
辞書無しの初見読み　92
実践的英語コミュニケーション能力　17, 18
指導困難高校　1, 207
集団の力学　221
授業規律　220
授業ジャーナル　231, 232
図表化　132　→ Graphic Organizer

タ行

対人コミュニケーション　171
対人的文化　168
対人的ポジティブ・ストラテジー　169, 170
多読多聴　93
逐次通訳読み　149
頂上タスク　187–189

ナ行

内容理解　130, 187
内容理解タスク　135
生言語データ　85–87
人間形成的アプローチ　14
人間形成的英語教育　10
人間形成的言語教育　62

ハ行

背景的知識　130
筆頭会話　164
フォーマット変換タスク　130
フレーズ切り読み　147
文化学習　167
文の四大要素　210, 211
ペア　120, 154, 155, 165, 198
ポライトネス　169, 170, 172

マ、ラ、ワ行

マズロー，アブラハム　10, 42, 214
　→ Maslow, Abraham
名刺交換会　63, 160, 199
ロジャーズ，カール　10, 214　→ Rogers, Carl
和英辞典　91

A～Z

All-in-English　91, 57
CAN-DO リスト　35, 53, 55
CEFR　46
Chain Letter　204
CLT　73　→ Communicative Language Teaching
Communicative Language Teaching　50, 52, 73, 193
critical reading questions　180
EFL　14, 41
evaluation　45
4-hint quizzes　198
general goals　45
Global Education　11, 43, 63
Grammar-Translation Method　52
Graphic Organizer　121, 132, 135
guided composition　77, 198　→ 言い換え作文
guided conversation　77, 198　→ 言い換え会話
Humanistic Language Teaching　11, 16, 43
imagination gap　152
information gap　151
learning experience　45, 46, 48–50, 53, 55, 175
Make your own house　164
Maslow, Abraham　10, 31, 59
MERRIER チェックリスト　104, 105
Micro Debate　204
needs analysis　45, 46
negative group　221–223
negotiation of meaning　240
neutral group　221–223
nonverbal strategies　242
objectives　45–48, 53
opinion gap　152
Oral Interaction　17, 103, 104, 106, 111, 113, 120, 121
Oral Introduction　103
Paragraph Game　151
paraphrasing　198
Picture Cards　106, 114
picture description　199
picture differences　120, 151, 163, 199
picture reproduction　164, 199
positive group　221–223
program objectives　53　→ objectives
read and look up　148
Rogers, Carl　10, 11, 58
schema　130　→ 背景的知識
Show and Tell　60, 200
Strategic Interaction　203
summary writing　132
syllabus　45
TEFL　41
TESL　41
TOEFL　3, 31, 97
TOEIC　31, 95, 96
Values Clarification　185, 186
verbal strategies　239
World Englishes　168, 169

〈著者紹介〉

三浦　孝（みうら　たかし）
　1971年愛知県立大学文学部卒業。千葉県・愛知県にて23年間県立高校英語教師。1987年三省堂英語教育賞一席入賞。1994〜1997年バーミンガム大学大学院通信制課程に学びM.A.取得。名古屋明徳短期大学、静岡大学教育学部に奉職の後、2013年3月静岡大学を定年退職、同大学名誉教授となる。現在はバーミンガム大学大学院dissertation supervisorのほか、愛知大学と静岡大学にて非常勤講師。主要著書は『だから英語は教育なんだ』（2002年、研究社）、『ヒューマンな英語授業がしたい』（2006年、研究社）。

英語授業への人間形成的アプローチ
結び育てるコミュニケーションを教室に

2014年9月30日 初版発行

著　者	三浦　孝
発行者	関戸雅男
印刷所	研究社印刷株式会社

KENKYUSHA
〈検印省略〉

発行所　株式会社　研究社
http://www.kenkyusha.co.jp

〒102-8152
東京都千代田区富士見2-11-3
電話　（編集）03(3288)7711(代)
　　　（営業）03(3288)7777(代)
振替　00150-9-26710

© Takashi Miura, 2014

装丁: 吉崎克美　表紙・本文イラスト: 三浦孝　イラスト(p. 106): 黒木ひとみ
ISBN 978-4-327-41089-6　C3082　　Printed in Japan